Werner Koch

Jesus und der kleine Prinz

Mit dem Herzen sehen und alles ist gut

Mit dem Gesamttext des Thomas-Evangeliums

Drei Welten Verlag

1.Auflage 2005
ISBN 3-9808899-2-0

Gestaltung: Ruth Kaschkat, Werner Koch, Barbara Schenk

Druck: Druckwerkstatt Renchen
Printed in Germany

Für Hans Enders
der sein Sternenlicht auf dieser Erde nie vergaß

Inhalt

Glück und Freiheit

Dies ist ein Wohlfühlbuch. Es zeigt unseren Ursprung, den Ort des wahren Glücks und unsere unsterbliche Zukunft. Es wird zu einem Es-geht-dir-gut-Buch, mit dessen Hilfe das Gute in uns und um uns sichtbar wird, womit sich neue, wirkliche Ziele ergeben.

Das gesamte Universum ist ein Ort des Lichts und des Guten. Doch erst, wenn wir dies auch selbst erfahren, spüren wir das Gute als unser immerwährendes Glück.

Dieses Licht des Guten ist überall um uns vorhanden, wohin hätte es verschwinden können? Es ist bereits in uns, aus ihm kommen wir, es ist uns allen angeboren. Alles ist schon gut, bevor es uns gibt. In diesem geistigen Zuhause, das über den Einzelnen hinausgeht, liegen Geborgenheit, andauernde Freude am Sein und Unsterblichkeit.

Warum wird dies nicht von jedem Menschen so erlebt? Noch bestimmen Kommerz, Anpassung und Machtspiele das menschliche Leben, und dies aus einem idealisierten Pflichtbegriff heraus: Es muss sein, wir müssen überleben, konkurrieren, wir müssen wettbewerbsfähig sein, das kommt allen zugute. Doch daran ist nichts ideal oder gut.

Das immerwährende Paradies, das wir alle wieder erlangen können und sollen, steht über dieser kleinlichen Vernunft und ist ein Ausweg aus dieser Krise. Dies ist die Botschaft des Thomas-Evangeliums. Es ist die höchste Legitimation und Aufforderung zur Selbstwerdung und führt zur Geburt des neuen Menschen, der in jedem von uns bereits lebt. ‚Spaltet ein Holzscheit: Ich bin dort! Hebt einen Stein hoch, und ihr werdet mich dort finden!' So die Meisterworte im Thomas-Evangelium. Wer dieses ultimative Licht erkennt, lebt in höchstem Luxus und Genuss seiner selbst und der Welt und ist unsterblich.

Die Leser dieses Buches können sich auf einen aufregenden und spannenden Weg zu diesem Ziel mitnehmen lassen. Ich werde aus eigener Erfahrung genau klären, was gut ist, wie das Gute wirkt, wie man es erfahren kann, warum man es nicht schon gleich hat.

Als Autor dieses Werks hätte ich mir gewünscht, schon vor Jahren ein grundsätzliches Buch dieser Art in die Hand zu bekommen. Es hätte mir sicher vieles erleichtert. Denn man weiß zuerst nicht, woran es liegt, dass man erst suchen muss, um dann zu finden.

Da habe ich dieses Buch eben selbst geschrieben. Mit einem lachenden und mit einem weinenden Auge. Man wird verstehen. Das eine Auge lacht darüber, dass unsere Welt und wir zu absoluter Freude angelegt sind; das weinende Auge ist traurig, weil noch viele Kräfte verhindern wollen, dass dies erkannt und umgesetzt wird.

Nach dieser noch recht irdischen Einführung möchte ich klarstellen, dass die Geschichte, die ich hier erzähle, im Himmel anfängt. Der Beweis dafür liegt in uns selbst, denn im Himmel erhalten die Seelen den Auftrag, glücklich und frei auf der Erde zu leben, und so zum Glück und zur Befreiung anderer beizutragen. Jeder kennt und spürt diesen Auftrag, das ist der Beweis dafür, dass es diesen Himmel auch wirklich gibt.

Doch vom Himmel aus gesehen haben die Menschen auf der Erde eine selbstzerstörerische Krise. Sie sind nur noch auf das Irdische fixiert und machen dieses zur mechanisch-festen Grundlage ihrer Lebensführung. Dies färbt auf den Charakter ab. Die Menschen nennen das Erwachsensein.

Erster Teil

Das gefangene Glück. Der Weg. Ich bin.

Begleiten wir ein Erwachen aus diesem Schlaf der Normalität in der Form eines Lehrgesprächs auf der Basis des Thomas-Evangeliums mit anschließender Analyse zum besseren Verstehen des Neuen, das schon immer da ist und war.

Auch ich als Erzähler und Subjekt dieses Selbstversuchs muss zunächst gestehen, ich hatte meinen himmlischen Auftrag schon fast vergessen. Wenn man den Himmel vergisst, merkt man es daran, dass man immer unruhiger und nervöser wird. Dann will man alles und noch mehr und spürt sich kaum noch und hat gar nichts mehr. Da kenne ich mich aus.

So ging es auch dem Menschen, von dem ich hier erzähle. Er hat das Gefühl, alles dreht sich immer schneller um ihn, es ist wie ein Karussell, das am Anfang Spaß machte, doch wenn das immer so weiter gehen soll, wird es zu viel. Und ihm fehlte dauernd etwas, aber er wusste nicht mehr, was es war...

Bis er an einen Satz geriet, den er nicht ganz zufällig las und nicht mehr aus dem Sinn bekam. Dieser Satz ist von Franz Kafka: „Die dir zugemessene Zeit ist so kurz, dass du, wenn du eine Sekunde verlierst, schon dein ganzes Leben verloren hast, denn es ist nicht länger, es ist immer nur so lang wie die Zeit, die du verlierst." Ein rätselhafter und doch faszinierender Satz. Doch unsere Hauptperson fand, er stimmte genau für ihn. Sein Leben geschah immer nur in der Sekunde, die er gerade erlebte - und damit verlor.

Er überlegte: Ich bin Lehrer. Ich tue meine Pflicht, ich bin pünktlich und verantwortlich. Doch im Grund laufe ich mir dabei nur hinterher. Auch nach schönen Momenten holt mich die Galeere gleich wieder ein. Auch die Idee des Verlustes erschien ihm plötzlich richtig: Was genau hat man wirklich davon, wenn man etwas tut und schon an das Nächste denkt?

Heute, nachdem er die hier erzählte Geschichte erlebt hat, geschieht ihm das nicht mehr. Er fühlt sich nicht mehr wie das weiße Kaninchen von Alice im Wunderland, das mit der Uhr in der Pfote herumrennt und ruft: „Ich bin zu spät, ich bin zu spät." Auch nicht mehr wie die anderen Menschen, die herumrennen und rufen: „Ich bin zu dick, ich bin zu langsam, ich muss mehr tun, ich bin mir nicht gut genug..." Sie meinen, sie müssen immer besser sein, dann wird auch ihr Leben besser. Darauf bauen sie ihr Leben auf, doch so sind sie nie zufrieden.

Aus diesem Zustand kann man aufwachen, wie aus einem Traum, der einen gefangen hält. Alice aus dem Wunderland hat auch dazu die richtige Lösung: „Wenn etwas nicht existiert", sagt sie einmal, „braucht man es nicht einmal abzuschaffen." Denn dieses mulmige Gefühl von Verlust und Unfähigkeit der Erdbewohner gibt es im Himmel nicht, man hat es nur hier auf der Erde aufgeschnappt, damit existiert es nicht insgesamt, es ist nur irdisch wirksam. Ich verrate jetzt schon: Man verliert nichts dabei, sondern gewinnt alles und sich mit, wenn man es los wird.

Doch unser Lehrer wollte sich nicht andauernd verlieren. Er wollte hier auf der Erde glücklich sein, ohne dauernd das Gefühl zu haben, ich versage, ich schaffe dies und jenes nicht so, wie ich will oder soll. Selbst wenn er sich sagte, ich mache alles richtig, besser kann man es nicht tun, fühlte er sich unerlöst und unwohl...

So suchte er Rat. Denn in ihm war noch ein winziges Restgefühl von Himmel, das er nicht aufgeben wollte. Eigentlich nicht er, dieses letzte Fünkchen Himmel in ihm suchte Rat, weil es nicht ganz von seinem Lebensvollzug verschluckt werden wollte. Stellen wir uns ihn genau so vor, wie er damals war, und die Geschichte beginnt jetzt.

Zuerst fragt er Eva, die mit ihm lebt, und die immer alles weiß, was ihn betrifft. Denn von außen und als Frau sieht sie besser. Er fragt sie also jetzt wieder wie damals. Er sagt zu ihr: „Sag mal, mir passt mein Leben nicht mehr. Es ist wie eine Sekunde, und wenn ich diese Sekunde nicht habe, ist alles weg, und mein ganzes Leben mit." „Komme ich in deiner Sekunde vor?", fragt sie, denn sie geht als Frau immer von sich aus. „Ja", sagt er, „dich frage ich ja jetzt im Moment!" „Dann komme ich für dich also nur vor, weil du fragst", hakt sie nach. „Sonst auch", sagt er, „ich freue mich, wenn ich dich sehe, ich finde es wunderbar, dass wir zusammen sind." „Aber ich komme immer nur in der Sekunde vor, in der ich für dich da bin", zitiert sie ihn. „Dann lebe ich für dich nur in deiner Sekunde, nicht weil ich lebe? Und wenn du dich in deiner Sekunde andauernd verlierst, dann verlierst du andauernd auch mich?"

Da ist er verdutzt. Dann war die Sekunde nicht nur Zeit, sie war alles, was er hatte. „Da kann ich dir nicht helfen", sagt Eva. „Du siehst alles, du weißt alles, aber du lebst nicht dabei. Wenn du aus deiner Sekunde raus willst, hast du ein metaphysisches Problem." „Und das Verlustgefühl will ich auch verlassen", sagt er, „denn es entsteht immer durch die Sekunde, die ich gerade zu verlieren glaube." „Du bräuchtest jemand, der nicht in dieser Sekunde lebt", schlägt Eva vor. „Und der das Verlustgefühl nicht hat", ergänzt er.

Sie diskutierten noch lange, bis in die Nacht. Denn wenn es auch nur diese gerade vorhandene Sekunde geben sollte, gab es daneben vergangene oder zukünftige Sekunden, so dass er wusste, wo sein Auto stand, oder was er laut Stundenplan am nächsten Tag vor sich hatte. „Das nennt man Gedächtnis", sagte Eva. „Oder Erwartung", sagte er. Und dass die Erwartung nur eine andere Form des Gedächtnisses ist, sollte er bald merken.

Vor dem Einschlafen erinnerte er sich an ein Theaterstück. Krapp's Last Tape, von Samuel Beckett. Ein Mann hört Tonbänder an, die er einmal besprochen hat, und er stellt fest, er ist nicht mehr der Mensch, der diese Bänder besprochen hat. Wer war er damals, wer ist er jetzt, wenn er jetzt nicht mehr der ist, der er damals war? Er dachte an

Beckett, immerhin Nobelpreisträger, der in seinen Theaterstücken Menschen in Mülltonnen oder an öden Stränden auftreten ließ. Irgendwie nichts und doch sie selbst. Also lebten auch diese Figuren nur innerhalb ihrer einen Sekunde. Der Rest ihres Seins war ein Nichts, das in Vergangenheit oder Erwartung zerfiel. „Ist auch Krapp ein Nichts, eine Illusion seiner selbst?“, fragte sich unser Lehrer.

Der Titel ‚Warten auf Godot‘ fiel ihm ein, auch von Beckett. Die Personen auf der Bühne warten auf etwas ganz Wunderbares, das aber nie geschehen konnte, denn es lag außerhalb dieser einen Sekunde, die immer schon mit Warten und banalem Zeitvertreib ausgefüllt ist. So konnte nichts Neues passieren, man schlug nur die Zeit tot. Er hatte Beckett schon im Unterricht durchgenommen, aber jetzt erst kam ihm die Sache unglaublich praktisch und bedeutungsvoll vor. Nihilismus als radikales Infragestellen des Seins war für ihn ein Stichwort der Literatur gewesen, das er brav weitergegeben hatte, aber jetzt? Wenn auch er nur eine eingebildete Sekunde in irgendeinem planetaren Raum war und ihm nur die eine Sekunde gehörte, die gerade verging? War denn seine Sekunde ein gut eingerichteter Wartesaal samt Frau, Haushalt, Auto und Beruf?

Die Lösung habe ich schon angedeutet. Wenn ein Problem nicht existiert, braucht man es weder zu lösen noch abzuschaffen. Man braucht nur jemanden, für den das Problem nicht existiert. Das färbt ab.

Ich nehme mir die Freiheit, diese Person, die ohne das Sekundengefängnis existiert, jetzt einzuführen. Als Geschichtenerzähler habe ich den Vorteil, dass diese Person nicht real vorhanden sein muss, wie auch Macbeth oder der kleine Prinz oder Robinson und Pipi Langstrumpf nicht in der Art normal Sterblicher wirklich sein müssen. So können sie freier und wirklicher sein als diese, und weltbekannt sind sie und ihre Schöpfer auch.

Dr. Christ, so nenne ich diese besondere Person, wird als seine eigene Erscheinung aufstehen, indem der Leser sich ihn mit mir zusammen auf seiner inneren Bühne sichtbar macht. Er ist sowieso schon da, so wie alles, was wir wie eine Möglichkeit, wie ein inneres Programm in uns tragen. Machen wir also den Retter, den ich gleich präsentieren werde, zu einem für uns wirklichen Retter, geben wir ihm die Möglichkeit, in die Geschichte einzutreten und eine wichtige Rolle zu spielen.

Dieser Retter heißt Dr. Christ. Unser Lehrer fand seine Adresse im Internet, nachdem er eine recht verrückte Ansammlung von Stichworten wie Selbsterfahrung, Sinnlosigkeit, Befreiung, Liebe, Wahrheit, Zeit, Raum, Verlust zusammen mit seinem Wohnort in die Suchmaschine eingegeben hatte. Er rief ihn an und Dr. Christ sagte nur: „Erzählen Sie nichts, ich weiß alles. Es wird interessant für Sie werden, das verspreche ich Ihnen." Das klang sehr überheblich, und unser Lehrer hätte nicht hinzugehen brauchen. Aber war er nicht selbst ebenso überheblich, wenn er einfach nicht mehr leiden wollte, indem er aus der Sekunde, die sein Leben war, und in der er sich eingesperrt fühlte, heraustreten wollte?

Er ging also hin und ich darf jetzt schon sagen, ein neues Leben begann für ihn. Die Praxis erwies sich als ein lichtvoller kleiner Pavillon, zu dem man fand, wenn man einen engen Durchgang zwischen zwei Häusern an einer belebten Straße benutzte. Er war von Grün umgeben, und unser Lehrer wunderte sich, dass er von der Existenz dieses kleinen Parks noch nie etwas erfahren hatte, und dass man überhaupt eine Baugenehmigung für solch ein etwas anderes Gebäude bekam.

An der Tür las er ein kleines Messingschild mit der Inschrift:

Dr. J. Christ
Himmlische Dienste
Beratung auch ambulant, 24 Std. Service
Lic. Jerusalem Univ.

Die Tür öffnete sich automatisch, nachdem er einen Türklopfer bedient hatte, der wohl aus England war, denn darin eingearbeitet waren Buchstaben, die besagten: ‚Gateless Gate', türlose Tür. So begann seine Therapie mit einer anfänglichen Verwunderung, die sich mehr und mehr steigern sollte. Denn ein neues Leben fängt man nicht an, ohne sich zu wundern. Und anklopfen, wenn man sucht, muss man auch.

Unser Lehrer nahm in einem kleinen Warteraum Platz. Gleich darauf öffnete sich eine Tür und ein Herr stürzte heraus, griff verstört nach seinem Hut und verschwand schnellstmöglich durch besagte türlose Eingangstür, und es schien, als ob er diese Praxis nie wieder betreten würde. Bevor er sich wundern konnte, wurde er von Dr. Christ in das Beratungszimmer gebeten.

Dr. Christ wirkte zunächst widersprüchlich auf seinen Gast. In seinem Wesen lag etwas unglaublich Liebevolles, zu dem man sofort Zugang wünschte. Und dann war da etwas, das unser Lehrer als irgendwie zerstreut und abgehoben empfand, zumindest hatte er keine anderen Worte dafür. Er wirkte, als ob er sein Gegenüber nicht wahrnahm und doch prüfte, aber nach Maßstäben, die ganz woanders herzukommen schienen. Auch seine ersten Worte waren erstaunlich und doch so, als ob er seinen Gast schon längst kannte.

„Ich habe Sie gewählt", sagte Dr. Christ ganz unvermittelt, „deshalb sind Sie auserwählt. Sie könnten haben, was Sie wollen. Aber Sie haben erkannt, dass Sie das nicht glücklich machen wird." Er fuhr fort: „Alles, was Sie weiter bringen wird, ist schon da." Er lächelte, als er den ungläubigen Ausdruck auf dem Gesicht seines Besuchers sah. „Sie werden sehen. Ich nehme auch keine Bezahlung an. Ich habe geerbt." Mit Leichtigkeit in seinen Worten fügte er hinzu: „Und Sie werden nichts von dem, was Sie hier bekommen, behalten. Denn Sie erreichen durch mich nichts Spezifisches, nur das was bleibt."

„Das ist mir im Moment egal", dachte unser Lehrer und machte sich diese fixe Idee von der Sekunde, in der sich sein Leben abspielte und die er andauernd verlor, noch einmal präsent. „Darf ich Ihnen sagen, warum ich hergekommen bin?", fragte er, auch um Dr. Christ etwas zu beeindrucken und um ihm zu zeigen, dass er sich logisch im Griff hatte, obwohl er therapeutische Hilfe suchte. Doch dann brach es aus ihm heraus: „Mir fehlt eigentlich nichts, außer dass mein Leben keine feste Grundlage zu haben scheint. Ich komme mir verloren vor. Sie sagen, alles ist da, aber ich spüre es nicht."

Er machte eine Pause und versuchte, auf den Punkt zu kommen. „Je aktiver ich bin, um so mehr verstärkt sich dieses nervöse Gefühl. Ich gehe auf eine Auflösung zu und habe vorher nichts gehabt. Wie jemand, der auf seinen Untergang zusteuert und sich nicht retten kann", fügte er hinzu. „Ich beschwichtige mich andauernd selbst. Das wird schon gut gehen, sage ich mir beständig, doch ich tröste mich dabei über irgend etwas hinweg, das ich an mir nicht begreife. Ich registriere, wie ich mit mir umgehe, ich bin abhängig von lächerlichen Alltagsgeschichten, ärgerlich wegen nichts."

Er überlegte. „Ich tue manchmal verrückte Dinge, nur um mir zu zeigen, dass es mich gibt. Ich fahre irgendwo hin, wo ich noch nie war, dann sage ich mir, da bist du jetzt angekommen, du hast dich unterwegs nicht verloren. Ich bin noch da. Ist das normal?" Über sich selbst erstaunt fuhr er fort: „Es ist, als wollte ich ständig über etwas hinausgehen, das die Philosophen das Unhintergehbare nennen. Ich leide vielleicht an etwas, das man Solipsismus nennt, ich habe mich informiert. Alles gibt es nur dadurch, dass ich existiere. Also bin ich begrenzt - durch mich selbst."

Dr. Christ lächelte anerkennend, als unser Lehrer dies sagte. „Dann habe ich einen Widerwillen gegen mich, weil etwas in mir ist, das mich daran hindert, wirklich so zu sein, wie ich mir das vorstelle. Und die Zeit vergeht nutzlos, oder sie hat nur den Nutzen, den ich mir einbilde. Aber ich spüre diesen Nutzen nicht wirklich." Er machte eine Pause. „Und andauernd habe ich das Gefühl, ich werde abgefragt, ob ich alles kann, ob ich mein Leben bestehe. Dabei bin ich selbst Lehrer. Ich wende mein Leben an und es rieselt als Routine und Gewohnheit wie Sand durch eine Sanduhr, die man aber nicht wieder umdrehen kann. Ich habe andauernd das Gefühl, ich versäume etwas ganz Wichtiges. Was weg ist, ist weg", fasste er schlussendlich zusammen.

So lange hatte er noch nie über sich geredet. Noch dazu vor einem Menschen, den er erst so kurz kannte. Doch nun fühlte er sich lebendig. Was er beschrieben hatte, machte ihm plötzlich weniger aus. In seine Gedanken hinein sagte Dr. Christ: „Die Menschen ändern nie etwas. Sie möblieren immer nur um. Sie stellen das Bett hierhin und den Schrank dorthin und verlegen die Sitzecke von hier nach da. Sie geben Geld aus oder sie sparen. Sie sind im Herzen blind und leer in die Welt gekommen und wollen leer wieder aus ihr gehen. Aber sie haben keinen Film eingelegt und sehen nur das Äußere. So sind sie nie zufrieden. Sie sind immer nur von Zwischenergebnissen abhängig und haben keine Zukunft." *„Genau", sagte unser Lehrer. Unmittelbar darauf sagte Dr. Christ: „Sie haben immer nur das Bekannte ändern wollen. Lernen Sie, das für Sie Unbekannte zu sehen und hervorzubringen." *

Auf den fragenden Blick seines Klienten hin fügte er erklärend hinzu: „Das Unbekannte ist nicht, was morgen oder übermorgen sein wird. Es ist schon in Ihnen. Das Unbekannte ist innerhalb und außerhalb Ihrer Kenntnisse und Erfahrungen. Doch Sie können es nicht sehen, weil Sie nur das Ihnen Bekannte kennen. Deshalb ist das Unbekannte, Große, Wunderbare Ihnen verborgen." *

Unser Lehrer dachte kurz daran, dass er sein Verhalten ändern könnte, um in unbekannte Bereiche vorzudringen. Statt politischer Magazine könnte er Krimis oder Talkshows im Fernsehen anschauen. Dr. Christ lächelte über seinen Widerstand. „Was unter Menschen bekannt ist", sagte er, „ist nie etwas Unbekanntes. Ob sie eine Keule schwingen oder eine Atombombe werfen, oder eine neue Regierung wählen, die Menschen nehmen sich selbst überall hin mit und bleiben so in dem, was ihnen bereits bekannt ist. Das erspart ihnen das Aufwachen." Er zuckte mit der Schulter. „Alles der gleiche Adam", sagte er wie für sich.

„Was ist Ihr Interesse an mir?", fragte sein Gast, „wenn ich doch nichts Neues tun kann, wenn ich doch nur auf den alten, immer gleichen Schienen laufe? Dann bleibt mir nichts anderes übrig, als mein Leben abzuleben und mir dabei zuzuschauen." „Sie formulieren es schon viel besser", lobte Dr. Christ und fuhr fort: „Sie werden aus dieser Sicht aufwachen und ich werde Ihnen dabei helfen. Vergessen Sie nicht, ich habe Sie ausgesucht. Als einen unter Zehntausenden, unter Millionen." * Er kam hinter seinem Schreibtisch vor, legte seinem Gast die Hände auf die Schultern und sah tief in seine Augen. „Wer das Unbekannte erkennt, rettet sich und die gesamte Menschheit - und er beherrscht das Universum, denn alles hängt zusammen." *

Dr. Christ löste sich, ging zum Fenster und sah hinaus. „Ich habe diesen Kampf schon einmal geführt und hätte ihn fast gewonnen. Wenn Sie ihn", er wiederholte lächelnd, „wenn wir diesen Kampf bestehen, sind Sie unsterblich." * Das war plötzlich. Und doch, in Dr. Christs Augen schien sich alle Liebe der Welt zu vereinen. Eine Kraft ging von ihm aus, die nichts anderes gelten ließ. Mit einer rätselhaften Bemerkung verabschiedete Dr. Christ unseren Kandidaten, der sich retten wollte. „Wenn man merkt, dass der Adam geschehen ist, kann man sich von ihm befreien und ihn überwinden, man leidet nur an ihm und daher an sich.“ * Damit ging er zu seinem Schreibtisch zurück, vielleicht, um etwas aufzuschreiben.

Auf der Straße kam unser Lehrer und er hat jetzt einen Namen verdient, - denn er tut ganz viel für diese Geschichte, nennen wir ihn also Werner - plötzlich wieder zu sich. Etwas altbekanntes Kritisches setzte wieder ein, das wohl er selbst war. Ich brauche nur nicht mehr hinzugehen, dachte er, als er in der nächsten Kneipe ein kühles Bier an seine Lippen setzte. Geschichten von verrückten Psychiatern fielen ihm ein, die noch verrückter waren als ihre Klienten. Er dachte an die Physiker von Dürrenmatt.

Doch dieser Dr. Christ schien zu wissen, was er wollte. Er schien den Anlass für die Probleme, die ihn zu ihm geführt hatten, zu kennen. Werner blickte um sich und betrachtete die anderen Gäste, die lasen, Kaffee schlürften, oder sonst etwas taten, damit es sie gab. Vielleicht war es so, dass alle anderen Menschen diese Problematik nicht erkannten, und dass er der einzige war, dem sie auffiel. Oder alle kannten sie, aber keiner wollte dagegen angehen. Seine Gedanken wirbelten. Ein Vers fiel ihm ein: ‚Wo immer die Welt am schönsten war, da war sie öd‘ und leer.‘

Er dachte an seine Welt. Vieles hatte er sich schön geredet, sein schulisches Engagement zum Besten erklärt, die Wohnung war doch auch nett und gut, die nächsten Ferien würden noch schöner werden. Es war ja auch alles schön und richtig, und die anderen machten es genauso, und doch war alles auch wie ein Luftballon, der beim kleinsten Piekser platzen würde. Außen bunt und glänzend, innen nur Druck, ohne Film in der Kamera.

Er dachte an die ganze Menschheit. Auch hier redete man alles schön: Alles musste so sein. Alles wurde immer besser. Die Kriege wurden immer gerechter und damit notwendiger. Dann stand also auch hier alles fest. Größere Autos, größere Firmen, mehr Programme in den Medien, alles immer seichter, mehr Verbrauch, größere Produktivität. Dies würde so weitergehen. Oder der Ballon platzte und es musste einen Knall geben, aber dann stand dies auch schon fest.

Sollte er sich und die Welt davor retten, dass alles feststand? Wodurch stand überhaupt alles fest? Zunächst stand fest, dass er ein weiteres Bier trinken würde. Und noch eins. Dann würde er aufhören, weil er kein Trinker war. Weil er die Verantwortung für sich trug. Dann würde er nach Hause gehen und zu Eva sagen: „Dr. Christ meint, ich soll die Welt retten, die draufgeht, weil alles feststeht." Er lächelte in sich hinein. Zumindest das, was sie dann sagen würde, stand nicht fest. Doch irgendwie wusste er, dass sie sagen würde: „Tu es." Das stand also auch irgendwie fest.

Am Abend war Eva neugierig. „Wie war's", fragte sie sofort. „Dieser Dr. Christ sagt, ich hätte keinen Film in meine Kamera eingelegt", sagte Werner. „In mir passiert nichts, ich reagiere nur noch auf das Äußere. Ich soll etwas hervorbringen, das über all das hinausgeht." „Da kann er recht haben", meinte sie. „Und wenn man keinen Film eingelegt hat", ergänzte Werner, „kann man nichts für sich behalten." „Dann ist das Leben eine einzige Sucht, in der man sucht, was doch nicht bleibt", stellte Eva fest. „Was willst du daran ändern?"

Die nächsten Tage waren seltsam. Werner hatte das Gefühl, dass alles feststand, und doch wieder nicht. Er wusste, was er tun würde, er kannte seinen Unterricht. Er hörte sich dabei zu. Wen unterrichtete er eigentlich? Sich oder die Schüler? Das meiste stand fest. Seine Rolle, der Stoff, den er unterrichtete, die Grammatik. Er notierte innerlich die Dinge, die nicht festzustehen schienen. Zwei Schüler waren krank. Er hatte einen Text vergessen, den er austeilen wollte. Der Kaffeeraum im Lehrerzimmer war so voll, dass er in der großen Pause keinen Kaffee bekam. Es ergaben sich noch weitere Kleinigkeiten, die nur deswegen nicht feststanden, weil er sie nicht erwartet hatte. In seinem Leben stand also doch alles fest, letztlich auch das Unerwartete.

In einer Klasse nahm er den kleinen Prinzen durch, der von Planet zu Planet reist und deren Bewohner bestaunt, weil sie so von sich eingenommen sind. Der König sah in seinem Gast sofort einen Untertanen, der Eitle sah in ihm einen Bewunderer, der Geograph einen Forscher. Damit stand jeder Besucher in der Rolle fest, in der sie ihn sehen wollten. Und sie selbst standen auch fest. So änderten sie sich nie. Und sie waren abhängig davon, dass ihr Gast die ihm zugedachte Rolle annahm und sie so bestätigte. Und er war Lehrer. Sah auch er auf seinem Planeten nur noch Schüler und Kollegen, Korrekturen, Ferien und Freizeit? War auch er betriebsblind? Er war froh, bei Dr. Christ in die Lehre zu gehen...

Als er das nächste Mal im Vorzimmer von Dr. Christ saß, dachte Werner wieder an dessen Wort von der Rettung der Welt. Er sollte die Welt retten. Wovor? Er dachte an sein Leben. Dass er Eva gut fand, seinen Beruf, die Schüler auch, nun ja, mal mehr mal weniger, doch dadurch stand alles irgendwie fest.

Er musste etwas warten und blätterte in einer Zeitung, die er mitgebracht hatte. Die Tür zum Behandlungszimmer ging auf und Dr. Christ trat hinter ihn. Er hatte zufällig eine Seite aufgeschlagen, in der über Tiertransporte berichtet wurde. Dr. Christs Blick fiel auf den Artikel. „Wie lange leben die Tiere?", fragte er. „Bis sie ankommen", sagte Werner. „Wo kommen sie an?", fragte Dr. Christ. „Im Schlachthof", sagte Werner. „Dann sollten sie ausbrechen, wenn sie leben wollen", sagte Dr. Christ. „Suchen auch Sie sich einen Platz, an dem Sie leben." * Er hob die Schultern. „Auch den Menschen geht es wie den Tieren. Es steht fest, was mit ihnen geschieht."

Werner wunderte sich, dass Dr. Christ genau auf dieses Thema kam, das ihn in den letzten Tagen beschäftigt hatte. Er dachte laut nach: „Wenn alles ein Todestransport ist", - sofort unterbrach ihn Dr. Christ. „Ob etwas so oder so ist, haben nicht Sie zu entscheiden. Es ist so, oder es ist nicht so." Werner spürte sofort, dass Dr. Christ ihm damit etwas ganz Wichtiges sagen wollte. Dazu hatte er ihn sogar unterbrochen. Doch noch verstand er seinen Lehrer nicht. Wenn er nicht entscheiden konnte, ob etwas so oder so war, wie konnte er dann handeln?

„Machen wir einen Spaziergang", schlug Dr. Christ vor. Sie gingen durch die Straße vor der Praxis. Die Trommeln der Waschmaschinen drehten sich in den Waschsalons. Menschen saßen davor. In den Auslagen der Geschäfte gab es Blumen oder Kleidung, in einem Döner Kebab drehte sich der Spieß. Werner betrachtete die Bewegungen von Dr. Christ, die anders waren als die der Menschen rings herum. Alle Menschen taten etwas, sie warteten, sie eilten hin und her, die Autos starteten und hielten an der nächsten Ampel.

Nur Dr. Christ schien nichts zu tun. Seine Bewegungen waren fließend leicht, es war, als ob um ihn herum ein Raum entstand, der nur ihm gehörte. Er war anders. Hier im Freien zeigte sich dies besonders. In seiner Praxis war Werner in seinen Raum (er dachte an das englische Wort ‚space') eingetreten, ohne sich darüber Gedanken zu machen. Auf der Straße erschien Dr. Christ irgendwie frei und unbehelligt. Da wurde Werner klar: Alle Menschen rings herum hatten Vorentscheidungen getroffen, an die sie glaubten, von denen sie bestimmt wurden. Danach war ihre Welt so oder so. Sie lebten nur noch aufgrund und innerhalb ihrer einmal getroffenen Entscheidungen. Diese Entscheidungen gaben ihnen eine gewisse Festigkeit, auch Freude und Energie an ihrem Tun, mit der sie im Waschsalon saßen, ihre Autos fuhren oder am Dönerspieß herumsäbelten. Mit dieser Festigkeit lebte, ja vibrierte die ganze Stadt.

Werner sah dies und nahm es ganz neu in sich auf. Kurz darauf spürte er hinter all dieser Geschäftigkeit auch eine gewisse Hektik, Nervosität, Ängste und Zweifel. Er dachte an Faust, der seine Seele dem Teufel verschrieb, damit dieser ihn nur einen einzigen Moment erleben lassen sollte, der so schön wäre, dass er diesen Moment zum Verweilen einladen wollte. Doch diese Idee schien nicht zu den Menschen der Straße zu passen, die so aktiv waren, dass sie nicht daran zu denken schienen, was sie taten.

Dr. Christ ließ ihm alle Zeit der Welt, damit er sich umsah. Alle Menschen waren in ihrer Situation, die Autofahrer, der Blumenverkäufer, jeder Passant, der sein Ziel anstrebte. Und auch er selbst, wenn er über all dies nachdachte. Sie kamen an einem Zeitungsgeschäft vorbei. Die Schlagzeilen stießen das Übliche hervor: Der Sänger hatte seine Freundin verlassen, Attentate, Terror, Kritik an der Regierung. Werner fiel die Todessituation ein, über die sie gesprochen hatten. Schlachttransport. Er blickte die Menschen um sich herum an, ihm wurde klar, nichts würde sich je verändern. Nur die Inhalte einer alles verschlingenden Situation, die immer gleich blieb, schienen sich zu verändern. Er sah es den Menschen an, dass sie wollten, dass es wenigstens schnell gehen sollte, wenn sowieso nichts zu retten war. Daher die Hektik. Wenn jeder Moment als Verlust erlebt wurde, brauchte man ihn nicht zum Verweilen einzuladen. Man wollte nur das Nächste und das Nächste, und das immer schneller. Weil man sich in einem Wartesaal zum Tod befand?

Zu Dr. Christ sagte er: „Sie haben Recht. Alles läuft einfach ab, nichts ändert sich grundlegend." „Es ist so", sagte Dr. Christ, und er fuhr geheimnisvoll fort: „Wenn es so ist." Dieser Satz traf. ‚Wenn es so ist.' Alles konnte auch anders sein, schien Dr. Christ anzudeuten. Werner dachte an Eva. Was wäre, wenn sie nicht seine Gefährtin wäre? Wenn er nicht ihr Mann wäre? Was wäre, wenn er nicht studiert hätte, wenn er seine Anstellung als Lehrer nicht hätte? Dann hätte er eine andere Arbeit, eine andere Frau, dann würde er über andere Inhalte nachdenken. Doch das ‚Was wäre, wenn alles anders wäre' würde bleiben. Er betrachtete Dr. Christ. An ihm konnte nichts anders sein, als es war. Plötzlich sah er das Andere an Dr. Christ: Er zweifelte nicht. In ihm lag eine Klarheit, die durch nichts bestätigt werden musste.

Dr. Christ spürte, wie es in Werner arbeitete. „Genug für heute", sagte er und ließ Werner einfach auf der Straße stehen.

Dieser hatte plötzlich das Gefühl, alles überprüfen zu müssen. ‚Wenn es so ist.' Dieser Satz fraß sich in ihm fest. ‚Wenn es so ist.' Aber ließ sich dieser Satz nicht auch auf die Situation des Todestransports anwenden? Wenn es überhaupt einer ist? Wenn es keiner war, was war dann? Lebte man für immer? Was war das Unbekannte, das sich plötzlich hinter all dem Feststehenden andeutete? Würde sich eine neue Welt dahinter auftun?

Es stand fest, dass er im Moment diese feststehende Sicherheit noch brauchte, die er als Lehrer sein Eigen nannte. Daran konnte man sich auch festhalten. Er machte sich Gedanken, was er mit seiner 8a tun sollte, sie war in letzter Zeit etwas aufsässig geworden. Ein bisschen Druck machen, dachte er. Vielleicht eine unvorhergesehene Kurzarbeit schreiben. Doch damit bestrafte er sich nur selbst, er musste sie ja korrigieren. Aber wenn er sich das Leben dadurch etwas erleichterte... Und diesmal den Text für die 9c nicht vergessen, damit er nicht wieder eine Stunde unvorbereitet herumschwafeln musste...

Doch so würde er wieder nur am bereits Bekannten, Vorentschiedenen herumbasteln und nichts wirklich verändern. Sein Leben, fand er, hatte immer darin bestanden, sich ein schlüssiges Urteil zu bilden, um auf dieser Basis schlüssig und, wie er geglaubt hatte, richtig zu handeln. Der alte Immanuel Kant hätte seine Freude an dieser Logik gehabt.

In der nächsten Zeit erging es Werner so, dass er überall Hinweise auf das fand, was Dr. Christ zu ihm gesagt hatte: Alles schien unabänderlich festzustehen. Doch plötzlich ging ihm mitten im Unterricht, als er den kleinen Prinzen (dessen Geschichte ja auch im Himmel beginnt) weiter durchnahm, ein Licht auf, was in dessen Sinn mit bekannt und unbekannt, mit sichtbar und unsichtbar gemeint war. Es ging so: Der kleine Prinz will, dass sein Freund, der notgelandete Flieger, ihm ein Schaf malt, damit er es mit auf seinen Planeten nehmen kann. Doch das erste Schaf, das der Flieger etwas unwillig auf das Papier kritzelt, erscheint ihm krank, das zweite alt, das dritte hat Hörner und würde als ausgewachsener Widder zu groß für seinen Planeten werden. So weist er die Bemühungen seines Freundes zurück. Da malt der genervte Flieger eine Kiste und sagt: „Dein Schaf ist da drin." „Oh wie wunderbar!", ruft der kleine Prinz, „wie schön es ist! Genau so wollte ich es!" „Ist es nicht so", sagte Werner danach wie von selbst zu den Kindern, „was wir äußerlich sehen, erscheint uns als alt, krank, gefährdet, doch hinter dem Verschlag, in den wir unsere äußere Welt sperren, ist alles wunderschön und neu." „Man soll mit dem Herzen sehen", riefen die Kinder, die schon weiter gelesen hatten. Mit dem Herzen sehen, nicht nach äußeren Eindrücken urteilen, wie konnte das aussehen? Alter und Krankheit und Unpassendes waren doch da?

„Was geschieht denn", fragte Werner Dr. Christ in der nächsten Sitzung, die ihn entscheidend weiterbringen sollte, „wenn wir Dinge dieser Welt als alt und krank und voller Krieg und Unglück sehen?" Sonst war Dr. Christ immer heiter und irgendwie abgehoben. Doch nun verdüsterte er sich fast. „Wenn ein Kind geboren wird", sagte er, „ist es leer. Es hat noch nicht die Gitterstäbe im Kopf, mit denen es sich später in seine Welt einsperrt. Noch ist es im Himmel, im Wunder des direkten Glücks." * Dann fing sein Gesicht zu leuchten an. „Jeder Mensch träumt nur, dass er hinter seinen Gitterstäben eingesperrt ist." Und als ob er Werner etwas Besonderes sagte, fuhr er fort: „Nur die Gitterstäbe sind der Traum. Sie abzuschaffen ist die einzig wirkliche Entscheidung, die ein Mensch in seinem Leben treffen kann."

Er machte eine Pause. „Das Schöne und Wunderbare ist auf der anderen Seite dieser Gitterstäbe verborgen", sagte er dann. „Man kann einen schönen Traum nur dann verwirklichen, wenn man aus dem Unglückstraum von den Gitterstäben aufwacht." „Aus was wacht man auf, welchen Traum kann man verwirklichen?", entfuhr es Werner.

„Gehen Sie zum Fenster“, sagte Dr. Christ. Werner ging zum Fenster und blickte unwillkürlich hinaus. Ein paar Bäume, langweiliger Rasen, geparkte Autos. „Setzen sie sich“, hörte er die Stimme Dr. Christs. Und als er wieder saß, sagte dieser: „Eben haben Sie geträumt.“ „Ich bin zum Fenster gegangen“, sagte Werner erstaunt, „was war daran geträumt?“ „Sie träumten den Traum der Trennung“, erklärte Dr. Christ. „Sie nahmen ihre Gitterstäbe mit, als sie zum Fenster gingen. Sie gingen und schauten auf die Ihnen übliche Weise aus dem Fenster und Sie sahen, was Sie sahen. Dieses Gewohnte nehmen Sie überall hin mit. So kann nie etwas neu sein und Sie kommen in nichts Neuem an.“ Er tröstete Werner sofort. „Doch nicht Sie sind daran schuld. Der Vater hat diesen Traum gemacht.“

Dr. Christ schien in einer anderen Welt zu sein, als er dies sagte. „Wenn Sie jetzt verstehen, was geschah, können Sie die Welt retten. Die gesamte Menschheit“, fügte er hinzu und sah Werner an. „Ich bin gekommen, um einen Versuch zu machen. Ich habe Sie ausgewählt. Ich glaube, dass Sie mich verstehen können. Es ist ganz einfach.“

In diesem Moment schien auch für Werner alles ganz einfach zu sein. Spontan ging er wieder zum Fenster und sah hinaus. Das Gleiche. Doch dadurch, dass er dies ein zweites Mal tat, schien es nicht das Gleiche zu sein. Gab es dieses Gleiche überhaupt? Dr. Christ schien sich über diesen eigenständigen Versuch zu freuen. „Man betritt niemals den gleichen Fluss“, sagte er. „Weder Sie, noch der Fluss sind ein zweites Mal gleich. Aber darauf kommt es nicht an. Das ist nur der Anfang.“ Werner fiel der kleine Prinz wieder ein. Zwar sagt er einmal, das Schaf ist alt, dann ist es krank, dann ist es wieder nicht recht. Doch er wiederholt dabei immer nur, dass die Schafe, die der nervöse Flieger zeichnet, ihm nicht zusagen.

Werner sah plötzlich, dass auch die Menschen sich einmal über dies und dann über das aufregten, aber es war ein immer feststehendes, ohnmächtiges Gejammer! In allen möglichen Variationen! So hatte auch er immer nur geurteilt, verglichen und gemeckert oder gelobt: alt, krank, dumm, unfähig, aufsässig, intelligent, entwicklungsfähig - er griff sich an den Kopf, ihm fiel es wie Schuppen von den Augen - das waren seine durchwegs gleichen, aber immer wieder verschiedenen Gitterstäbe, durch die er seine Welt sah, hinter denen er sich bewegte, die er überall hin mitnahm, selbst wenn er nur an ein Fenster ging und draußen alles langweilig fand!

Die Litanei seines Lebens! Es waren also die immer gleichen Gitterstäbe, für die er immer wieder andere und neue Worte fand, mit denen er sich von der Welt trennte, indem er sie beurteilte und hinter denen er sich selbst einsperrte! Er selbst war wie der kleine Prinz, der unwirsch auf das Offensichtliche der Zeichnungen reagierte, weil sie ihn nicht zufrieden stellten. Denn der Pilot war selbst nervös und durch seine Probleme abgelenkt und damit auch hinter seinen Gitterstäben gefangen, als er das Schaf zeichnete... So gab man auch den anderen die eigenen Gitterstäbe weiter...

Werner wiederholte für sich, um ganz deutlich das für ihn Neue festzuhalten: Nach außen sah er durch seine Gitterstäbe, da unterlag alles seinem kritischen Urteil. Aber das verborgene Schaf in seinem Inneren war immer gleich schön und wunderbar, genau so wie er es wollte! Man sah es nur nicht wegen der Kiste!

Er sah Dr. Christ an. Der war anders. „Ich habe das Gefühl, dass Sie immer gleich sind und nie auf etwas schimpfen", sagte er, „auch wenn in Ihnen verschiedene Reaktionen abzulaufen scheinen." „Mir ist von dem gegeben, der immer gleich ist",* sagte Dr. Christ. Werner fielen seine Worte ein: „Ich habe geerbt." War es sein besonderes Erbe, dass er immer gleich sein konnte? Dr. Christ fuhr fort: „Auch im Inneren der Kiste, in der das Schaf genau so war, wie der kleine Prinz es wollte, ist dieses Gleiche. Kinder haben es auch noch in sich", sagte er, „deshalb liebe ich Kinder. In diesem Inneren", erklärte er weiter, „ist etwas, das keine Motte fressen kann, kein Wurm nagt daran. Es kann nicht angetastet werden und Sie werden es erleben." *

Sofort hatte Werner eine Frage: „Was hat dieses immer Gleiche im Inneren damit zu tun, dass ich zum Fenster gehe?" Dr. Christ lächelte amüsiert: „Wer ging zum Fenster? Taten Sie es?" „Wer sonst", hätte Werner fast gesagt. Er blickte Dr. Christ an. „Wenn Sie jedes Mal anders zum Fenster gehen, sind Sie es?", wiederholte Dr. Christ. An sich, folgerte Werner, kannte er also nur das Verschiedene, er tat immer nur dies oder das, so oder so. Er konnte nicht zweimal zum gleichen Fenster gehen und dabei gleich sein. Veränderte er die Zeit, in der er etwas tat, oder veränderte sie ihn?

Jeder Fluss war der immer Gleiche, aber in seiner Wahrnehmung sah er jede Sekunde anders aus. Aber wenn er Dr. Christ ansah, war dieser wirklich immer gleich. Werner konnte es spüren. In seinen Bewegungen, selbst in seinen winzigen Gefühlsschwankungen war etwas Ruhiges, das immer gleich war. War er dann eine Person wie er? Dr. Christ schien seinen Gedanken zu folgen, als er sagte: „Sie sehen im Moment etwas, das Sie noch nicht haben. Aber Sie sehen es bereits. So beginnt Zukunft, so wacht man auf", sagte er. „Sie lassen bereits etwas zu, das über Sie selbst hinausgehen wird. Bravo." Fast schien er zu applaudieren. „So durchbrechen Sie Ihre Gitterstäbe."

Werner sah ihn an. Was war an Dr. Christ wirklich? Was war hinter seinem äußeren Tun? „Darf ich Sie anfassen?", fragte er. Dr. Christ lächelte und hielt ihm seine Arme hin. Wie aus einem uralten Wissen heraus ging Werner zu ihm. Er wusste nicht, was er tat. Er fasste ihn an. Für einen Moment kam er sich vor wie ein Schneider, der Maß nimmt. Doch diese Idee schien nur eine Einspielung aus seinem Hirn zu sein, eine Abwehr dagegen, das zu tun, was er dennoch tat. Doch nun ließ er es zu: Seine Hände waren andere Hände. Seine Augen waren andere Augen. Es war mühsam zu stehen. Er war nicht mehr er, und es war, als ob er seine Gitterstäbe plötzlich verlassen hätte und als ob er dies schon einmal getan und erlebt hätte. Ja, es war ihm, als wäre in allen Menschen die feste Möglichkeit, dies schon einmal getan und erlebt zu haben.

Und es war, als hätte er nur darauf hin gelebt, dies jetzt zu tun, genau das Gleiche. Jetzt. Dieser Gedanke an ein Jetzt brachte ihn wieder zu sich zurück. Er hatte dabei das seltsame Gefühl, dass er wieder da sein musste. Eine uralte zwanghafte Verlegenheit war wieder da, die er jedoch als normal und zum Leben gehörig empfunden hatte.

Ihm wurde wieder bewusst, dass er vor Dr. Christ stand. Dass er ihn berührte. Er kam sich wegen seiner Direktheit unmäßig vor. Er nahm einen Platz ein, der ihm nicht zustand, der ihm nicht gehörte. Doch etwas war in ihm aufgeblitzt, das wirklich neu war. Die Idee eines Schneiders, der Maß nahm, setzte wieder ein, als ob er sich vor dem Neuen in sich schützen musste. So bekam er sich wieder in den Griff. Er wollte wieder jemand sein, den er beobachten konnte, um damit die Verantwortung für sich abzugeben. Doch seine Bewegungen stimmten nicht mehr. Er war wie ein Clown, der seine Maske verloren hat, dessen Gesicht unter der Schminke nackt ist.

Dr. Christ befreite ihn einsichtsvoll aus seiner Lage. „Gehen Sie zurück", sagte er freundlich, „spüren Sie dabei, wer geht." Werner ging. Er visierte den Stuhl an, auf dem er gesessen hatte und ging. Doch es war mehr ein betrunkenes Schwanken als ein Gehen. Zu Dr. Christ sagte er, als er wieder Platz genommen hatte: „Auf mir lastet etwas, das ich so noch nie gespürt habe. Ein Müssen, eine zwanghafte Verlegenheit, was mich selbst anbetrifft." Eine Idee kam ihm: Dies war sein normales Ich. Es war sein Maß aller Dinge gewesen. „Sie sind eben kein Kind mehr", antwortete Dr. Christ. „Gerade waren Sie es wieder."

Erklärend fügte er hinzu: „Mir gegenüber spüren die Menschen die Gefängnisse, in denen sie ihr Leben eingerichtet haben." Er zuckte mit den Schultern. „Deshalb meiden mich die Erwachsenen und laufen davon." Werner erinnerte sich an den Mann, der aus dem Beratungszimmer gestürzt war. Was hatte er wohl zu ihm gesagt? „Die Menschen wollen auf ihre Gitterstäbe nicht verzichten", fuhr Dr. Christ fort. „ Doch Sie haben Ihren ersten Ausbruchsversuch gemacht." Und als ob er den Beginn der Sitzung wieder aufgreifen wollte, sagte Dr. Christ: „Diese belastenden Gitterstäbe aus Wertungen und Scham sind Ihr Traum, aus dem Sie aufwachen werden."

„Und dann?", fragte Werner. „Dann sind Sie wie ich", sagte Dr. Christ. „Sie werden mit meinen Füßen gehen, Sie werden mit meinen Augen sehen. Auch Sie werden erben", * sagte er. „Haben Sie etwa Angst davor?" Es war Zeit zu gehen. „Vertrauen Sie mir", sagte Dr. Christ, als sein Klient den Raum verließ, „Sie werden das Verborgene erkennen und die unumstößliche Wahrheit erleben. Es gibt nichts Verborgenes, das nicht auch sichtbar gemacht werden kann." *

Als Werner wieder auf der Straße war, hatte er ein seltsames Gefühl. Ich lebe als angewandte Idee meiner selbst, sagte er sich. Ich bin dies und das, kann dies und das, und bestätige mich so. Das gibt mir Sicherheit. Ich bin, was ich über mich und die Welt denke und urteile. Cogito, ergo sum. Ich denke, also bin ich. Damit versuche ich, das Rätsel zu überspielen, das ich mir selbst bin. Und wenn das Denken nicht ausreicht, sagte er sich, werde ich zynisch oder sarkastisch. Wenn er einen Kollegen kritisieren wollte, titulierte er ihn: „Verehrter Herr Kollege." Und legte noch einen Konjunktiv drauf: „Dürfte ich Sie darauf aufmerksam machen..., es wäre doch schön, wenn..., hätten Sie die Güte, mir zuzuhören..." So war er auch mit sich umgegangen. Hätten Sie die Güte, würden Sie das viel-leicht tun, könnten Sie sich vielleicht etwas steigern. Die Gitterstäbe machten auch eine abwehrende Distanz zu allem...

Er setzte sich in die Kneipe, die er bereits kannte. Mein Geld in der Tasche dient mir dazu, dass ich jetzt weiter so tun kann, als ob..., als ob ich jetzt gern ein Bier trinken würde. Als ob es mir jetzt gut geht. Als ob ich alles im Leben prima hinkriege. Er überlegte. Eigentlich hatte er auf diese Weise immer nur wie die Kampfrichter im Fernsehen Haltungsnoten verteilt. An sich und an die Schüler und Kollegen. Damit hatte er sich vor etwas in sich geschützt. Schluss damit, sagte er sich. Er streckte seine Füße lang unter dem Tisch aus. Er genoss es, einfach da zu sein. Fast unflätig kam er sich so vor.

Und Worte mit un... kamen ihm. Unglaublich, ungeschlacht, ungeheuer, unverschämt, unerhört, unpassend, unmöglich, undenkbar, unwahrscheinlich... Ein seltsames Wort mischte sich ein: unvergänglich. Sartre, dachte er, schrieb ein Buch und nannte es: ‚Die Wörter.' Jean-Paul Sartre, den hatte er einmal verschlungen. Und der steckte die Menschen doch nur in das Gefängnis aus Wörtern, in dem er selbst eingeschlossen war. Verantwortung, Pflicht, Kommunismus, alles, was man tut, bindet die gesamte Menschheit ein, war seine These. Philosophierte Wörter, man denkt und wertet, hat Ideen, also lebt man. Seinen Wörtern wie Existentialismus, Humanismus, fehlte das Freie, Unmögliche, das Schwebende, die Freude, dachte Werner.

Er betrachtete das Lokal. Alles nett, ordentlich und übersichtlich. Die Einrichtung sollte einen heimeligen Eindruck in den Gästen hervorrufen. Selbst die Stühle wollten es allen recht machen. Wieder bewertete er. Die Einrichtung, diesen Sartre, jetzt wieder sich. Würde er je etwas anderes spüren als solche bewertenden Eindrücke? Seine Überlegungen und sinnlichen Eindrücke, fand er, waren irgendwie nicht dazu gemacht, ihm mehr zu zeigen, als das, was ihn äußerlich beeindruckte. Immer gerieten sie nur an eine Grenze. Ein Sonnenuntergang am Meer, ein Blick über die verschneite Bergwelt beim Skifahren, das himmlisch gelöste Gesicht seiner Frau bei einem Orgasmus.

Etwas Unvorstellbares war da, doch es verflachte, wenn er es sah. Was hatte Dr. Christ gemeint, als er sagte, er würde mit seinen Augen sehen?

Er legte Geld auf den Tisch und erwischte sich dabei, die Reaktion der Kellnerin zu beobachten, als sie das Trinkgeld bemerkte, aussortierte und separat in ein Täschchen steckte. Anders als sonst lächelte er ihr schnell zu. Das Lächeln kam von ganz alleine, aus seinem Inneren.

Er dachte viel über seine Treffen mit Dr. Christ nach. Sie waren logisch und folgerichtig. Er lernte viel über sich. Irgendwie war Dr. Christ göttlich. Und er hatte ihm angeboten, fast aufgetragen, die Welt zu retten. Aber es war doch die Welt Gottes? Wenn Gott die Welt gemacht hatte, die Menschen eingeschlossen, war es nicht an ihm, sie zu retten? War es nicht Gottes Sache, seine Welt zu retten? Es schien, als spielte Gott in dieser Hinsicht keine Rolle für Dr. Christ.

In der nächsten Sitzung befragte er Dr. Christ dazu: „Sie glauben doch an Gott?" „Glauben ist untertrieben", sagte dieser. „Wenn Gott allmächtig ist, warum gibt es dann Krankheit, Sünde, Terror, Krieg?", fragte Werner weiter, „also das, was ich andauernd feststelle?" Er machte eine Pause und fuhr dann fort: „Ich kann mir meine wertenden Gitterstäbe wegdenken, aber ich sehe trotzdem, was ich sehe. Was nutzt es, etwas im Inneren als schön zu erklären, wenn das Äußere nicht dazu passt?" Er war selbst erstaunt über seinen Vortrag.

„Das ist eine uralte Frage der Menschheit. Doch wer sie fragt, erhält keine Antwort." Dr. Christ schaute ihn verständnisvoll an. „Sie fragen von außerhalb. Wer über diese Dinge Fragen stellt, fragt immer von außerhalb." In Dr. Christs Stimme lag etwas Aufmunterndes. „Wer an Krieg und Krankheit und Sünde denkt, ist nicht in Gott, er macht ihm nur Vorwürfe", sagte er. „Was er dabei denkt, entsteht nur aus ihm selbst heraus." „Dann sind alle Menschen nicht in Gott", sagte Werner. „Die Menschen denken doch ständig aus sich selbst heraus an Krieg, Unfälle und an solche Dinge." „Eben", lächelte Dr. Christ. „Die Menschen denken an nichts anderes. Ihre Katastrophen, die jetzigen und nächsten Kriege stehen für sie fest."

Staunen breitete sich in unserem Helden aus. Wie einfach Dr. Christ alles sagte. Immer auf den Punkt genau. Dr. Christ hob die Tasse hoch, die auf dem Tisch stand. „Man macht eine Tasse innen und außen sauber“, * sagte er. „Doch die Menschen wollen ihre Welt nur äußerlich säubern.“ Dr. Christ sah aus dem Fenster. „Keinen Krieg, keinen Terror, keine Bomben, keine Attentate, das wollen sie alle. Aber wo kommen Krieg und Terror her?“ Er machte eine Pause. „Aus dem Inneren“, sagte Werner ohne nachzudenken und fügte wie automatisch hinzu: „Auch aus meinem Inneren.“

Er dachte an das Wahrsagen aus den inneren Rändern von Kaffeetassen und an die Analysen der Presseleute und Politiker. Aus ihnen würde man immer neue Anzeichen für Kriege, Anschläge, Terror und Tod herauslesen. Sie waren einfach da. Da wurde Werner klar, wie unabänderlich feststehend Krieg, Terror, Krankheit, Tod zu sein schienen. Er betrachtete Dr. Christ. In ihm waren diese Ränder nicht. Er schwankte nicht hin und her zwischen Angst und Hoffnung, Krieg und Frieden, Gesundheit und Krankheit. Er hatte davon gesprochen, dass man die Welt retten konnte. In ihm schien die Welt schon gerettet.

Da kam in Werner ein fürchterliches ‚Aber‘ hoch. ‚Aber geht das? Aber ist das möglich? Darf man sich einfach eine gerettete Welt ohne Kriege und Streit vorstellen? Aber wie, ist das nicht naiv?‘ Der alte Zweifler meldete sich mit Macht. Ja aber, aber wie, aber überhaupt. Ist das realistisch. Und dann tut man nichts mehr dagegen. Aber was tat er denn wirklich dagegen?

Zu Dr. Christ sagte er: „Ich habe mich unbewusst für eine Welt mit Krieg und Terror vorentschieden, weil ich sie sehen kann wie ein Ding, wie den nächsten Baum oder die Vögel in der Luft.“ Er sah Dr. Christ wieder an. Ausgerechnet ihn hatte er ausgesucht. Ihn, den Zweifler. „In mir steht ein gewaltiges ‚Ja, aber‘“, sagte er, „wenn ich an etwas absolut Gutes denke, oder an etwas Reines. Ich gehöre irgendwie nicht dazu.“ Dr. Christ ging auf sein Räsonieren nicht ein. Er sagte nur kurz: „Lügen Sie nicht. Und was Sie ablehnen, das tun Sie nicht.“ * Damit entließ er ihn.

Als Werner wieder auf die Straße kam, hatte sich etwas in ihm verändert. Er sah klarer. Dieses ‚Aber, das ist doch nicht richtig, aber, so geht es doch nicht', war erkannt und bloßgestellt und wie weggeblasen. Dann waren die Dinge, wie sie waren. Was hatte er daran auszusetzen? Wenn er bereit für eine bessere Welt war, würde sie sich auch bessern. Ohne wenn und aber.

Vielleicht war er nur wegen diesem feststehenden ‚Aber' Lehrer geworden. Mit einem ‚Aber' wusste man immer alles besser und konnte an allem etwas aussetzen und herummäkeln. Das gab Macht.

Doch ohne dieses ‚Aber', spürte er erstaunt, war etwas Neues da, das in ihn eindrang und ihn beflügelte. Die Wirklichkeit war plötzlich da. Greifbar und direkt. Er fühlte sich wie ein lebendiges Musikinstrument, das neu eingestimmt war und mit den Tönen der Welt besser harmonierte. Er setzte sich in sein Cafe. Früher hatte er ein Bedürfnis gespürt, sich mit seinen Gitterstäben Abstand von der Welt zu verschaffen, jetzt wollte er es genießen, in ihr bei sich zu sein.

Er stellte sich vor, diese neue Art in seinen Unterricht einzubringen. Manche Schüler wollten lernen, andere nicht. Wie hatte er reagiert? ‚Aber tut doch, aber lernt doch, aber denkt an die Zukunft'. So hatte er auf sie eingeredet. Seine Missionsversuche erschienen ihm plötzlich komisch. Sein Leben hatte aus Vermittlungsversuchen bestanden, die nur heiße Luft enthielten. So hatte er im Grund gelogen und nicht getan, was er wollte. Und dabei war er irgendwie hilflos geblieben.

Die Wahrheit erschien ihm plötzlich wie eine wunderbare Verheißung von Neuem, ungeheuer lebendig und verlockend, einfach da und so wie sie war. Tatsächlich veränderte sich daraufhin auch sein Unterricht. Er konnte Dinge sagen, die er sich vorher nicht getraut hatte. Die Schüler horchten auf. Es ging plötzlich um etwas. Der Alte säuselt nicht mehr rum, dachten sie vielleicht. Er kam sich vor wie ein Segler, der immer nur auf den Windanzeiger am Bootsmast geachtet hatte. Plötzlich spürte er den Wind des Lebens selbst.

In den nächsten Tagen lernte er an sich eine Feinabstimmung kennen, die er so noch nicht gespürt hatte. War er sich zuvor als Opfer der Welt vorgekommen, spürte er jetzt, dass er es war, der in seinen Vorstellungen die gesamte Welt um sich drehen ließ. Damit war sie sein ideelles Übungsgerät, auch sein Opfer - jede Sekunde! Sie war seine Hamstertrommel und er bewegte sie jede Sekunde mit seinen Gitterstäben aus Problemen und Urteilen weiter - unaufhörlich! Es stand also fest, dass er in dieser Hamstertrommel lief, auch wenn er glaubte, er bewegte ihre Gitterstäbe nur, um sich seine Freiheiten zu verschaffen. Er machte sich immer neue Gitterstäbe, indem er auf seinen alten stereotypen Urteilen von Gefallen und Missfallen weiterlief!

‚Wenn es so ist!' Dieser Satz von Dr. Christ schien plötzlich in ihm auf. Er überlegte weiter. Jeder seiner Gitterstäbe erschien als Ärger und Unwille in immer neuen Formen und war doch nur die Variante des Vorgängers. Er beschloss, sich seine Hamstertrommel von Krieg, Katastrophen, guten und schlechten Schülern genau anzusehen, ob es sie überhaupt gab. Denn nichts musste immer so weitergehen, wenn er Dr. Christ richtig verstanden hatte. Der war nicht in dieser Mühle.

Eva, der er seine Einsichten erzählte, tröstete ihn. „Du bist nicht dumm", sagte sie, „du bist sehr sensibel. Du hast nur auf die falschen Dinge geachtet. Dieser Dr. Christ tut dir echt gut."

Am nächsten Morgen geschah etwas Seltsames. Es war Werners erster Ausbruch aus den Gitterstäben des Alltags und es geschah ganz einfach. Es war vor der großen Pause. Normalerweise hätte er seine Schüler auf den Schulhof schicken müssen, denn man beließ sie nur im Klasszimmer, wenn es regnete. Doch er hatte irgendwie keine Lust dazu, sie aus der Klasse zu scheuchen. Eine Pausenaufsicht wird sich schon darum kümmern, dachte er. Als er so die Klasse verließ, kam ihm der Direktor entgegen und bemerkte, dass die Schüler noch im Raum waren. Als er ihn darauf aufmerksam machte, sagte Werner einfach zu ihm: „Es regnet", und ließ ihn stehen. Dabei war das Wetter prächtig und weit und breit war kein Regen zu sehen.

Werner ging einfach weiter und staunte über sich selbst. Er hatte diesen Satz ohne innere Bewegung gesagt. Ganz beiläufig nebenher, in aller Lockerheit. Er lächelte. Was gab es Unschuldigeres als zu sagen, „es regnet", auch wenn weit und breit kein Regen da war? Und er spürte, als er dies sagte, war etwas in ihm entstanden, neu und spontan, in dem die befreiende Direktheit lag, die er im Umgang mit Dr. Christ kennen gelernt hatte.

In der nächsten Stunde nahm er Hamlet durch. Dieser nennt den Hofzeremonienmeister einen Fischhändler, als er merkt, dass der Mörder seines Vaters an der Staatsspitze steht und dass seine Mutter wissentlich die Frau an der Seite dieses Mörders ist. War nicht sein Direktor auch ein Fischhändler, der alles überdeckte, wenn etwas stank, nur dass in seinem schulischen Staate Dänemark nichts anrüchig wurde? Der gute Ruf der Schule stand über allem. Plötzlich sah er Hamlet ganz neu. Man konnte Hamlet nicht nur behandeln und interpretieren, man konnte Hamlet auch sein. Auch Hamlet bewahrte sich eine unangepasste Unschuld gegenüber den Interessenslügen, die überall waren, wenn man sie nur spüren wollte.

Später, als er in seinem Lokal Zwischenstation machte, fiel Werner die Zen-Geschichte von einer Gans ein, die aus einer Flasche zu befreien war, ohne dass die Flasche zerstört wurde. Die Lösung war, dass die Gans in keiner Flasche war. Sie war nur in der Geschichte eingeschlossen, die denen als Problem aufgehalst wurde, die das Problem annahmen. Die Flasche existierte nicht, die Gans existierte nicht, die Geschichte existierte nicht, und der Mensch existierte nicht, der sich darüber seinen Kopf zerbrach. Existierte auch die Sekunde, in der man war, nicht? Durchbrach man so das Bekannte, das Feste, das Normale? Indem man herausfand, dass es gar nicht existierte? Dann existierte auch Hamlets Wahnsinn, das ganze Stück nicht. Werner hatte immer schon den Verdacht gehabt, dass Shakespeare weder an sich noch an seine Stücke und Figuren, noch an deren wortreich vorgebrachte Motive glaubte.

Dann war irgendwo ein traumhafter Freiraum, den nur der kennen würde, der bereit war, aus seiner Hamstertrommel aus Wahn auszubrechen.

Er dachte an den Direktor. Der glaubte an den Wahnsinn seiner Rolle. Er setzte sich für die Schule ein. Er stritt mit dem Ministerium um Geld und Stellen. Als er zu ihm sagte, „es regnet", waren zwei verschiedene Welten aufeinander getroffen. Faust fiel ihm wieder dazu ein. Auch dieser wollte aus dem methodischen Wahnsinn seiner studierten Normalität aufwachen. Und er traf auf einen lächerlichen Mephisto, der ebenfalls im methodischen Wahnsinn seiner eigenen Teufelei gefangen war. Jeder wollte vom anderen eine Freiheit, die er selbst nicht erlebte! Faust hätte Mephisto besiegt, wenn er einmal zu ihm gesagt hätte, dass es regnet, obwohl es nicht regnete. Er hätte so den Augenblick, der so schön war, dass er in ihm verweilen wollte, selbst aus sich hervorbringen können...

Auf dem weiteren Weg nach Hause sah Werner, wie die Menschen rannten und hasteten. Er kaufte noch ein paar Blumen und eine Schachtel Pralinen für Eva. Als er ihr diese überreichte, sagte er zu ihr: „Von deinem Robinson." Das war für ihn, als ob plötzlich eine wunderbare neue Quelle in ihm sprudelte.

Abends dachte er über das neue Gefühl nach. Als er sagte, „es regnet", als er die Blumen kaufte und sich dann einfach so den Namen Robinson gab, lernte er etwas Neues an sich kennen. Er tat Dinge ohne Absicht und sie stimmten auf ihre eigene Weise. Er dachte daran, dass er sich als Musikinstrument gefühlt hatte, das auf sich selbst eingestimmt war. Irgendwie hatte er gelernt, in kleinen Lichtblicken er selbst zu werden.

Es fiel ihm auf, dass er sonst stets von einem ‚Etwas' bewegt gewesen war, das immer da war und sich entweder als innerer Wunsch oder Widerstand anfühlte. Nun hatte er Handlungen ausgeführt, die einfach unschuldig, ohne eigenes Wollen waren. Sie gingen mitten durch ihn hindurch.

Dr. Christs Aufforderung kam ihm in den Sinn: „Lügen Sie nicht, und was Sie hassen, das tun Sie nicht." Hatte er denn immer gelogen, wenn er ein vorteilhaftes Bild von sich erwecken wollte, wenn er tat, was er wollte, gut dastehen, Punkte machen, andere beeindrucken, oder von alledem abschalten? Wenn ein ‚Etwas' sein Motiv war? Mit dieser neuen Festigkeit würde er nicht mehr vor den äußeren Zeichen der Macht und ihren Trägern einknicken. Er hatte, als er sagte: „Es regnet", etwas ohne Motiv getan, einfach so; damit hatte er eine Seinstat, eine befreiende Handlung begangen, die ein reines, unbeflecktes Nichts war.

Das Wort Rationalisierung fiel ihm dazu ein. Seine ständigen Rechtfertigungen vor sich selbst: Man gönnt sich ja sonst nichts, das Beste draus machen, die Feste feiern, wie sie fallen, carpe diem, ergreife den Tag, hatten schon die alten Römer gesagt. Doch er hatte nichts Besseres gekannt. Nichts, als durch und für sich selbst bewegt zu sein. Hierhin, dahin. Mitnehmen, was ging oder säuerlich darauf verzichten. Und immer hatte er sich dabei über die Schulter geschaut. „Das tut er jetzt. So. Das spielt er sich jetzt vor." So war er nie wirklich gewesen. Er war nur der Preisrichter, der seinem Vorturner zuschaut und diesen lobte oder tadelte. Doch dieser Vorturner war er selbst.

Am nächsten Tag wurde er zum Direktor bestellt. Dieser empfing ihn in seiner zögerlich-neutralen Art. „Sie haben gestern zu mir gesagt, „es regnet", und es war gutes Wetter. Sie haben die Schüler im Klassenraum gelassen. Wollen Sie sich dazu äußern?" Prompt sagte Werner in seiner neuen Art, und es strömte einfach so aus ihm heraus wie er es in der Therapie bei Dr. Christ erfahren hatte: „Ich habe mich auf die nächste Stunde vorbereitet, Herr Direktor. Ich lese Hamlet mit meiner 13a. Und Hamlet sagt immer Sachen, die es nicht gibt und deshalb ist das Stück weltberühmt. Ich wollte das spontan ausprobieren. Etwas sagen, das es nicht gibt. Es kam einfach so über mich." Und er setzte hinzu: „Die Stunde über Hamlet lief dann auch prima. Ich empfand das als eine gute Erfahrung, irgendwie befreiend."

Und da er wusste, dass der Direktor Lateiner war, fügte er noch hinzu: „Vielleicht sollte man jedes Jahr Thementage dieser Art einführen, Saturnalien, Karneval, Rollenspiele. Jeder agiert einen Tag lang wie Hamlet oder Caesar oder Danton. Dabei käme bestimmt etwas heraus." Der Direktor unterbrach ihn schroff. „Ich muss Sie bitten, Ihre Spiele nicht in der Schule während der Schulzeit durchzuführen." Etwas konzilianter sagte er: „Ich halte Ihnen zugute, dass Sie nicht gegen mich als Vorgesetzten oder gegen die Schule als Einrichtung handeln wollten. Ich möchte Sie dennoch anweisen, solche und ähnliche... äh... Aussetzer und Anwandlungen zu unterlassen. Wir haben genug Disziplinprobleme an unserer Schule, wie Sie wissen. Wenn jetzt schon die Lehrer anfangen, disziplinlos zu werden..."

Er stand auf und gab Werner die Hand, als ob er etwas bei ihm erreicht hätte und mit einem: „Wir verstehen uns... Ich brauche dazu nichts weiter zu sagen..." entließ er den jüngeren Kollegen. Im Lehrerzimmer verglich Werner ihn mit Dr. Christ. Er brauchte den Vergleich. Dr. Christ war aus sich heraus immer gleich. Der Direktor hatte schroff angefangen, war dann milder geworden, um ihn fast einverständlich zu entlassen. Seine Methode war: Alles glätten und schönen, alles kitten und überspachteln, solange es ging. Er war eben doch ein Fischhändler, der seinen Fischen Petersilie ins Maul steckte, um ihren Geruch zu überdecken, dachte Werner. Der Direktor war von der Situation bewegt, er lebte in ihr. Er holte immer etwas für sich heraus. Und er hatte ihn mit dem Vorschlag des Saturnaltags getroffen. Die verborgene Wirklichkeit hinter dem alltäglichen Rollenspiel spüren wollen. Wirklichkeit zum Anfassen war wirklich das Letzte, das an der Schule gebraucht wurde.

„Ich kriege ein Problem mit der Wirklichkeit", sagte er zu Dr. Christ in der nächsten Sitzung. Dieser lächelte verständnisvoll. „Mit welcher Wirklichkeit?", fragte er zurück. „Mit meiner Wahrheit, mit dem, was ich bin... oder sein will oder soll", korrigierte sich Werner schnell. „Das kann länger dauern", sagte Dr. Christ. „Haben Sie heute noch etwas vor?" Die Wahrheit kennen zu lernen schien Werner wichtiger als irgend etwas vorzuhaben. Er schüttelte den Kopf. „Ich lasse alles dafür sausen, um die Wahrheit zu kennen", antwortete er. „Das werden Sie müssen", lächelte Dr. Christ, und er wiederholte die Worte, die ihm wohl gefielen: „Alles für die Wahrheit sausen lassen", um dann zu fragen: „Was heißt das für Sie, sausen lassen?" Als er das Wort ‚Sausen' aussprach, war unserem Lehrer, als würde er von etwas ergriffen, vielleicht von einem himmlischen Wind, oder einem unwiderstehlichen Wirbel. Ein leichtes Rauschen drang in ihn. „Sausen", erklärte er, „das ist so wie brausen, wie wirbeln, ich werde mitgerissen, ich lasse los." „Genau so kommt man in die Wahrheit", bestätigte Dr. Christ. „Aber es ist noch nicht die Wahrheit. Das Loslassen ist nur der erste Schritt. Den lernen Sie gerade."

Werner dachte an sein Gespräch mit dem Direktor. Etwas in ihm war in Bewegung geraten. Er hatte seinen Respekt vor ihm sausen lassen. Er hatte einen anderen Ort betreten. „Loslassen macht Spaß", sagte Dr. Christ. „Und es ist ganz leicht. Man lässt nur los, was Einbildung ist. Das, was einen belastet und mühselig macht." Als ob er etwas ganz Selbstverständliches verkündete, fuhr er fort: „Wenn Sie weiter mit mir arbeiten, wird alles ganz leicht für Sie werden." * Wie einfach und direkt er das sagte! „Ich habe aber noch Angst bei diesem Loslassen", gestand Werner. „Wo gerate ich da hin?" „Sie geraten in das, was den Menschen verborgen ist." Mit einem direkten Blick auf Werner fragte Dr. Christ: „Wollen Sie? Für Sie wird es leicht sein. Deshalb habe ich Sie ausgesucht." Doppeldeutig fügte er hinzu: „Sie werden sehen."

„Weshalb sah ich vorher nicht?", fragte unser Lehrer. „Gott hat es den Klugen verborgen", antwortete Dr. Christ. Werner war überrascht. Wie konnte Gott den Menschen etwas verbergen? Dr. Christ erklärte vermittelnd: „Sie können auch sagen, die Natur, die Schöpfung, die Evolution hat die Menschen gemacht wie sie sind. Weil sie sich über Stärke, Sicherheit und Rangordnung definieren, bilden sie sich Neid, Rivalität und Gegnerschaft mit ihren äußeren Augen ein. Das sehen und das sind sie, meinen die Menschen dann und halten sich für besonders klug." Und er fügte hinzu: „Das steht für sie fest, danach richten sie sich und sehen nichts anderes. Das sind ihre Gitterstäbe."

Dr. Christ machte eine Pause und sagte langsam, als ob er es vor Zeiten schon einmal gesagt hätte: „Doch so sind sie blind in ihren Herzen und sehen nicht deutlich, dass sie leer in die Welt gekommen sind, vielmehr suchen sie, wieder leer aus der Welt hinauszugehen." * Werner dachte an den kleinen Prinzen. Dann hatte dieser die gezeichneten Schafe, die ihm als alt oder krank erschienen waren, mit den gleichen äußeren Augen gesehen, mit denen der Flieger sie gezeichnet hatte! Dann übertrug sich das Negative der äußeren Augen! Fast wie um diesen Gedanken darzustellen, fuhr Dr. Christ fort: „Wenn ein Blinder einen Blinden führt, fallen sie zu zweit in die Grube." *

Werner sah plötzlich den Ausweg aus der äußeren Blindheit vor sich. Das Schaf in der Kiste war so, wie der kleine Prinz es sich gewünscht hatte. Deshalb wollte er es behalten, weil er es mit seinen inneren Augen sah! Werner bemühte sich kurz, auch seinen Direktor mit inneren Augen zu sehen. Vielleicht war er hinter seinem Verschlag der äußeren Fassade von Autorität, Durchsetzung und Taktieren ein ganz lieber und wunderbarer Mensch. Vielleicht sollte er ihn so sehen, wie er ihn sich wünschte... Vielleicht war auch er himmlisch schön, wenn man ihn von innen heraus ansehen konnte.

„Man sieht nur mit dem Herzen gut", sagte Dr. Christ plötzlich. Vielleicht hatte auch er den kleinen Prinzen gelesen. Er fuhr fort: „Nach dem Loslassen oder dem Sausenlassen, wie Sie sagen, sieht man das Verborgene, das Schöne, das Wunderbare." Er nickte bestätigend: „Machen Sie sich innere und äußere Augen statt nur eines Auges, Hände statt nur einer Hand, Bilder statt eines Bildes, dann sehen, spüren, begreifen Sie sowohl mit der inneren wie mit der äußeren Wahrnehmung und Sie werden ganz viel Wunderbares erleben." * Aufmunternd sagte er: „Es gibt also doch mehr Wirklichkeiten als Sie bislang kannten. Das wäre erst einmal eine mehr", fügte er lächelnd hinzu, als ob es noch eine darüber hinausgehende Wirklichkeit gäbe.

Werner kam sich bereits wunderbar bestätigt vor. Ihm war nach dem Gespräch mit dem Direktor etwas mulmig gewesen. Aber wenn es schon zwei Wirklichkeiten gab, die des inneren und die des äußeren Auges, war ihm klar, er würde sich in das Abenteuer stürzen. Mittendurch gehen, loslassen, die Welt der Festigkeit ins Wanken bringen. Die Sitzung war vorbei, Dr. Christ entließ ihn. An der Türe sagte er freundlich: „Sehen Sie sich auch selbst mit dem neuen inneren Auge an. Lieben Sie auch sich."

Es war seltsam, nach einer solchen Sitzung mit Dr. Christ eine Straße zu betreten. Mit Dr. Christ war Werner total bei sich. Er stimmte völlig mit ihm und sich überein, auch wenn er ihn etwas fragte oder eigene Gedanken entwickelte. Doch über der Straße wirkte ein völlig anderes Gesetz.

Die Menschen rannten hin und her ohne zu wissen, dass es mit Dr. Christ so etwas wie einen Dreh- und Angelstein der Welt gab. Dieser Mittelpunkt, das spürte Werner immer weiter, war so sicher, dass dort nichts Widriges geschehen konnte. Aber auf dieser Straße hieß es nun aufpassen. Die Autos waren so kräftig und drastisch wirklich, dass sie Werner überfahren konnten. Wieso konnten sie es tun, wenn er es innerlich nicht wollte? Werner fand die Steuerung dieser Straße krass. Es war, als ob die Drähte einer unschönen rohen Mechanik bloß lagen. Wenn die Ampeln umschalteten, fuhren die Autos eilig los oder sie blieben unwillig stehen. Weil die Fußgänger weniger wichtig waren als die Autos, hatten sie kleinere Ampeln. Wahrscheinlich lassen die Autofahrer die Fußgänger leben, dachte Werner, weil sie sich keine Beulen in ihre Autos fahren oder keine Zeit verlieren wollen.

Es hatte geregnet, und der Regen hatte die achtlos weggeworfenen Papierfetzen und Zigarettenstummel, welche die Wege der Menschen wie Wildwechsel markierten, durchnässt. Es war seltsam, dass der Regen überall hingefallen war und dass dies dem Regen offensichtlich egal war und nichts ausgemacht hatte. Über allem war elektrischer

Strom eingesetzt, damit dynamisch zuckendes Leben entstand, in welchem Schriftzeichen periodisch auf- und ableuchteten, was den Strom seinerseits gleichgültig ließ, so regelmäßig war alles. Die Auslagen der Geschäfte forderten ihn dazu auf, Dinge zu kaufen, die er nie benutzen würde. Die Häuser stiegen in Höhen, die eigentlich niemand brauchen konnte.

Werner dachte an die Weihnachtszeit seiner Kindheit, in welcher der Strom ganze festliche Bären- und Zwergenfamilien in den mit Watte beschneiten Schaufenstern der Kaufhäuser angetrieben hatte. Jedes Jahr kamen sie wieder und waren so frech, den Waren in den Auslagen ihren Platz wegzunehmen. Dafür blieb im Sommer meist nur ein Dekorationsbär an einer Fassade übrig, der einen gestielten Ring in einen länglichen Behälter mit Seifenlauge hielt, ihn dann ruckartig an seinen Mund führte, aus dem ein Metallröhrchen ragte - was den ganzen Eindruck etwas verdarb - und daraus Seifenblasen blies. War die Seifenlauge zu Ende, hob und senkte der Bär seinen Arm dennoch immer weiter, denn er war elektrisch und merkte nichts. Sicher machten die anderen Bären in dieser Zeit Sommerschlaf.

Es war schwierig, den genauen Zweck der Straße herauszufinden. Vielleicht war es der, dass man ihn seit seiner Jugend an eine Art Zuschauerdasein gewöhnt hatte. Herumflanieren und sehen, was es zu sehen gab. So hatte man ihn an ein Sehen mit äußeren Augen gewöhnt. Irgendetwas gab es immer zu sehen, weil es dazu aufgestellt war, und das sah man dann und fühlte sich angesprochen und bei etwas dabei.

So hatte er eine Art Statistenleben geführt. Alles lief ab, weil es das so tat, auch er. Doch solange er sich in ein Café setzen konnte, und eine Serviererin auf Bestellung Kaffee brachte, schien alles seine sinnvolle Ordnung zu haben, zu der er gehörte. Doch ein geheimer trauriger, unerfüllter Schmerz einer Fremdheit war auch immer dabei. Dann dachte er wieder daran, dass er Lehrer war, und was er am nächsten Tag im Unterricht tun sollte.

Vielleicht hätten die Schüler lieber den elektrischen Bären mit der Seifenlauge gesehen, als ihn, der seine angelernten Weisheiten nervenelektrisch und mechanisch aus sich herausblies. Aber er konnte sich ihnen nicht ersparen. Wie sonst hätte er den Kaffee trinken und die Kellnerin bezahlen können? Auch ein Gesetz der Straße. Und er war einen Moment lang stolz auf sich, denn er hatte sich routinemäßig gemerkt, welche Dame es war, die den Kaffee gebracht hatte, um nur bei ihr zu bezahlen, ohne beim Personal Verwirrung zu stiften.

Beim Skifahren war er manchmal so Hals über Kopf in den Schnee getaucht und hatte sich seltsam verstaucht wiedergefunden und erst einmal nachprüfen müssen, ob noch alles an ihm ganz war und ohne Schmerz funktionierte. Seitdem hatte er sich solche Wirklichkeitsüberprüfungen wie jetzt bewahrt: Kellnerin, Kaffee, Geld, ich, unverletzt, nach Hause. Doch mit Dr. Christ hatte eine neue Art Wirklichkeitsüberprüfung begonnen. Seine ständige leise Verwunderung über die Welt hatte einen Sinn bekommen.

Werner lächelte in sich hinein. So hatten alle Umwälzungen begonnen. Und hatte nicht Gott die Wirklichkeit einer Welt geschaffen, die es zuvor nicht gab? War diese Welt mit ihren Geschöpfen dann nicht auch der wunderbare Wahn göttlicher Selbstdarstellung? Wiederholten die Menschen seinen Wahn auf ihre Weise? Wie hing alles zusammen? Was stand fest, was nicht?

Zu Hause sagte er zu Eva: „Ich weiß nicht, was ich den Kindern erzählt habe. Das war doch nur Äußerliches. Diese Regierungsform ist gut, über Dramenaufteilung habe ich geredet, Grammatik ist das Wichtigste der Welt, dabei ist alles doch nur formaler Stoff. Und ich habe mich gefreut, wenn die Schüler das wiederholt haben wie Papageien, ich war selbst nur ein Zitat und habe wie Seifenblasen auf die Kinder abgelassen, was in den Büchern stand und was ich gelernt habe. Das Ganze war eine mechanisch gesteuerte Karaoke-Nummer, die nicht aus mir heraus kam. Nur angelerntes Playback." Werner sah aus dem Fenster. „Auch ich war von mir eingenommen wie der Eitle oder der König auf seinem Planeten und sah nur mich. Aber ich bin doch nicht ganz -" er suchte nach einem Wort, dann hatte er es: „gefallen. Als Richter hätte ich nicht jeden so verurteilt, wie es in den Paragraphen steht. Als Rechtsanwalt hätte ich nicht jeden Prozess durchgezogen, wenn es nur Geld gebracht hätte. Und das Ganze immer mit schönem Mäntelchen drum: Das machen wir, wie es sich gehört, so ist es richtig, ich helfe Ihnen bei der Durchsetzung Ihrer Interessen. Da hatte ich immer eine Art Beißhemmung. Dieses Blablabla und Ballyhoo, diese Seelenverkäuferei war mir zuwider."

Werner fühlte sich erleichtert. Er setzte sich an den Tisch, an dem Eva gerade Tee trank und schenkte auch sich ein. „Dr. Christ sagt, diese Gesellschaft besteht aus Blinden und jeder blinde Anführer führt die anderen Blinden in seine eigene Blindheit." * Er trank aus der vollen Tasse. „Früher hätte ich gedacht, er spinnt, jetzt weiß ich, dass auch ich gesponnen habe. Bei vollem Bewusstsein." Er sah Eva an: „Entschuldige, dass ich nur über mich rede. Aber hättest du geglaubt, dass die Menschen bei vollem Bewusstsein verrückt sind?" Eva sah ihn ruhig an: „Du machst aus deinem Aufwachen ein solches Trara wie aus deinem Verrücktsein vorher. Aber erzähle nur, es freut mich für dich."

Doch er blieb bei seinem Erstauntsein und sagte: „Wenn man sich das vorstellt. Mit Kollegen habe ich gefachsimpelt: „Wie bringst du das englische Present Perfect bei und den Unterschied zum Past Tense? Das ist knifflig, aber es ist doch nicht das Leben. Und mit solchen Dingen hätte ich den Rest meines Lebens verbracht!" „Und womit willst du den Rest deines Lebens verbringen?", fragte Eva. „Erst einmal habe ich ihn, ich sehe ihn vor mir, ich genieße ihn, ich freue mich darauf." „Wir können ja eine Flasche Sekt aufmachen", sagte Eva. Als sie anstießen, freute sie sich mit ihm: „Auf den Rest deines Lebens." „Und auf das Vorher, das gehört auch dazu", betonte er aus einer plötzlichen Eingebung heraus.

Als ihm der Sekt leicht in den Kopf stieg, räumte er ein: „Eigentlich habe ich immer schon alles genossen. Ich habe mir nur Angst machen lassen, alles immer richtig machen zu müssen. Dieses Richtig-Machen habe ich mir dann abverlangt. Und anderen auch." Sie stießen wieder an. Werner lehnte sich zurück. „Ich konnte mir selbst kaum je etwas Recht machen. Ich konnte nicht mal einen Blumentopf gießen, ohne zu denken, ist das richtig so, ist das nicht zu viel oder zu wenig Wasser, was für eine Pflanze ist das, wo kommt sie her, was braucht sie? Mit Guano oder ohne?" Werner überlegte. „In allem, was ich tat, war ein Zögern, ein Prüfen, der typische Lehrer. Das war wohl die Sekunde, in der ich verloren war. Alles habe ich immer nur mechanisch gekonnt, nie in mir selbst etwas davon gehabt." „Du übertreibst", sagte Eva. „Im Bett hast du doch deinen Spaß gehabt, wenn ich mich recht erinnere." „Ja, aber da hatte ich auch immer das Gefühl, so und so und so geht es und so soll es sein." „Dann hast du intuitiv alles richtig gemacht, ohne es zu merken“, sagte sie. „Ja“, wandte er ein, „aber mein Kopf hat immer dabei gestört. Ich habe ihn nie richtig abgeschaltet.“ „Worüber reden wir eigentlich?“, fragte sie. „Ich bin da, du bist da.“ Das liebte er an ihr. Sie war eine Frau ohne Übergänge.

Die nächsten Tage und Wochen waren seltsam. Werner versuchte, sein inneres Auge weiter zu entwickeln. Irgendwo hatte er gelesen, dass Blinde auch ohne ihre äußeren Augen von innen heraus sehen. Sie fühlen in den Raum, sie hören das Echo ihrer Bewegungen, sie spüren in die Bewegungen und in das Innere der Menschen. Nun spürte auch er sein Leben durch sein inneres Sehen neu, er hatte den Wunsch, sich darin zu suhlen, darin zu baden und zu plantschen wie ein Kind und er wurde nicht müde, das Leben als etwas Kostbares und Wunderbares ganz neu auf sich wirken zu lassen. Seine zuvor feste Wirklichkeit schien eine andere zu werden.

Bei allem äußeren Sehen war er blind gewesen. Jetzt tastete er sich in eine unbekannte Welt vor. Er nahm Kontakt auf, er spürte. Er verließ sich nicht mehr auf das gewohnte Äußere mit seinen Ecken und Konturen, Entfernungen und Farben. Was er zuvor als belanglos angesehen hatte, wurde plötzlich wichtig. Angesichts alter, verkommener Häuser spürte er plötzlich Wärme, die Nestwärme und Brutwärme der Menschen, die dort gelebt hatten. Er trieb sich in Kneipen herum und redete mit den Menschen, ohne auf ihr Äußeres zu achten. Kleine Gesten, Blicke, die er auf der Straße tauschte, das Dasein selbst überkam ihn so stark, dass er sich fast davor schützen musste, so neu waren diese Empfindungen.

Einmal sah er einen amerikanischen Soldaten in voller Uniform vor einer Haustür warten. Mit seinen äußeren Augen hätte er ihn einfach abgehakt, da steht er eben. Doch nun hatte er das Bedürfnis, zu ihm zu gehen, seine Verwunderung darüber zu zeigen, dass er so da stand und ihm dies mitzuteilen, damit er auch etwas davon hatte. Und so ging er zu ihm hin und fragte ihn: „Are you real?“ Der Soldat lächelte etwas verwundert und sagte dann bedächtig wie ein weiser Alter: „I think so.“

Ein Gedicht fiel Werner ein, dass irgendwo ein Reh in einem Vorgarten stand und jemand sich ihm darüber verwundert näherte, dass es feststand und sich nicht bewegte - er gab ihm einen Stips - und es war aus Gips. So hatte auch er andauernd das Gefühl, die Dinge wie mit einem weißen Blindenstock anstippen zu wollen, um zu spüren, ob sie sich rührten, ob sie lebten, ob hinter ihrem Äußeren eine innere Resonanz aufklang. Was er mit den Gewohnheiten seiner äußeren Augen sah, kam ihm nun immer öfter wie eine Täuschung vor: Die dicken Autos, die Fernsehansager, Architektur, die geistlos und hohl war und nicht für die Menschen lebte.

Er wurde auf eine neue Weise achtsam. Immer mehr sah er, wie viel menschliches Leben in all seinen Formen in seiner Umgebung existierte. Er spürte seine Hände und Füße, seinen lebendigen Körper. Bei Nietzsche hatte er einmal gelesen, dass die Menschen sich bewegen, als ob sie ihre Gliedmaßen gestohlen hätten. Er wurde aufmerksam auf das vordergründig Nichtlebendige der Menschen, die ihre Statistenrollen nicht spürten und doch spielten.

Auch die Kollegen wirkten, als ob in ihnen ein künstliches Uhrwerk ablief und sie in Gang hielt. Ihre fahrigen Bewegungen, wenn sie sich ereiferten, ihre ruckartige Ungeduld, mit der sie einander nicht zuhören konnten und ihre Gespräche unterbrachen, selbst wenn sie ihre Pensionen ausrechneten oder über Zulagen und Steuerersparnisse und Tagegelder debattierten, was sie doch am liebsten taten. Durch ihren Beamtenstatus waren sie abgesichert und doch in ständiger Angst. In ihnen war eine sich kaum verändernde feste Mechanik, die immer wieder ablief. Werner hatte sich dazu erzogen, mit seinen äußeren Augen ein jeweils Gleiches in den Menschen zu sehen und zu achten. Lehrer war Lehrer, Schüler war Schüler, Eltern waren Eltern, engagiert war engagiert. Gut war gut, schlecht war schlecht.

Doch nun spürte er wie mit einem neuen Organ, vergleichbar vielleicht den Barthaaren einer Katze, dass alle Kollegen seiner Gleichmacherei zum Trotz unglaublich verschieden waren. Die einen mürbe, andere nervös, andere schimpften beständig auf die Schüler, viele waren auf dem inneren Rückzug, er wusste nicht wohin; sie waren anwesend, doch nur gezwungenermaßen wie unter innerem Protest, den sie oft nur oberflächlich und daher ungeschickt verbargen. Manchmal glich das Lehrerzimmer einer dumpfen Festung, in der viele Einzelkämpfer vor sich hinbrüteten. Da halfen auch die hellen Fenster nichts, denn keiner schaute hinaus. Was war an diesem

Zustand schuld? Wozu hatten sie ihre gestohlenen Glieder? Niemand konnte das so gewollt haben.

Er machte sich eine eigene Theorie. Er nannte sie das Gießkannenprinzip. Nach diesem Prinzip funktionierte alles völlig me-chanisch. Der Staat nahm Geld von den Menschen und gab einen Rest von oben her wieder ab. Geld wurde auf die Lehrer geregnet, sie regneten dafür Wissen geregelt auf die Schüler ab. Der Staat begoss die Schule, die Lehrer begossen die Schüler. Alles stand an seinem Platz, nur die Kanne schwenkte sich beim Gießen. Es regnete also doch. Und so bedripst und bedropst und begossen und abgefüllt standen alle da.

Nur er begann sich zu bewegen, von seinem Platz aufzustehen und aus der Reihe zu tanzen, zu leben. Mit seinem neuen Inneren spürte er: Er hatte ein Abenteuer gewollt. Das Abenteuer war er selbst. Er delegierte die Zukunft nicht mehr an die Schüler nach dem Motto: Ihr macht einmal alles besser. Er freute sich auf seine Zukunft, die jetzt in seinem Inneren wuchs.

An dieser Stelle möchte ich als der Erzähler ein kleines Wort einflechten. Wir haben Werner jetzt kennen gelernt. Ich sehe ihn als eine Art Herrn Mustermann, wie dieser Name manchmal auf Formularen für Personalausweise oder Scheckkarten vorgedruckt ist. Denn die Getrenntheit, aus der er aufwachen wird, ist etwas ganz Normales, sie betrifft jedermann, Herrn Mustermann und Frau Musterfrau. Dieses Unwissen und diese Blindheit sind so normal, dass man sie auch nur als ganz normaler Mensch erkennen und abstreifen kann. Dieses Phänomen der inneren Blindheit wird als Torheit in Erasmus von Rotterdams ‚Lob der Torheit' dargestellt. Als Narretei im ‚Narrenschiff' von Sebastian Brant. Gurdjieff baute seine Idiotentheorie darauf auf. Man sieht die Narrenkappen der anderen, der Minister und Generäle und kirchlichen Würdenträger, nur der Hut, den man selbst auf dem Kopf trägt, ist normal und daher von niemandem zu beanstanden. Muss das sein, um im Leben funktional zu sein und zu ‚bestehen'? Gibt erst ihre Entfremdung den Menschen die richtigen Kräfte, um im Leben Karriere zu machen?

Unser Werner muss also normal und ein Anfänger bleiben, sich manchmal sogar simplicistisch-kindlich-naiv auch sich selbst gegenüber unwissend stellen, um zum Ursprung der Abspaltung vom richtigen Weg zu gelangen. Eine gelehrte Unwissenheit (docta ignorantia) nannte man das im Mittelalter. Ein Fluss kann nur an der Quelle umgeleitet werden, sagt Lao Tse. Ist er zu groß geworden, ist es unmöglich. Denn wer erst einmal Kultusminister oder Ministerialrat mit vollem Terminkalender ist, wird die befreiende Einladung von Dr. Christ nicht mehr annehmen können und wollen.

Folgen wir also unserem Helden, der wie alle Helden etwas Einfaches und anfänglich Neues in sich trägt, das so ist wie auch unser Herz. Begleiten wir ihn also weiter durch seine Identitätskrise der Spaltung, die entsteht, wenn man mit zwei verschiedenen Augen, dem inneren und dem äußeren Auge, zu sehen beginnt.

Vor seiner nächsten Sitzung dachte Werner an seine Kollegen, die irgendwie nicht da waren und nur funktional anwesend zu sein schienen, und fragte sofort: „Sind die Menschen nicht sie selbst?" „Wenn Sie das fragen", sagte Dr. Christ, „heißt das, dass Sie an Ihrer Identität zweifeln?" Er belehrte ihn somit darüber, dass man immer nur über sich fragt, auch wenn man über andere zu fragen vorgibt. „Es schien mir seltsam zu fragen, ob ich ich bin", sagte Werner etwas kleinlaut und fühlte sich ertappt. „Es ist eine alte Geschichte", holte Dr. Christ aus, „aber sie ist immer noch aktuell." Geduldig erklärte er: „Als Adam den Tod entdeckte, fiel er aus dem Paradies, denn er sah, dass sein Leben bedroht war. Ihm wurde bewusst, dass er sein Leben nicht mehr selbst in der Hand hatte. Es musste eine höhere Instanz geben, die sowohl das Leben wie den Tod geschaffen hatte. Diese höhere Instanz konnte zornig sein und ihn vernichten oder gütig sein und ihn retten. Damit war für ihn nichts mehr gleich. Seine Welt war nun gespalten in bedrohlich und schädlich oder sicher und nützlich. So machte Adam aus der einen immer gleichen Wahrheit der Welt zwei neue Wirklichkeiten: eine erste gute Wirklichkeit, die so war, wie er sie wünschte, und dazu eine zweite schlechte Wirklichkeit, die er ablehnte, weil er sich in ihr bedroht fühlte. Dazu schuf er sich einen guten Gott, der ihm half und ihm alles gab, und einen bedrohlichen, rachsüchtigen Gott, den er besänftigen musste."

Dr. Christ sah kurz auf Werner. „Damit schwanken die Menschen bis heute zwischen einer festen Welt aus Pflicht und Strafe und einer weniger festen Welt aus Neigung und Liebe hin und her, aber sie leben nicht dabei. Schizoid nennt man das heute. Sie sind gespalten, sie sind nicht mehr sie selbst. Sie wollen das aber nicht zugeben und konstruieren sich deshalb ein offizielles amtliches Ich, das einheitlich und ganz sein soll. Deshalb fragten Sie."

Dr. Christ machte eine kleine Pause und dann, wie in eigener Sache, holte er weiter aus: „Gott liebt nur. Er kann nicht einmal daran denken, zu strafen. Das kommt bei ihm nicht vor. Ein schizoid gespaltenes So oder So gibt es in der ganzen Schöpfung nicht." Er lehnte sich in seinem Sessel zurück. Nach einer weiteren Pause sagte er, und es klang wie eine kleine Zugabe: „Wer liebt, straft nicht."

Er erzählte von einer Therapiemethode, in der die Menschen wieder wie die Kinder ihre Kleider ausziehen und darauf herum trampeln.* „Diese Vorstellung vom Lieben oder Strafen, vom So oder So kann man über Bord werfen wie alte Kleider, wie Masken, mit denen man seine künstliche Identität aufrecht erhält", sagte er dann. „Dann hört die Angst auf und die Menschen werden wieder lebendig."

Dann ist auch das Leben aus sich heraus wieder eins und neu, dachte Werner. Er erzählte Dr. Christ sein Erlebnis mit dem Schuldirektor, zu dem er gesagt hatte, „es regnet." Dr. Christ lachte. „Da waren Sie nicht in Ihrer individuellen Sünde und ganz bei sich. Sie werden mündig. Sie entdecken das, was über Sie hinausgeht", lobte er. „So geht das." Ernster setzte Dr. Christ das Gespräch fort: „Wenn der Mensch vom alles aufteilenden Nützlichkeitsdenken weggeht, sieht er das eine Meer, und er sieht den einen Gott, der es geschaffen hat. Dann erst weiß er um das immer gleiche Eine, denn er geht über seine innere Spaltung hinaus." Als ob er zitierte, sagte er: „Wenn er gleich ist, wird er sich füllen mit Licht, wenn er geteilt ist, wird er sich füllen mit Finsternis." * Er wandte sich seinem Gast zu: „ Sie werden dieses Gleiche sehen. Niemand hat es verborgen, es ist ja da."

Da spürte Werner plötzlich das Meer. Er schloss die Augen. Er spürte es in sich, um sich, überall. Es hatte nur darauf gewartet, ihn zu wiegen. Unendliche Weite mit glitzernden Fischen, darin Korallenbänke, das Meer war um ihn herum, er war mitten darin, es war da, ob er es sah oder nicht. Seine Fülle war in allem, ob es etwas mit dem Meer zu tun hatte oder nicht. Alles war Meer, die Luft, die Wälder, die Tiere, der Rasen vor dem Haus. Nicht das Meer, das man sieht, wenn man am Strand steht. Ein Reich, eine Herrschaft, die Gott geschaffen hatte.

Da kam die Stimme von Dr. Christ in ihn: „Öffnen Sie die Augen. Sehen Sie." Werner öffnete die Augen und sah. Da war der Raum. Dr. Christ saß hinter seinem Schreibtisch. Das war alles. Und noch etwas. Er sah, dass er das sah, was vor ihm war, es existierte, es war vor ihm, weil er seine Augen geöffnet hatte. Weil er so sah. „Was Sie sehen, existiert, weil Sie existieren." Dr. Christ beugte sich nach vorne. „Und was geschah, als Sie zu Ihrem Direktor sagten, „es regnet?" Ich sage es Ihnen, weil Sie vielleicht selbst nicht darauf kommen. Da ließen Sie etwas zu, das über Ihren gespaltenen Vorstellungen liegt. Da existierten Sie wirklich. Da sahen Sie das wirkliche Meer, den wirklichen Regen. Das heißt, Sie sahen dies nicht, weil man es mit den äußeren Augen nicht sehen kann. Doch es war da. Das Eine. Das nicht Gespaltene. Der Mensch kann es aus sich hervorbringen. Dann macht er in sich zwei zu eins. Dann stellen die Berge sich auf den Kopf." *

Eindringlich sagte er: „Das ungeteilte innere Wissen macht alles. Wie hätten die Fische aufs Land wandern können und Echsen sich in Vögel mit Federn verwandeln können, um zu fliegen? Sie wollten es einfach. Sie wussten nicht, was fliegen ist und wussten doch schon in ihrem Inneren, dass es geht und dass sie es tun würden. Der Vater gab ihnen den Wunsch zu fliegen ein und dann auch die Fähigkeit, den Körper umzugestalten. Alleine hätten sie es nicht gekonnt." Er sah Werner an, als ob er auch schon ein neues Wesen in ihm sah. „Auch in den Menschen ist etwas angelegt, von dem sie noch nicht wissen, was es ist. Es ist besser und lebendiger als alles, was sie sich in ihrer jetzigen Beschränktheit vorstellen können."

Er fuhr fort, als ob er etwas in Werner hineinlegte: „Die Menschen werden ebenso leicht wie Vögel und Schmetterlinge fliegen, hinein in eine Welt ohne Krieg und Streit und Neid. Sie ist schon in ihnen angelegt und existiert überall um sie herum als die Herrschaft des Vaters." Das Wort einer Mystikerin fiel Werner ein, über eine Seele, die im Himmel so empfangen wird: „Sei willkommen, liebe Taube. Du bist auf Erden schon so wacker geflogen, dass dir im Himmel die Flügel gewachsen sind."

Würden die Menschen also schon auf der Erde ganz neu leben? Was war dieses neue Wissen? So sagte er: „Kann man dieses Wissen entwickeln, kann man damit arbeiten, wie erhält man es, wie wirkt es dann?" Dabei fand er diese Frage irgendwie plump und herausfordernd. Doch er meinte sie ehrlich. Dr. Christ wiederholte einfach nur: „Man kann dieses Wissen sehen. Man kann es greifen. Es gibt nichts Verborgenes, das nicht auch sichtbar gemacht werden kann. Doch die Menschen sehen dieses Wissen noch nicht", * sagte er. „Sie sehen nur, was sie mit ihren äußeren Augen als ihr Eigenes sehen." „Ich glaube, ich bekomme eine ungeheure Sehnsucht nach diesem Wissen", sagte Werner. „Doch ich weiß nicht so richtig, wie ich mit diesem Anfang weiterleben soll. Wie kann ich dabei meinen Alltag bestehen?" „Trennen Sie", empfahl Dr. Christ. „Lassen Sie die Rechte nicht wissen, was die Linke tut." * Abschließend fügte er hinzu: „Alles hat seinen Sinn. Sowohl der Alltag, wie das, was wir eben besprochen haben." Und wie aus einem alten Wissen schöpfend, gab er seinem Besucher mit auf den Weg: „Werfen Sie ein Schwert der Trennung zwischen den Alltag und Ihre angehende Einheit."*

Unser Lehrer wusste nun, dass er dabei war, einen wichtigen Schritt zu tun. Von ganz alleine hob sich sein Bewusstsein auf eine neue Stufe. Sein Leben änderte sich. Er hatte das Gefühl, es in die Hand zu bekommen. Er traute es sich zu, dass er solche Flügel erhalten würde, mit denen er wie eine Taube über der Sintflut von Krieg und Angst schweben würde, die in der Welt der Menschen immer höher zu steigen drohte. Er spürte, er war bereits zum Kanal für etwas Einziges und Neues geworden, das immer stärker in ihn eindrang. Er war dabei, seine alte Festigkeit von Pflicht und Ordnung in eine neue, von innen heraus wirkende Festigkeit einzutauschen. Was ist fester als eine Welt, die so wirklich existiert, dass sie nicht mehr gespalten werden kann? Dieses Gleiche, Feste war das Verborgene, von dem Dr. Christ immer wieder gesprochen hatte. Doch warum hatte er es zuvor bei vollem Bewusstsein kaum erfahren?

Er dachte über sich nach: Festigkeit, Geradlinigkeit, Klarheit waren ihm wichtig. Er dachte an das Wort ‚Gerade'. In Afrika, hatte er gelesen, gab es keine Geraden. Die Menschen dort kannten keine geraden Straßen und Grenzen oder Balken. Eine Gerade kommt in der Natur nicht vor, dachte er. Wie entsteht dann eine Gerade? Sein Geometrieunterricht meldete sich zu Wort. Man nimmt eine Schnur und spannt sie zwischen zwei Punkten. Die entstehende Gerade ist der kürzeste Weg zwischen diesen zwei Punkten. So hatte auch er immer den kürzesten, direktesten, effektivsten Weg zu seinen Zielen gesucht. Doch die Schnur musste gespannt sein, um die Gerade zu ergeben. Also standen auch seine Wege immer unter Spannung. Von hier nach da, schnell, wirksam, effektiv. Keine Umwege, kein Verweilen, nichts schlaffes Nutzloses. So wird auch der Mensch vereinnahmt und geht geradewegs auf sein Ende, pfeilgerade auf den Tod zu. Er dachte an Dr. Christs Worte zum Schlachttransport. Auch hier bevorzugte man kurze, effektive Wege.

Als er beim nächsten Treffen davon zu Dr. Christ sprach, lächelte dieser und sagte: „Wenn Sie so weitermachen, werden die Himmel und die Erde sich vor Ihnen aufrollen.“ * Werner wusste sofort, was damit gemeint war. Wenn man vom Geraden, Linear-Festen abgeht, ändert sich das Sehen. Man sieht nicht mehr nur den gerade ausgerichteten Sichttunnel, innerhalb dessen man seine Ziele direkt anstrebt.

Er sah plötzlich ein Bild in sich. Eine Sardinendose, deren Deckel aufgerollt wird. Auf dem Deckel ist der Inhalt aufgedruckt. Doch erst, wenn der Deckel aufgerollt ist, die ganze Kulisse, das ganze äußere Bild mit seinen Verheißungen nicht mehr da ist, sieht man, was sich hinter dem lockenden Aufdruck des Dosendeckels verbirgt. Doch die Menschen sahen immer nur das äußerlich sichtbare Etikett mit den anreizenden Versprechungen des Inhalts: Elegante Autos, Geld, Sicherheit, Ordnung. Das war ihr Himmel. Danach richteten sie sich. Dr. Christ sagte: „Die Wahrheit ist ausgebreitet über die Erde, und die Menschen sehen sie nicht.“ *

Sie können die Wahrheit nicht sehen, dachte Werner, sie ist überall ausgebreitet und verläuft nicht von Punkt zu Punkt, von äußerem Ziel zu äußerem Ziel. Unter allem Oberflächlichen gab es das Wunderbare, das Göttliche, das Eine. Man musste nur die sichtbare Welt aufrollen, um es zu sehen. Doch noch hatte er das verborgene Innere der Dinge nicht gesehen. Dr. Christ spürte, wie es in Werner arbeitete. Er überließ ihn sich selbst und es war, als ob aus Dr. Christ eine Kraft strömte, die diesen Prozess des langsamen Erkennens trug wie das Meer die

Fische, wie die Luft die Vögel. Alles würde sich ganz von alleine lösen. Freundlich wurde er von seinem Helfer verabschiedet.

Die nächsten Tage waren wie eine innere Klausur. Immer wieder machte Werner sich darauf aufmerksam, dass er nur die Oberfläche sah. Das war sehr hilfreich. In der Schule war er anders. Er entdeckte, dass er viel öfter aus seinem Inneren heraus zu den Schülern sagte: „Mach mal, probiere mal, finde deine Lösung." Er fing an, baukastenartig zu unterrichten, wie er es für sich nannte. Das eine Gute, Richtige war einfach da, man konnte es mit anderem Richtigen immer wieder neu zusammensetzen und konstruktiv neu verwenden. Er spürte, dass er mit Grammatikregeln, mit Ordnung, mit gutem Vorbild für andere sein, nichts wirklich geändert hatte. Der Kampf mit Schwierigkeiten und Fehlern, den er zuvor geführt hatte, hörte auf. Auch in seinem Leben entdeckte er dieses Baukastensystem.

Er hörte immer mehr auf die begleitende Musik, die aus seinem Inneren und dem Inneren der Welt kam. Die äußere Form zählte immer weniger. Und wenn das Äußere nicht mehr stimmte, gab es immer die inneren Stimmen der Dinge um ihn, die immer deutlicher vernehmbar wurden. Oft hatte er das Gefühl, wie aus dem Nichts gewachsene, plötzlich aufgestellte Schilder vor sich zu lesen: Vor der Schule: ‚Dies ist keine Schule'. In der Straßenbahn, wenn er die Leute mit ihren gelangweilten Gesichtern sah: ‚Ihr seid alle lebendig.' Vor Kirchen: ‚Gott, nicht der Mensch tut alles.' Im Lehrerzimmer: ‚Was du nicht willst das man dir tu, das füg auch keinem andern zu.' Wenn er die Kinder über ihre Tests gebeugt sah: ‚Wie sollt ihr für das Leben lernen, wenn ihr es noch nicht kennt...'

Zu Hause hatte er Bildbände über Dadaismus und Surrealismus. Vieles davon fand er schon immer genial. Jetzt verstand er, dass man in einer solchen überrealen Welt sogar leben konnte. Es gab also mehr. Ihm wuchsen Flügel, die ihn immer sicherer sein ließen.

Und doch, er spürte in sich eine aufsteigende Angst, Einzelkämpfer zu werden, auf verlorenem Posten zu stehen. Mit ein paar höheren Lichtblicken mit sich alleine gelassen zu sein. Der Mythos von Sisyphos erschien ihm als Bild. Ein Mensch, der dazu verurteilt ist, immer wieder einen Stein auf einen Berg zu rollen, obgleich er weiß, dass es sinnlos ist, und dass es ihn nicht vorwärts bringt. Früher hatte er die Werke von Camus begeistert gelesen. Auf verlorenem Posten kämpfen. Unermüdlich sein, auch wenn es vergeblich erschien. Die schmerzliche Nacht und das befremdliche Dunkel der Existenz tapfer ertragen wie eine sinnlose Aufgabe, die man eben nicht verstehen kann. All das schien von Menschen geschrieben, die ihr existentielles Leid zum Vorbild für andere machten und von diesen begierig zur Rechtfertigung des eigenen Leidens herangezogen wurden. Werner spürte, er durfte in dieser Zwischenstufe nicht verweilen. Dr. Christ hatte gesagt: „Lassen Sie los. Lassen Sie das alles sausen. Mit mir erleichtern Sie Ihr Leben."

Aber das Neue erschien ihm noch alles andere als leicht. Doch zurück konnte er nun auch nicht mehr. Sich mit den Kollegen unterhalten, wo man die besten Bausparverträge abschließt. Zuhören müssen, wenn einer freudig erzählte, dass er einem Architekten seinen Bauplatz gezeigt habe und ihn gefragt hätte, wie dieser ungefähr das Haus hinstellen würde. Dann sei er zu einem städtischen Bauzeichner gelaufen und hätte sich den Plan machen lassen, für fast umsonst. Prima. Hahaha. Hätte er zu ihm sagen sollen: „Verehrter Herr Kollege, ich beglückwünsche Sie zum gelungen geistigen Diebstahl. Und mir tun Ihre Schüler leid, und Schiller und Goethe dazu, denn deren geistiges Eigentum klauen Sie genau so und nennen das Unterricht." Er wollte keine Bemerkungen dieser Art machen und sich danach als den Unverstandenen dastehen sehen.

Und doch, die Kollegen hatten alles und schienen doch dazu verurteilt zu sein, immer mehr zu wollen, mitzunehmen, was sie kriegen konnten. Aber was sah er denn, wenn er diese Dinge sah, die er ablehnte? War er ein kleinlicher Querulant, oder einfach nur ein Besserwisser? Er entdeckte, dass der Mensch ganz einfach ein untrügliches Gefühl für sich und für die Welt hat. Selbstbetrug zahlte sich nicht aus. Gaunerei blieb Gaunerei.

Er begann zu analysieren. Alles in der Schule hatte eine Methode, die er selbst noch nicht entdeckt hatte. Er bekam Streit mit einer Kollegin aus dem Fach Englisch. Wenn sie Gedichte interpretieren ließ, benutzte sie als Maßstab ausführliche Interpretationen aus der Lehrerbibliothek. Er stellte seinen Schülern diese Bände zur Verfügung, damit sie sahen, wie eine Musterinterpretation aussehen sollte.

„Das können Sie nicht machen", sagte sie, „Sie geben unser Wissen weiter." „Dazu sind wir hier", erwiderte er. „Oder nicht?"

Er dachte an viele der anderen Kollegen. Plötzlich erschienen sie ihm wie Raupen, die nur an sich dachten, an ihre Interessen, und die gierig in sich hineinstopften, was nur ging, Anerkennung, Vorteile, Geld, Sicherheit. Sie machten einen Selbstbedienungsladen aus der Welt, in der sie lebten, statt auch abzugeben, sich zu schenken.

In der Schule las ein bekannter Autor aus seinen Werken. Kein einziger Lehrer, außer den zur Aufsicht Eingeteilten, erschien zu dem Vortrag. Das interessierte sie nicht. Gedichte waren dazu da, sie in Reimstrukturen zu zerlegen, ihr Versmaß und ihre Entstehungszeit zu bestimmen, was man dann abfragen konnte, obwohl sie selbst nie zu so etwas fähig gewesen wären. Die meisten seiner Kollegen waren ganz prosaische Raupen, sie schrieben keine Gedichte, sie verabscheuten Kunst und Poesie und schlachteten sie nur aus. Das war ihre Leistung, auf die sie stolz waren. So machten sie keine anderen Menschen glücklich und die Schule war bestimmt nicht dazu da, die Schüler glücklich zu machen, oder um die Seelen der Kinder zu stärken. In der Schule wurde den Kindern viel zu oft die Ehre genommen. Sie wurden aufgerufen, an die Tafel geholt, abgefragt, blamiert. Ohne Ehre wurden die Kinder unehrlich und hatten kein Vertrauen mehr in sich... Ihre Fehler, die sie als Anfänger machen mussten, wurden ihnen persönlich angekreidet.

Da wurde ihm klar, dass auch er sein Wissen aus der Universität und der pädagogischen Ausbildung wie ein Herrschaftswissen eingesetzt hatte. Es war nur angelernt und hatte ihm selbst nicht gehört, und doch hatte er es unbewusst gegen die Schüler eingesetzt. Häppchenweise. Lernschritte nannte man das. Nichts wurde den Schülern einfach so geschenkt. Mühsam verdienen mussten sie sich, was ihnen beigebracht wurde. Oder lernen, wie man lernt. Ohne es zu bemerken hatte er gelernt, auf diese Weise sein Wissen zu rationieren und es kontrolliert abzugeben. Das Wissen wurde sortiert und weitergegeben wie Genehmigungen, Berechtigungen, Anwartschaften, Kandidaturen.

Und was amtlich nicht als Stoff existierte, wie Glück, Intuition oder

Freude am Leben, gab es nicht... So war er der Herr der Gießkanne und bestimmte, was und wie es auf wen regnen sollte. Frontalunterricht. Dasselbe für alle, kontrolliert und geplant. So baute man eine pädagogische Spielwiese auf, doch die selbstständige Realität der Dinge und den eigenen Umgang mit ihnen, eigenes Können also, erwarben die Kinder so nicht. Kinder und Lehrer hatten sich daran gewöhnt, dass im Umgang miteinander alles simuliert war. Man war in der Schule. Man vermittelte keine Bildung, man gab Noten.

Nun erschienen ihm die Kollegen oft kindisch und auf ihre Tricks versessen. Und sie waren sauer und fühlten sich verkannt, wenn die Kinder nicht auf ihre so wohlgemeinten Vorgaben und Vorbereitungen und gezielten Einführungen eingingen. Auch er hatte sich Mühe gegeben, sein Spiel pädagogisch aufzuziehen, doch er merkte nun, er selbst war so wenig in diesem Spiel vorgekommen wie die Kinder.

Jetzt kam Werner in seinem Leben vor, aber als Sisyphos. Er sprach mit Dr. Christ über seine beginnende Einsamkeit. „Machen Sie sich keine Sorgen“, sagte dieser. „Die Einsamen sind erwählt.“* Werner sprach über die Kollegen. Dr. Christ lächelte. „Vergleichen Sie sie mit Hunden“, sagte er, „die das Heu für die Rinder bewachen, sie nutzen das Heu nicht, aber die Rinder lassen sie nicht fressen. Schauen Sie sich das einfach an“, * sagte er weiter, „und seien Sie schlau wie eine Schlange und arglos wie eine Taube.“ * Er lächelte wieder. „Die Spezialisten und Gelehrten haben die Schlüssel des Wissens an sich genommen und geben sie nicht heraus. Denn sie sind in ihrem Wissen nicht einmal zu Hause.“ * Und wie über Werner hinweg sagte er: „Legen sie sich mit den anderen nicht an. Schauen Sie, wie Sie da herauskommen. Und freuen Sie sich, wenn andere Ihnen Steine in den Weg legen, diese Steine werden Ihnen noch dienen.“ *

Werner sprach mit Eva über seine Veränderungen. „Ich sehe Dinge, die ich vorher nicht sah“, sagte er. „Ich komme mir wie auf verlorenem Posten vor. Die ganze Trickserei, die ganze Idiotie.“ „Du gehst immer nur von dir aus“, sagte sie. „Das ist deine Stärke, aber auch deine Schwäche.“ Sie summierte die Lage: „Du bist bereit, deine Gegensätze aufzugeben und zu sehen, dass alles eins ist. Die anderen nutzen die Gegensätze, die sie selbst installieren, nur aus.“ Da wurde Werner plötzlich klar: Die Menschen gehen feindselig miteinander um und verletzen sich und demütigen sich, weil sie ihr Inneres nicht kannten und so auch dem Inneren im anderen Menschen kein Vertrauen schenken konnten. Und alles geschah hoch offiziell. Und die Menschen bekamen sogar viel Geld dafür, dass sie von anderen getrennt waren, dass sie kontrollierten, beschränkten und andere reglementierten.

Und so sah man einander immer nur mit den äußeren Augen an, alt, krank, hinkend, ungenügend, wie der kleine Prinz die Zeichnungen des Fliegers ansah. So wurden Angst und Misstrauen immer weiter getragen. Schwarze Pädagogik durch unnützen Notendruck herrschte vor. Werner dachte an Dr. Christ. Damit hatte dieser nichts zu tun und er wollte auch, dass er sich befreite. Das hatte er gemeint, als er sagte: „Schauen Sie sich auch selbst mit neuen Augen an." Nun wusste Werner ganz sicher, er hatte das Recht, von seinem schönen Inneren auszugehen und so ein neues Leben zu beginnen. Von seinem schönen Inneren aus!

Da kam ihm die plötzliche Erleuchtung! Dieses schöne Innere, das, was er in der Kiste in sich eingesperrt hatte, war seine Seele! Schlicht und einfach seine Seele! Die wusste, was schön war, was neu und wunderbar und hilfreich war und was ihn so mit der Welt verband! Doch er hatte mit dem Wort Seele nie etwas anfangen können. Als Kind hatte er sich einmal hingelegt, die Bettdecke über sich gezogen, die Augen geschlossen und in sich nach seiner Seele gesucht. Dabei hatte er nichts gefunden. Danach hatte er das Thema frustriert abgehakt. Und die anderen waren genauso verfahren. Man war seelisch grausam, schöne Dinge waren Balsam für die Seele, aber was dabei wirklich geschah, interessierte die Menschen nicht. Eine Seele hatte wohl jeder, aber man maß dem keine besondere Bedeutung bei. Jetzt spürte Werner wie sein Inneres jubilierte. In ihm war etwas! Es war da! Es war seine Seele! Das war Glück wie eine Neugeburt! So einfach war das!

Seine Begeisterung gab er an Eva weiter: „Ich habe eine Seele! Ich habe das überhaupt noch nicht gewusst." Sie lachte: „Natürlich hast du eine Seele. Du bist eine Seele, auch wenn du es nicht wusstest. Deshalb liebe ich Dich auch so wie Du bist." „Warum hast du mir das nie gesagt?", fragte er. „Man kann niemandem sagen, dass er eine Seele hat. Darauf muss jeder selbst kommen." Und mit ihrem wunderbaren Ton in der Stimme fügte Eva noch hinzu: „Und Männer, die darauf kommen, dass sie eine Seele haben, sind eine köstliche Rarität." „Jetzt verstehe ich", sagte Werner, „dass ich wegen meiner Seele gekämpft, vieles ironisiert habe und mich nicht unterkriegen ließ, obwohl ich unzufrieden und unerlöst war. Meine Seele war da und verteidigte sich, selbst wenn ich es nicht einmal merkte, dass sie die Knöpfe drückte."

Werner war glücklich und wollte seine Seele nachträglich trösten. „Meine kleine Seele, mein kleines schönes Inneres. Euch habe ich mir nicht wegnehmen lassen wollen." Er kam sich wie zu sich selbst aufgewacht vor. Er spürte eine völlig neue Art innerer Freude. Er ging durch die Wohnung. Er freute sich einfach so an diesem und jenem, weil es seinen Weg zu ihm gefunden hatte. All das hatte auch etwas von seiner Seele. Souvenirs, Gegenstände, Bilder. Er hatte immer gedacht, das stand einfach so herum. Doch alles war mit ihm und mit allem verbunden. Das macht die Seele. Ein Wort drängte sich herbei: Liebe. Seine Seele suchte ihn und lud ihn zu einem Fest der Liebe.

Als er das nächste Mal bei Dr. Christ war, erzählte er ihm alles. „Ich habe das Gefühl, ich bin neu geboren. Ich komme in meinem Leben vor. Ich sehe das Leben. Ich kann es wie auf Fingerspitzen vor mir her tragen", sprudelte es aus ihm heraus. Dr. Christ sah ihn ernst an. „Das ist gut", sagte er. Sonst lächelte er fast immer, wenn sein Vertrauter ihm von seinen Fortschritten erzählte. Jetzt war er anders. „Es beginnt", sagte er, „ab jetzt können Sie verstehen, was ich sage, nicht mehr nur zuhören." Er fuhr fort, und es war wirklich so. Werner verstand ihn völlig neu. „Es gibt Worte und Worte. Wenn man ohne Seele auf Worte hört, sind es äußere Begriffe, Definitionen, zufällige, unwirkliche Vorstellungen. Philosophierte Wörter. Man kann also von etwas sprechen, auch ohne dass es existiert."

Er hob bedauernd die Schultern. „Die Wirklichkeit der Menschen ohne Beteiligung der Seele ist nur ein Zitat. Das ist das Meer, das ist ein Berg, so ist Gott, ich liebe meinen Partner, sagen sie. Doch sie wissen nicht, wovon sie reden, weil sie innerlich leer sind." * Er lächelte wieder wie früher, doch jetzt verständnisvoller, freundlicher, inniger. „Jetzt haben Sie Ihren Film eingelegt. Sie spüren Ihr Inneres, Ihre Seele. Sie werden liebesfähig. Sie werden sehen, welchen Unterschied das macht." „Ich merke das schon", sagte Werner. „Alles erscheint einfacher, und doch auch schwieriger."

„Da müssen wir durch", munterte Dr. Christ ihn auf. Zum erstenmal sagte er ‚Wir'. „Wir?", fragte Werner deshalb erstaunt, „ich dachte immer, Sie wären ganz anders als ich." „Wo drei sind, sind nur Götter, wo zwei sind, bin auch ich", * sagte Dr. Christ. „Ab jetzt sind wir nur noch zu zweit. Vorher waren Sie zu sehr mit sich beschäftigt und zu abgelenkt von Ihren Etiketten von gut und schlecht, von Gott und der Welt, als dass ich bei Ihnen oder Sie bei mir hätten sein können. Jetzt ist das vorbei. Jetzt bin ich bei Ihnen."

Als er das sagte, fiel es unserer Hauptperson wie Schuppen von den Augen. Seit er denken konnte, war er nur mit sich beschäftigt gewesen! Seine Motivationen, seine Ergebnisse, seine Leistungen, Wünsche und Pläne, alles, was er vergöttert hatte, war immer im Vordergrund gestanden. „Wo war meine Seele, als ich sie nicht spürte?", fragte er Dr. Christ erstaunt. „Spüren Sie selbst nach", forderte dieser ihn auf. „Es ist wichtig, dass Sie das wissen." Werner sah in sich. Als Lehrer, zuvor schon als Schüler, dazwischen als Student, hatte er sich beschränkt, reglementiert, zur Erfüllung seiner Pläne und Wünsche angehalten. Was er wollte, musste unbedingt geschehen. Doch warum?

Werner sah sich in seinen Rollen, seine Kleidung, seinen Weg von der Studentenbude zur Universität, wie er sich unter Druck setzte und meinte, dies sei höchst wichtig, es mache Spaß. Jetzt wusste er es: Angst. Angst vor dem Versagen, Angst vor dem gesellschaftlichen Nichts, Angst, die Anerkennung anderer zu verlieren, vor allem auch seine eigene Anerkennung. „Aus Angst habe ich mich nur anerkannt, wenn ich etwas konnte und so meine Seele unterdrückt und nicht mehr gespürt."

Die Worte kamen einfach zu ihm und es tat gut, sie auszusprechen. „Die gleiche Angst haben Sie auf Ihre Schüler übertragen", sagte Dr. Christ. „Und so ging es schon immer, Jahrtausende lang." Dr. Christ hob die Schultern. „Was soll ich dabei? Soll ich den Ängstlichen helfen, sich noch mehr in ihre Ängste zu verrennen, indem ich sie bemitleide und ihre Ängste anerkenne? Soll ich den Seelenlosen gute Besserung wünschen und so meinen Segen dazu geben, dass sie noch seelenloser und lebloser werden? Den Menschen muss schon selbst auffallen, dass sie immer lebloser werden." „Gibt es da Abstufungen?", fragte unser Lehrer, dem aufgefallen war, dass Dr. Christ Steigerungsformen verwendete, was er sonst nie tat. „Bei Gott gibt es kein Gefälle und kein mehr oder weniger", sagte Dr. Christ. „Die Sonne kann nicht mehr oder weniger auf- und untergehen, Löwen können nicht mehr oder weniger Löwen sein. Nur die Menschen sind in ihre Unterschiede und Torheiten vernarrt und beten sie wie ihre Götzen an."

Werner spürte, wie ein wunderbares Verstehen sich in ihm ausbreitete. Und er war dieses Verstehen selbst. Er war mitten darin. „Es ist so einfach", sagte Dr. Christ, und er betonte das Wort ‚einfach'. „Wenn man seine Wertungen aufgibt, spürt man seine Seele." Werner betrachtete ihn. Er war Seele. Er war Liebe. Er hätte von van der Goes oder von Cranach gemalt sein können. Er hätte von Michelangelo gemalt an der Decke der Sixtinischen Kapelle schweben können.

Warum hatte er dies vorher nicht gesehen? Werner gab sich die Antwort selbst. Da war er noch von seinen Ängsten und Fragen beherrscht, die ihm als Unterschiede und Probleme erschienen. Dadurch war es ihm nicht möglich gewesen, etwas anderes zu sehen als so oder so, mehr oder weniger, gut oder schlecht, richtig oder falsch. Er hatte nur auf den äußeren Etiketten abgelesen, was er über seine Umwelt dachte. So war er durch seine guten und schlechten Wertungen in sich selbst gespalten gewesen und unfähig zu sehen, dass es nur ein Leben, eine Liebe, eine Schönheit, eine Natur gibt, so wie alles einzig, unwandelbar und unvergänglich ist.

Einen Moment lang sah er sich noch als die nur mit sich und ihren Vorteilen und Unterschieden beschäftigte Raupe, zu der er sich früher gemacht hatte. Doch die Entdeckung seiner Seele, eines neuen Ich, hatte den Schmetterling in ihm geweckt. Dr. Christ unterbrach seine Gedanken: „Und auf Ihrem Weg nach Hause tun Sie etwas, das Ihr Vater nie getan hätte." Damit entließ er ihn.

Werners Nachhauseweg war in der Tat interessant. Was sein Vater alles nie getan hätte. Und was auch er nie tat. Es las sich wie die Verbotsschilder in den öffentlichen Parks. Betteln, Waren zum Verkauf anbieten, Picknicken, Musizieren, Lärmen, Ballspielen, Hunde frei laufen lassen, Feuer anzünden, Reiten, Baden, Flugblätter verteilen, Äste abschneiden, Pflanzen ausgraben, Betreten des Rasens verboten. Er verlängerte die Liste mit Dingen, die er sich selbst verbot. Menschen behelligen, Frauen sagen, dass sie schön sind, wilde Drehbücher schreiben, die Apotheker fragen, was Abnehmen und Diät mit Gesundheit zu tun haben, ohne Grund laut lachen, etwas spontan verschenken, Unbekannten ein Bier spendieren, all das hätte sein Vater nie getan, und er tat es auch nicht.

Er spürte in sich eine anwachsende Spannung. Überall sah er verpasste Gelegenheiten, kleine Möglichkeiten zu kleinen Ausbrüchen, zum Tanz seiner Schritte auf die Seite, zum Fliegen. Dann wurde ihm die Gelegenheit, etwas zu tun, das sein Vater nie getan hätte, fast geschenkt. Als er im Supermarkt seinen Einkaufswagen vor sich herschob, sah er einen Mann, der einen kleinen Jungen unter seinem überladenen Einkaufswagen auf üble Weise versteckt mit Tritten traktierte, um irgendeinen Widerstand zu brechen. Er ging zu dem Herrn und forderte ihn dazu auf, das Kind in Ruhe zu lassen. Sein Kontrahent fauchte ihn an und zischte zu seiner Rechtfertigung: „Ich bin Lehrer." Da sagte Werner nur: „Ich auch." Der andere zog wütend ab.

Innerlich staunte Werner über sich selbst. Er hatte wieder einfach agiert, ohne Wertung, ohne Angst, als ob er sich nicht mehr zu steuern brauchte und alles klar und gut aus ihm heraus funktionierte. Er hatte etwas in sich besiegt, es war nicht mehr da. Zwei Tage später erzählte ihm ein Schüler aus der Kollegstufe, der Mann im Supermarkt sei sein Vater gewesen. Sie lachten darüber und waren sich plötzlich ganz nah. Werners Vater war auch Lehrer gewesen. Hatte er diese Distanz zum Leben, die auf einmal nicht mehr da war, von seinem Vater geerbt?

An jenem Abend redete er noch mit Eva und erzählte ihr von seiner Aufgabe. „Es ist seltsam", sagte er, „was ich Seele nenne, habe ich nicht von meinem Vater geerbt. Meine Seele gehört ganz mir allein. Mein Vater hat mich beeinflusst, aber er hat mich nie wirklich berührt. „Schade", meinte Eva und fragte: „Können sich Seelen wirklich berühren und anfassen?" „Direkt vielleicht nicht", antwortete Werner, „aber über etwas Gemeinsames. Es muss doch etwas Gemeinsames für alle Seelen geben." „Gibt es auch", war sich Eva sicher, „aber nicht nur im äußeren Bereich."

Werner dachte an die Aufgabe zurück, die Dr. Christ ihm für seinen Nachhauseweg gegeben hatte. Es hätte nichts genutzt, irgendetwas herbeizuzwingen, einen Ball zu kaufen, fremde Menschen demonstrativ zum Ballspielen aufzufordern, Geld zu verschenken oder auf der Straße zu tanzen. Alle anderen Menschen wären nur Objekte des Spiels gewesen und wären nicht berührt worden. Es wäre nichts Gemeinsames dabei entstanden. Doch mit dem Schüler war er ganz nah gewesen. Beide hatten einen Lehrervater... Werners Vater war vor einigen Jahren an Krebs gestorben. Er hatte so wenig auf sein Inneres geachtet, wie Werner früher auch. Er war im Krieg gewesen. Als Heranwachsender hatte Werner ihn nach äußeren Dingen gefragt: „Was hast du mit anderen gemacht, hast du getötet?“, aber nie nach dem Inneren: „Was haben sie mit dir gemacht, haben sie dich getötet?“

Sein Vater als großer starker Gegenspieler, dem man Vorwürfe machen und peinliche Fragen stellen konnte, war ihm als äußeres Bild lieber gewesen als das Opfer, das sein Vater in Wirklichkeit war. Zu Eva sagte Werner: „Ich habe meinen Vater immer nur als Täter gesehen. So wollte ich bei dieser Aufgabe von Dr. Christ ganz automatisch auch nur Täter sein und habe mir den Kollegen vorgeknöpft und ihn bloßgestellt. Doch mein Vater war hauptsächlich Opfer.“ Er überlegte: „Als äußerer Täter macht man sein Inneres zum Opfer, wenn man seine Seele übergeht. Wenn ich etwas anderes als mein Vater tun sollte, hätte ich eigentlich Opfer sein müssen. Erst dann hätte ich etwas getan, was mein Vater nie getan hätte. So war ich auch nur gegen den anderen Lehrer Täter und aggressiv, weil der im Unrecht war...“ Eva ließ ihn reden und hörte aufmerksam zu. „Mein Vater ist an Krebs gestorben, weil er Opfer war und es nicht zugeben wollte.“ „Männer sind immer auf ihren Posten und machen sich zu ihren Opfern“, folgerte Eva. „Vielleicht sollten sie einmal sehen lernen, dass sie genauso Opfer sind, wie diejenigen, die sie zu Opfern machen. Zu machen glauben“, fügte sie listig hinzu. „Und ich?“, dachte Werner laut nach. „Ich war auch nur Opfer meiner nach außen getragenen Ansprüche, auch ohne Krieg und äußere Zwänge.“

Werner beschloss, aufmerksamer für die Seelen der anderen Menschen und für ihr schönes Inneres zu werden, und dafür, dass ihr ungeteilt schönes Inneres ihre einzige Rettung war. Es war einfach schön und verborgen wie das Schaf in der Kiste, die der Flieger für seinen kleinen Prinzen gezeichnet hatte. Es musste ein Ende damit haben, dass man unter Einkaufswagen trat und dabei nur sich selbst traf und sich so zu seinem eigenen Opfer machte. Das schöne Innere blieb traurig und eingezwängt, auch wenn man sich im Bereich der äußeren Augen durchsetzte.

Als er mit Dr. Christ über seine widerstreitenden Gefühle gegenüber seinem Vater sprach, sagte dieser: „Wer nicht Vater und Mutter hasst, kann bei mir keine Fortschritte machen."* Auf Werners Erstaunen hin fuhr er fort: „Von den Eltern hat der Mensch das Seelengefängnis mit seinen Gitterstäben übernommen. Auch sie und ihre Eltern und Großeltern waren schon darin." Leichthin redete Dr. Christ weiter: „Man muss ihnen deswegen nicht böse sein. Wer Vater und Mutter nicht liebt, kann mir ebenfalls nicht folgen."* Werner sah ihn erstaunt an. „Alles hebt sich auf. Als junger Mensch lebten Sie in der Welt der Täter wie auch Ihr Vater. Jetzt entdecken Sie das Opfer, in sich wie in Ihrem Vater. Wenn Sie da herauskommen, haben Sie wirklich Ihre Seele gefunden." Er lächelte immer noch.

„Was kann man dann für seine Seele tun?", fragte Werner und dachte daran, wie amateurhaft er früher geglaubt hatte, seine Seele verwöhnen zu können, sie baumeln zu lassen, ihr etwas zu gönnen. „Nicht Sie machen Wahrheit und Glück der Welt", sagte Dr. Christ. „Es ist umgekehrt. Wahrheit und Glück bringen Sie hervor." Werner zuckte fast zusammen, so traf ihn die aufmerksame Güte von Dr. Christ. „Die Menschen bräuchten nur sie selbst zu sein, dann hören ihre Lügen und Zwänge von alleine auf. Ihre Seele heilt sie dann von selbst. Die Seele der Menschen hält alles für sie bereit."

„Ich bin jetzt oft einfach bei mir", sagte Werner zu Dr. Christ. „Ich ziehe nicht mehr an meinen Fäden, als ob ich eine Marionette wäre... Ich brauche auch nicht mehr zu streiten", fiel ihm ein. „Früher habe ich oft gestritten, um etwas zu verbessern." „Es gibt nichts, worüber man streiten kann", stellte Dr. Christ fest. „Wenn jemand das Bessere nicht selbst erkennt, kann man es ihm auch im Streit nicht zeigen, denn er wird es nicht sehen wollen", erklärte er weiter. „Selig sind die Friedfertigen", * fuhr er fort. Als er dies sagte, wurde Werner klar, dass selig von Seele kommt. „Wenn alle Menschen selig wären", sagte er schnell, „gäbe es keinen Krieg, keinen Streit, keine Konkurrenz, keine Ausbeutung mehr. Warum muss man aber erst selig werden, warum ist man es nicht gleich?"

Als ob er auf diese Frage gewartet hätte, fragte Dr. Christ zurück:

„Warum geht man auf einen Weg? Man könnte ja schon angekommen sein.“ Lächelnd fuhr er fort: „Die Menschen wollen immer alles gleich. Jetzt wollen sie sogar schon sofort angekommen sein.“ Er warf einen Blick in den Himmel über sich. „Ja“, sagte er, „selig sind die Einsamen, die Verfolgten und Hungrigen, die Nicht-Angekommenen, denn sie sind auf dem Weg.“ * Er sah Werner offen an. „Sie suchen. Es genügte Ihnen nicht, Ihren Unterricht abzuleisten, ein anständiger Bürger sein zu wollen, immer nur gegen Dinge zu sein, die Sie nicht wollten und die Sie nur hier und da verbessern können. Ein solches Leben ist unerlöst und voller Mühsal. Man will das Gute und erreicht es nie. Deshalb fühlten Sie sich unselig.“

Voller Verständnis fuhr er fort: „Sie haben sich genug abgemüht. Es reicht. Wer seine Seele so spürt wie Sie, ist angekommen, auch wenn er es noch nicht weiß.“ Und mit einem festen Ausdruck in der Stimme sagte er: „Aber Sie werden dennoch auf Ihrem Weg bleiben. Nur anders.“ Auf Werners fragenden Blick hin eröffnete er: „Sie sind auf dem Weg selbst angekommen. Ab jetzt spüren Sie diesen Weg. Er wird von der Schönheit der Welt getragen.“

Werner dachte darüber nach, wie viel farbiger und eingängiger ihm sein Leben in den letzten Tagen erschienen war. Wenn er das weitergeben könnte... Dann hörte er, was Dr. Christ weiter sagte: „Zuvor waren Sie in Ihrer Sekunde eingeschlossen und ahnten nur einen ständigen Verlust. Jetzt können Sie mit sich und der Welt arbeiten. Als einer der wenigen mit innerem Gewinn. Denn es sind viele um den Brunnen, aber keiner ist im Brunnen.“ * Und als ob er Werners Seele meinte, sagte Dr. Christ weiter: „Die Ernte ist zwar groß, die Arbeiter aber sind wenig. Was Sie nun erkennen, tun Sie für andere mit. Das ist von jetzt an das Neue für Sie.“ *

Es war, als ob diese Worte neue Welten für Werner auftaten. „Alles besteht aus Teilen“, sagte Dr. Christ. „Und jedes Teil, auch Sie, gehört zum Ganzen und hilft ihm“, fuhr er fort. Dr. Christ munterte ihn auf: „Genießen Sie Ihren Weg. Lassen sie Ihr schönes Inneres, wie Sie es nennen, auf Ihrem Weg wach sein und wachsen. Tun Sie weiter nichts als das. Seien Sie einfach Sie selbst.“

Werner spürte, dass Dr. Christ dies mit einem winzigen Vorbehalt nur als einen vorläufigen Zustand ansah und fragte: „Und was kommt dann?" „Wenn Sie genug auf dem Weg geübt haben", sagte Dr. Christ, „werden Sie das sehen, was vor jedem Anfang und nach dem Ende eines jeden Weges ist. Aber bis das geschieht, werden Sie noch viele Fragen haben, die ich gerne mit Ihnen kläre." * Dr. Christ entließ ihn. Und leise, fast vor sich hin, sagte er dabei: „Wer dem Vater flucht, dem wird man vergeben, und wer dem Sohn flucht, dem wird man vergeben. Wer aber dem Heiligen Geist flucht, dem wird man nicht vergeben, auf Erden nicht und im Himmel nicht." *

Auf der Straße dachte Werner weiter über diesen Satz nach. Man konnte unglücklich sein. Aber dem Geist der Welt zu fluchen, das war etwas anderes. Jeder Mensch war dazu da, sich zu bemühen, anderen zu helfen und sie glücklich zu machen. Doch dies konnte nur über die Entdeckung und Stärkung der eigenen Seele geschehen. Doch offensichtlich war die Welt auch voller Menschen, die sich dem Auftrag, andere glücklich zu machen, strikt verweigerten. So missbrauchten sie ihr Inneres oder schalteten es ganz ab und fanden dies bereichernd. In diesem Sinn, sagte er sich, kultiviert auch ein Mörder oder Diktator etwas in sich, das er hochhält. Es erschiene ihm sonst nicht auf seine Weise anziehend, zu morden oder foltern zu lassen. Für die Führer der Weltmächte musste es großartig sein, Geheimdienste und Bombenflugzeuge auszuschicken und anderen Ländern die Interessen ihrer Länder aufzuzwingen. Auch für die Waffenhändler musste es persönlich erstrebenswert sein, mit Waffen zu handeln und mit dem Profit Dinge zu kaufen, die ihnen Spaß machten. Also fluchten diese Menschen dem Geist und kultivierten ein gewinnsüchtiges Selbst und verweigerten sich der inneren Stimme, die das Gute wollte – und fanden jede Menge Wähler oder Bewunderer... Das waren die Gefallenen, die ihr Leben lang nicht mehr zu sich aufstehen würden.

Doch wozu hatte ihm Dr. Christ diesen Satz von der Unverzeihlichkeit der Auflehnung gegen den Geist am Schluss der Sitzung gesagt? Werner wusste inzwischen, dass nichts von dem, was Dr. Christ sagte, zufällig war, denn auf eine besondere Weise lösten seine Hinweise immer genau passende Erinnerungen als Reaktion aus. Er dachte an eine Episode aus seiner Referendarzeit. Ein Kollege hatte sich die Pulsadern aufgeschnitten, war aber noch gerettet worden. Einer der Ausbilder, erzählte er, ein Herr Dr. B., sei Sadist und

Menschenverächter und hätte ihn ständig erniedrigt.

Da Werner noch nie einen solchen Menschen bewusst erlebt hatte, freute er sich fast, im folgenden Trimester ebenfalls in dessen Ausbildungsgruppe zu kommen, um ihn kennen zu lernen. Herr Dr. B. erwies sich als überaus netter Herr. Er schrieb Artikel in pädagogischen Zeitschriften, was seinen Ruf als kompetenten Fachmann noch erhöhte. Er ging mit seinen Schülern mit ausgesuchter Freundlichkeit um. Besonders wenn er schlechte Noten zu verteilen hatte, war er zuckersüß und mit seinem starren, eingefrorenen Lächeln irgendwie falsch. Das verunsicherte. Einmal ließ er eine Anfängerklasse Englisch eine Geschichte zu Hause auswendig lernen, die er dann mindestens zwanzigmal aufsagen ließ: Ein Franzose fährt in England Zug. Er streckt seinen Kopf aus dem offenen Fenster. Ein englischer Mitreisender will ihn vor einem herannahenden Telegrafenmast warnen und ruft: „Watch out!“, was Vorsicht heißt. Doch der Franzose kann nur wenig Englisch und versteht ihn falsch und meint, er solle nach draußen schauen. Er streckt den Kopf noch weiter hinaus, der von einem Telegrafenmasten abgeschlagen wird. „So ist es, wenn man kein Englisch versteht“, freute sich Herr Dr. B. Und er ließ sich die Geschichte mit großem Genuss wieder und wieder vortragen. Nach der Stunde fragte Werner Herrn Dr. B. provokant, auch um ihm klar zu machen, dass er vor ihm keine Angst hatte: „Ist das nicht sadistisch, sich solch eine Geschichte von unschuldigen Kindern immer wieder aufsagen zu lassen?“ Dr. B. verstand, sah ihn süffisant an und meinte: „In den deutschen Märchen stehen noch schönere Sachen.“ Doch von da an nahm er sich Werner gegenüber zusammen...

Nach Dr. Christs Aussage gab es demnach Menschen, die sich wie süchtig gegen jedes Gute stellten. Woher kam denn das Wort ‚gut‘? Werner las nach, in einem seiner etymologischen Wörterbücher: Das Wort ‚gut‘ hing mit ‚Gattung‘ zusammen und bedeutete das Zugehörige, Unterstützende, Hervorbringende, sich innerlich Verwandte. Zusammen passend wie Gatte und Gattin. Also waren Menschen, die dem Geist des Guten fluchten, keine wirklich dazugehörigen Teile der Gattung Mensch im Ursinn des Wortes ‚gut‘. Aber mit diesen Leuten hatte er eigentlich nichts zu tun. Sie passten nicht zu ihm. Auch Dr. Christ wollte, dass er sich auf sich selbst konzentrierte, sein Heil in sich fand, statt andere zu verurteilen. „Wer dem Geist flucht, dem wird nicht verziehen“, sagte Werner vor sich hin. „Und wer denen flucht, die dem Geist fluchen, ist auch nicht viel besser. Er hat zumindest keinen Nutzen davon.“ Es gab genug Mühselige und Beladene und andere, die sie dazu machten.

Es kam also auf ihn an. Er machte sich klar, dass er schon lange genug gegen sich gehandelt hatte, weil er sein inneres Schönes nicht gekannt hatte und seinen Weg nicht gegangen war. Wie die anderen hatte er nicht losgelassen, sondern immer nur angesammelt: Wissen, Anerkennung, Wichtigkeit, gute Punkte für sein Verhalten. Er war alles gewesen, Europäer, Zeitungsleser, Wähler, Lehrer, Idealist, Liebhaber, nur nicht er. Er wollte, dass ab jetzt die Sonne wirklich auf ihn schien. Und es geschah. Die Menschen redeten wirklich zu ihm, obwohl sie ihn immer noch mit Argumenten und Kommentaren überhäuften. Er verstand, was die Menschen im Kern ausdrücken wollten, aber noch nicht kannten. Sie hatten in sich Wahrheit und Schönheit, die sie aber nicht erfuhren, also auch nicht ausdrücken konnten.

Im Rückblick sah er auch seine Eltern neu und vergab ihnen. Auch sie hatten sich nicht gekannt und geliebt. Damit hatten sie auch ihn nicht gekannt und geliebt. Sie wollten ihn zu seinem Besten erziehen, und das kam über Äußerliches kaum hinaus, Training, Dressur, Anständigsein, waschen, Zähne putzen, das sollte etwas aus ihm machen... Sein Leben hatte sich tatsächlich immer nur in der einen Sekunde abgespielt, in der er bewertet wurde und später sich und andere bewerten würde. Denn seine Eltern wussten nichts vom einen Besten in ihm und in sich selbst. Er hatte dies gespürt und widerwillig die feste Routine und Banalitäten des Alltags ertragen, dem er nichts entgegenzusetzen hatte, außer innerem Protest und einer Unzufriedenheit, die ihm unverständlich blieb. So hatte er seine Rolle gelernt, aber er war nie in ihr aufgegangen. Das sah er jetzt mit neuen Augen, die er auf die anderen wie auch auf sich richtete. Er tastete nicht mehr, er spürte, er wusste.

In der Schule erging es ihm nun seltsam. Er sah, dass die Schüler der unteren Klassen noch mit Freude und Begeisterung und offener Seele lebten, doch dann wurden sie mürrisch und unzufrieden. Eine Kollegin gab ihm das Aufsatzheft eines Mädchens, etwa zwölf Jahre alt.

Sie schrieb: ‚Als ich die anderen auf der Party vor Lachen und vor Freude springen sah, wurde mir klar, dass ich mich mein Leben lang nicht mehr richtig freuen würde.' „Ist das nicht traurig", sagte die Kollegin. „Und was tun wir dagegen?", sagte er.

Er verstand das Mädchen sehr gut. Schon jetzt wusste sie, dass ihr Inneres verschüttet war und dass dies so bleiben würde. Auch seine Freuden waren ihm oft gemacht und nach eigenem Rezept angesetzt erschienen und er hatte sie kritisch betrachtet. Er schüttelte sich. Nun versuchte er erst einmal, direkt in sich hinein zu hören, seine Seele zu spüren, die endlich Erkannte, um den Zustand, in dem er sich empfand, in allen Höhen und Tiefen fortzuführen.

Doch diesen Weg der Seele schien es offiziell nirgendwo zu geben. Um das Wort Seele herum entdeckte Werner ein seltsames Vakuum. In manchen Büchern, in denen auf der Titelseite von Seele und seelisch die Rede war, stand das Wort Seele nicht einmal im Stichwortverzeichnis. Das Gleiche galt für psychisch und psycho- in allen möglichen Verbindungen. Niemand schien zu wissen, was ‚Seele' wirklich war. Unter Seele verstand man immer nur augenblickliche Haltungen, man war ergriffen, gerührt, begeistert, erschüttert, in der Seele getroffen, aber mehr als ständig wechselnde Dramen oder Schmerzen schien es nicht zu geben. Man sprach von seelischer Grausamkeit oder seelischer Verwahrlosung. Oder die Seele schien etwas mit gemütlich, sicher, behäbig, freundlich, mit Entspannung und angenehmem Ambiente zu tun zu haben. Alles, was man unter Seele verstand, schien nur äußeren Einflüssen unterworfen zu sein, man wechselte die Tonart und das Befinden je nach der äußeren Umgebung. Doch wer man wirklich war, wusste man so nicht.

Er sah um sich. Man kaufte sich in Beziehungen und Freundschaften ein, man suchte seelische Glückszutaten, beanspruchte Wohlbefinden durch Wohlstand und Wellness. Es gab massenhaft Nahrung für die Seele, Ratschläge zur seelischen Gesundheit, Musik zur Entspannung der Seele, aber was war die Seele selbst? Die Kirche sprach von der Rettung der Seele, aber eine entsprechende Praxis war nirgendwo in Sicht. Man wollte besitzen oder beeinflussen anstatt die Welt durch geduldige innere, seelische Annäherung zu zähmen, wie es im kleinen Prinzen hieß. So herrschte eine ungeheure seelische

Vereinzelung unter den Menschen.

Als er dies Eva erzählte, lachte sie. „Vorher warst du vereinzelt, jetzt bist du nur noch allein." Doch dieses Alleinsein wurde ihm kostbar. Er sammelte Kraft. Er verband sich mit dem Leben, und es war überall. Er wurde aufmerksam auf Dinge, die er vorher nie beachtet hatte. Im Unterricht machte er plötzlich Pausen, einfach um etwas Unvorhergesehenes zuzulassen, wie um einem Engel zu erlauben, durch den Raum zu gleiten und die Festigkeit des Gewohnten zu durchbrechen.

Er dachte über seinen Weg nach. Über das, was Dr. Christ als Weg bezeichnet hatte. Er hatte also das Abenteuer eines unbekannten Weges auf sich genommen. Was war an einem Weg besonders? Eine plötzliche Einsicht eröffnete sich ihm: Wie konnte Bewegung anders geschehen als getrennt! Man musste ja von der Umgebung getrennt sein, um überhaupt einen Weg ausmachen und gehen zu können. Den Menschen war Autonomie geschenkt, mit der sie sich bewegten, Schaufenster betrachteten, Entscheidungen trafen. Diese Autonomie erlaubte alles: die Gestaltung des Lebens, den Gebrauch der Zeit, die man hatte. Durch sie musste man aber auch etwas beenden, um in etwas Neues hineinzugehen. Die autonome Bewegung musste sein, und mit ihr kam das Leid der Trennung, die Orientierung nach hier oder da.

Auch der kleine Prinz musste sich von seinem Planeten trennen, wenn er auf der Erde eigenständige Erfahrungen machen wollte... In seinem Auto, während er dies dachte, spürte Werner, wie er seine Finger spreizte. Einfach so! Er bewegte seine Finger, es war gut, das zu tun. Er hielt an einer Ampel und schaute die Straße hinunter. Bewegte Menschen. Ihre getrennten, selbstgesteuerten Bewegungen hin und her nannten sie, wie auch er zuvor, Freiheit.

Werner fuhr wieder an, an Menschen vorbei, die an der Ampel warteten. Freie Fahrt und freier Kauf dem Bürger!

Also musste auch er sich vom Universum getrennt fühlen, um sich zu bewegen. Doch wenn Gott schön und gut war, warum konnte er die Welt um sich herum immer noch nicht als genauso schön und gut wahrnehmen? Er dachte wieder an den kleinen Prinzen. Auch er war sich auf der Erde und bei ihren Menschen fremd vorgekommen. Warum? Er war doch wunderbar himmlisch und keineswegs negativ eingestellt? Woher kam seine Ablehnung der Menschen? Werner erinnerte sich an das nicht so schöne äußere gezeichnete Schaf, das anders war, als er es wollte, und an das Schaf in der Kiste, das wunderbar war.

Doch woher wusste der kleine Prinz um dieses Wunderbare, das genau Passende, das Gute? Und was ließ ihn das äußere Schaf ablehnen? Werner überlegte: Es kam von der Rose und der Erinnerung an die Einheit mit sich und seiner Welt, die er von seinem Planeten mitbrachte. Diese Rose in seinem Herzen wusste für ihn, was richtig und passend und wunderbar, also gut war. Sie half ihm, das Richtige zu sehen. Sie beschützte ihn, dass er nicht in den Bann der anonym gezüchteten Plastikrosen und der Menschen geriet, die alles fertig in den Geschäften kauften und keine Freunde hatten und in Zügen hin und her transportiert wurden, ohne zu wissen, wohin sie wollten. Dazu hatte er sie sich vertraut gemacht. Er sah mit dem Herzen gut, weil die Rose darin lebendig war. Und sie bewirkte, dass ihm das als fremd und nutzlos erschien, was nicht zu ihr passte.

Was man sucht, ist also schon da, dachte Werner, es ist die himmlisch-überirdische Blume im Herzen, die aus einer Welt kommt, in der alles zueinander passt, füreinander sorgt und füreinander einzig ist. War dies nicht auch die Herrschaft des Vaters, von der auch Dr. Christ gesprochen hatte, eine Welt ohne Krieg und Streit und Neid, die schon in den Menschen angelegt ist und überall um sie herum existiert? Was waren dann diese Rose, diese Herrschaft im Moment gerade für ihn? Werner gab sich die Antwort selbst: Sie war das Unbehagen an dem, was er sah. Doch es war ein neues Unbehagen an der Welt, das ihn schützte, das er nun fast genießen konnte.

Die Blume in seiner Seele zeigte ihm gerade eine zubetonierte Straße, durch die er fuhr. Und nicht er selbst lehnte dies ab, sondern etwas in ihm, das mehr wusste und besser und göttlicher war als das, was ihm seine äußeren Augen zeigen konnten.

Er erinnerte sich, wie Dr. Christ ihn durch seinen Raum geschickt hatte. Da hatte er noch naiv geglaubt, es seien seine Bewegungen, die er ausführte. Jetzt war ihm klar: Es waren die Bewegungen Gottes, der ihn von seiner göttlichen Welt losgetrennt und so auf seinen autonomen Weg geschickt hatte. Und diese Trennung war ihm als Wüste seines Lebens erschienen.

Doch seine Seele machte etwas aus dieser Trennung, indem sie ihn nun mit dem inneren Auge sehen lehrte. Es war als hätte er etwas abzutragen, tausende Jahre von Zivilisationen und Anpassung von sich abzuschmirgeln. Etwas in ihm war auch wild geblieben. Ursprünglich, sehnsüchtig, bejahend.

Er bog wie von selbst in eine Seitenstraße ein, in der ein Delikatessgeschäft war. Das Auto war plötzlich nicht mehr da. Der Duft von Olivenhainen erfüllte ihn, heißer Wüstenwind, der über viereckige Lehmbauten strich, tropische Strände mit Palmen, die mit ihren Wurzeln den Sand zum Meer hin verankerten. Er dachte an Gauguin und seine Südsee, an die grell-wilden Bilder von Kirchner oder Schmidt-Rottluff und anderer Expressionisten, über die lebensfeindliche Bürger ihr mehrheitliches Urteil: ‚entartet, Geschmier und Kulturschande' gefällt hatten. Er bugsierte das Auto auf einen Parkplatz und legte es neben andere Autos an wie ein Boot an einen Strand, der unter dem Pflaster war. Er ging in eine Ausstellung von Früchten und Gemüsen unter einer bunten Markise, die Marktfrau war jung, trug einen Bastrock und hatte zarte Brüste. Er tauschte Euros gegen Bananen und eine Ananas. Zuhause umarmte er Eva und sagte: „Ich Tarzan, du Jane", und sie waren alleine auf der Welt. Gott war die Aufforderung, über alles Gewohnte hinauszugehen. Etwas in ihm war wild und ursprünglich und neu und gut.

Die Schule am nächsten Morgen war anders. Er war eine mit sich einige Mischung aus Medizinmann, Schamane, Heiler. Mit den ausländischen Worten, die er lehrte, fuhren die Kinder in voller Kriegsbemalung auf Kanus durch wüste Schluchten, sie kauften Fahrkarten nach Orten mit unaussprechlichen Namen, Feuer loderten und luden zum Tanz, er beschwor sie im Großen Rat, ihre Vokabeln zu lernen und später damit große Dinge zu tun. Hugh, er hatte gesprochen. Dabei war er völlig ruhig in sich, auch wenn er ein paar unwillige Krieger anfuhr, oder ihnen Mut zu neuen Erkundungen machte. Er entdeckte, dass hinter allem, auch in den langweiligsten Lektionen, Leben versteckt war. So wie sein Leben zuvor auch in ihm versteckt war. Es fehlte wenig, und er wäre ins Lehrerzimmer gestürmt, mit dem Ausruf auf den Lippen: „An die Gewehre, die Komantschen stehen vor unseren Palisaden und greifen an! Ihre Marterpfähle warten auf uns!"

Auch die Kreuze überall in der Schule waren nur Marterpfähle. Man würde sich von hinten anschleichen, die Fesseln des Gefolterten durchschneiden und ihn für immer aus den Händen seiner Peiniger befreien.

Als Werner Dr. Christ von den Veränderungen in sich berichtete, lächelte dieser. „Sie haben Ihr schönes Inneres, wie sie Ihre Seele zu nennen beliebten, entdeckt. Somit haben Sie den Löwen gegessen, den die Menschen als bösen Feind oder Widersacher bezeichnen. Der Löwe ist Ihre eigene unreflektierte Natur. Somit sind Sie jetzt eins mit dem, was Sie gegessen haben und lebendig." * Dr. Christ sagte dies, als ob es das Einfachste der Welt wäre. „Sie können jetzt Ihr schönes Inneres nach außen bringen. Sie können es der Welt schenken und die Welt lebendig machen. Sie haben es kennen gelernt und gezähmt. Und Ihr Körper unterstützt Sie dabei mit der Kraft und dem Herzen eines Löwen. So machen Sie aus Körper und Seele eins. Spüren Sie es und freuen Sie sich, wenn die Berge sich auf den Kopf stellen. Sie haben das Tote gegessen und es lebendig gemacht." *

Werner schaute ihn erstaunt an. Dr. Christ erzählte eine Geschichte: „Es war einmal ein reicher Mensch, der hatte viele Güter. Er nahm sich vor: Ich werde meine Güter nützen, um zu säen und zu ernten, zu pflanzen und meine Scheunen zu füllen mit Früchten, damit mir gar nichts mehr fehlt. Das ist es, was er dachte in seinem Herzen. Doch in jener Nacht starb er." *

Dr. Christ nickte: „Sie haben sich viel Wissen angeeignet, Sie sind zupackend und direkt, aber wären Sie dabei stehen geblieben, hätten Sie Ihr Leben verloren." Wie um unserem Lehrer eine kleine Belohnung zukommen zu lassen, erklärte er weiter: „Es gibt eine Perle, eine große Sache, die man finden muss. Einen großen Fisch, für den man die vielen anderen kleinen Fische sausen lässt. Dann findet man das Leben." * Mit innerer Genugtuung erfüllt fuhr er fort: „Leben Sie einfach. Das Leben ist ein Fest und der Vater lädt dazu ein. Wenn Sie zwei zu einem machen, werden sich die Berge auf den Kopf stellen." * Auf den erstaunten Blick seines Gegenübers hin sagte er: „Sie haben bereits zwei zu einem gemacht. Das war das Schwierigste. Ab jetzt geht alles von selbst."

Und er überschüttete unseren Lehrer mit einer weiteren wunderbaren Vorhersage: „Später werden Sie die Welt überwinden und so über das ganze Universum herrschen." * „Welche zwei mache ich zu einem?", fragte Werner und war dankbar für die Geduld, mit der Dr. Christ seine Fragen immer wieder ohne jede Kritik annahm. „Diese sind Leib und Seele", sagte Dr. Christ. „Der Leib ist der Löwe, und der Mensch ist die Seele. Es ist schlimm, wenn der Mensch vom Löwen gefressen wird, und er zum Tier wird. Es ist gut, wenn der Mensch den Löwen isst, und das Tier Mensch wird." * Er erklärte weiter: „Die Menschen sind elend, deren materielle Bedürfnisse an die animalischen Instinkte gefesselt sind. Ihre Seele ist elend, denn sie ist dadurch versklavt. Elend ist der Leib, der an einem Leibe hängt, und elend ist die Seele, die an diesen beiden hängt. Wenn das Fleisch geworden sein sollte wegen des Geistes, ist es wunderlich. Wenn der Geist aber wegen des Leibes geworden sein sollte, ist es noch wunderlicher. Aber ich wundere mich, wie sich ein solcher Reichtum in dieser Armut Wohnung gesucht hat."*

Er hatte wie für sich gesprochen und wandte sich wieder Werner zu: „Jetzt sind Sie verwundert über die Dinge, die Ihnen geschehen. So ist es auf dem Fest des Geistes." Dann wurde Dr. Christ wieder praktisch: „Leben Sie einfach", sagte er, „und Sie erkennen, was direkt vor Ihnen ist. Danach wird Ihnen alles gezeigt werden." * Er sah aus wie ein Prophet, als er das sagte. Doch wann je hatten sich Propheten um einen einzelnen Menschen gekümmert? Noch dazu um ein so schwaches Wesen wie Werner zu sein geglaubt hatte?

Werner stand instinktiv auf. Die Sitzung schien einen wunderbaren Abschluss gefunden zu haben. Er wollte wie üblich darüber nachdenken. Sein Therapeut hielt ihn mit einem Blick zurück. „Wenn ich Ihnen sagte, ich bin Jesus", sagte Dr. Christ, „hätten Sie da Angst oder würden Sie sich freuen?" „Angst", sagte Werner sofort. „Angst wovor?", fragte Dr. Christ. „Ich hätte Angst, Jesus würde mich beurteilen, mich kritisieren, ich wäre es nicht wert vor ihn zu treten." „Sie übertragen nur Ihr früheres Selbstbild auf ihn", sagte Dr. Christ. „Jesus hat nie in diesem Sinn der Menschen existiert." Eine seltsame Sicherheit lag in seiner Stimme. „In ihrem Sinn existieren können nur die Menschen. Das heißt, sie bilden es sich ein." Er sah durch seinen Gast hindurch. „Ich will Sie nicht beeinflussen. Ich tue nichts für Sie.

Was geschah, haben Ihre Seele und der Vater für Sie getan."

Er sah Werner aufmunternd an: „Alles wird Ihnen gelingen. Sie haben die Berge auf den Kopf gestellt. Meine Lehre ist leicht. Sie werden ein gutes Leben haben." * Es war seltsam. So etwas hatte Werner noch nie erlebt. Die Worte kamen aus Dr. Christ, doch es war, als ob sie ihm selbst entströmten. Es war, als ob sie wie sein eigenes Inneres aufklangen. Oder hatte er diese Worte schon einmal gehört? Eine leichte Lehre, ein gutes Leben, der Himmel tut alles... Doch es gab kein ‚als ob' mehr. Er kam in seinem innersten Sein, in seinem innersten Jetzt an.

Er spürte Festigkeit, Eindeutigkeit. Nichts wackelte mehr. Nichts war mehr so oder anders, richtig oder falsch. Er war eins mit diesen Worten und mit ihrem Klang. Alles war gut. Seine Seele wollte über sich hinauswachsen, eins mit der Welt sein. Der Spagat zwischen hin und her, Kontrolle und Erlaubnis, innen und außen, war vorbei. Alles war, wie es war.

Ein spontaner Wunsch explodierte in ihm und überschüttete ihn mit tausend Blumen, die aus seinem Inneren zu kommen schienen. Auch ich will eins sein. Er spürte, dass diese Gewissheit den Menschen über die ganze Welt erhebt. Doch nur von einem Meister kann man das Gefühl, dann die Gewissheit erhalten, dass man mit sich eins ist und die Berge sich auf den Kopf stellen. Diese Gewissheit schrie nach Ausdruck. Sie wollte, dass er sein Einssein mit dem Meister durch eine Tat bewies. Er fiel vor Dr. Christ nieder. Er spürte sich ausgestreckt vor ihm liegen. Es war als ob dies die letzte Tat war, die er tat. Tun, um dann nie mehr zu tun. Fallen, um nie mehr zu fallen. Fusseln lagen auf dem Teppichboden. Sie gehörten dazu wie die Sterne im All. Angst und Spaltung waren Vergangenheit. Angst hat nur, wer wackelt. Er lag sicher und fest und war eins mit der Welt. „Für wen halten Sie mich?", fragte Dr. Christ. „Es ist mir gleich", sagte Werner. „Ich bin eins mit der Welt, auch mit Ihnen, was soll ich da sagen. Was fragen Sie. Sie sind der Meister."

Da kniete Dr. Christ vor ihm. Er war zu ihm herabgestiegen. Etwas, das sie getrennt hätte, gab es nicht mehr. Er nahm seine Hand. „Ich bin nicht Ihr Meister. Sie haben aus der Quelle des Lebens getrunken und sind lebendig geworden." * Er hob ihn zu sich hoch und umarmte ihn. „Wir sind ein Einziger", sagte er. „Alles ist gut und richtig. Wir sind angekommen." Dr. Christ war zärtlich und sanft. Werner spürte, dass er ihn mit der Frage nach Jesus und ob er vor ihm bestehen wollte, auf eine letzte Probe gestellt hatte, die er bestand, indem er nichts getan hatte, außer dass er der Stimme seines Innern gefolgt war.

Das Leben trug eine unglaubliche Festigkeit in sich und vertraute sich völlig. Diese Festigkeit und dieses Vertrauen lebten nun auch in ihm. Hierhin hatte ihn Dr. Christ geführt, und ebenfalls nichts dazu getan, denn alles war ja da, wie kann man Einheit ‚tun'?

Nach dieser unglaublichen Erfahrung seiner Selbstaufgabe war unser Lehrer erwachter Sehender, man nennt dies auch Hermeneut. Er fand Zugang zur Welt. Er fand heraus, dass die Dinge so waren, wie sie waren. Er sah ihr inneres Wesen, das ihm zuvor verborgen war. Diese Veränderung war der glücklichste Wandel seines Lebens. Ihm war es gegeben, die Welt auszulegen. Er deutete sie, er sah sie genau wie sie war, mit den Augen eines Meisters.

Er fragte nicht mehr: Was habe ich von dieser Welt, wo stehe ich? Er sah aus seiner neuen Lebendigkeit heraus, was die Welt will, was in ihr steckt, wozu sie da ist. Er fragte nicht mehr nach sich in dieser Welt, er sah die ganze Welt und damit auch sich als wirkliches Streben nach Gott, nach Schönheit. Er verstand, dass eine Lotosblume aus dem Sumpf wächst und als höchste Erfüllung zum Lob der Welt eine Blüte aufstrahlen lässt.

Doch zunächst stand er nach diesem Zusammensein mit Dr. Christ wieder auf der Straße. Sie war schon zu seiner Straße geworden. Sie war jetzt lebendig und erwartete ihn. Da machte er einen wirklichen Schritt in die Straße hinein. Sie fing ihn auf und teilte ihre Botschaften mit ihm. Ihre Geräusche, ihre Gerüche, die Bewegungen der Menschen waren nicht mehr fremd. Jeden Moment geschah etwas Neues. Früher hatte er überall Abhängigkeit gesehen. Dies oder das geschah, weil dies oder jenes so geschehen musste. Ein Kebab-Palast musste nach Kebab riechen, weil er ein Kebab-Palast war. In den Zeitungen musste dieses und jenes geschrieben stehen, weil dieses und jenes passiert war, und weil die Menschen dafür bezahlten, das zu lesen. Die Menschen fuhren zu schnell Auto, weil sie verantwortungslos waren. Und er hatte so reagiert, weil alles für ihn so war.

Immer war ein ‚Weil' zwischen ihm und den Dingen der Welt

gewesen. In diesem Weil war sein Leben zerflossen. Es hatte ihm den unmittelbaren Zugang zur Welt verbaut. Seinen Unterricht hatte er gemacht, weil er Geld verdienen wollte, weil die Schüler etwas lernen sollten, weil alles so am besten war. Jetzt sah er, alles war da. Ohne seine erklärenden Weils. Die Hitze im Grill war da, die Bewegungen der Menschen waren da, die Blätter an den Bäumen.

Die Straße wartete auf ihn, öffnete sich ihm wie ein Wunderland, damit er sie sah, mit allem, was in ihr war. Mit inneren Augen und Ohren, mit inneren Bewegungen, die einfach auch nur da waren. Sie war nicht mehr seine öde, mechanisch verzweckte Einkaufs- und Transportstraße. Das Leben ordnete sich von selbst und alles geschah aus sich heraus. Er war fasziniert vom Wunder dieser Straße, die rings um ihn her existierte und ihn aufnahm wie ein riesiger Mutterleib. Diese ihm vorher so fremde Straße war plötzlich ein planetärer Walfisch, und er war einer der kleinen Fische, die sich an ihm ernähren. Er war wie ein kleines Kind, das vertrauensvoll an der Brust der Mutter saugt. Er hatte seine Gliedmaßen und Augen nicht mehr gestohlen.

Er lief wie ein Kind durch die Welt und wurde von ihr freudig und liebevoll aufgenommen wie damals, als er noch keine selektierenden Aufteilungen und Ordnungsraster im Kopf hatte. Nur diese hatten ihn, den Erwachsenen, vom Wunder des Lebens fern gehalten.

Das war seine erste Entdeckung. Die zweite noch bedeutendere, die ihm noch mehr Freude schenkte, folgte. Plötzlich spürte er über diese neue Wahrnehmung gelagert eine unglaubliche, alles verzeihende, alles tragende Freiwilligkeit. Bis jetzt war er von sich ausgegangen. Die Blätter mussten so grün sein, wie sie es waren. Chlorophyll und so. Sein Herz musste schlagen, weil der Körper sich entsprechend regulierte. Mangel und Überfluss mussten ausgeglichen werden, ein Extrem musste das andere ersetzen. Auf Krieg folgte Friede, auf Armut Reichtum und immer so weiter. Anderes war unvorstellbar gewesen. Eine mechanische Angestrengtheit lag so in der Welt. Immer war etwas zu verbessern und zuzuordnen, immer war ein Zustand besser oder schlechter als der zuvor oder der danach.

Doch jetzt musste nichts mehr. Die Welt wusste von selbst, was sie zu tun hatte und tat dies gerne und mit Freude. Ohne seine

Einschätzungen sah er die Schöpfung direkt, spürte er Gott in ihr. Der war die erstaunliche Freiwilligkeit, mit welcher der Himmel blau war. Seine stille, ja manchmal überschäumende Ordnung der Freude war über die Welt ausgestreut, jedes Teil, ob Vogel oder Grasbüschel war ein Paradebeispiel, eine göttliche Musterprobe der darin wohnenden Freude. Das war, was Dr. Christ die Herrschaft des Vaters nannte!

Dass es ihn (und seine Geschichte) gab, war plötzlich auch freiwillig. Es lag nicht mehr an ihm, was wie war oder zu sein hatte. Da nun alles freiwillig war, war auch sein Körper freiwillig um ihn herum und er war freiwillig darin. Diese letzte Freiwilligkeit versetzte ihn in ein gleichzeitiges Gefühl von Staunen und Glück. Alles geschah freiwillig aus einer wunderbaren höheren Kraft heraus.

Dieses tiefe Staunen ging über ihn hinaus, es teilte sich der gesamten Welt mit. Er war in ihr angekommen! Seine Seele wurde zu einem rie-sigen Himmel, einen Moment dachte er an ein fröhliches Festzelt, das für alle Menschen Platz hatte, nichts war mehr in wertende Einzelwahrnehmungen aufgeteilt: Der ist so, die ist so... Ein paar Straßentauben marschierten mit ruckenden Köpfen am Randstein entlang. Ihr Gefieder schillerte in schönstem Metallic, einfach so. Diese lebendige Freiwilligkeit, die alles als göttlich wusste, war auch in Dr. Christ. Er erkannte sie nun als die größte Macht der Welt. Erst wenn man sich ihr ganz anvertraut, sieht man sie.

Doch die Menschen um ihn herum sahen diese Freiwilligkeit nicht und damit auch sich nicht. Sie waren noch so wie sie vorher waren. Er sah sie erstaunt an. Ihr Innenleben, wo fand es statt? Die Taxifahrer am Halteplatz lehnten gelangweilt an ihren Autos, die Menschen mit Hund gingen Gassi und waren damit beschäftigt. Der Präsident auf der Titelseite am Kiosk schaute böse und drohend von der Zeitung herunter und hatte seine Feinde im Visier. Sekunde für Sekunde waren die Menschen nur von der äußeren Situation bestimmt, auf die sie sich konzentrierten. Die Art, wie sie auf die Welt blickten, war, als ob sie sich ein Handy an den Kopf hielten und sich berichteten, was sie in ihrer Situation sahen: Der böse Feind war böse, keine Kunden da, wegen dem Hund muss ich hier laufen. Keine Spur von göttlicher Freiwilligkeit in alledem. Die Menschen waren nur mit sich beschäftigt. Ein heilloser Zustand.

Warum hatte auch er früher immer nur mit sich selbst telefoniert? Weil er so seine innere Leere überdeckte? Weil er so die Verantwortung für sich nicht übernahm? So war nie etwas freiwillig. Er rief unter Zwang und ununterbrochen seine Messungen ab, gut, schlecht, schön, hässlich, muss sein, muss nicht sein, darauf reagierte er und hatte auch immer nur mit sich telefoniert, alles mit sich ausmachen müssen. So verarbeitete er die Welt wie mittels eines Prüfgerätes: Die Kollegen, erzählte er sich, waren anders als er sie wollte, deshalb waren sie es, die für Missstimmungen seinerseits verantwortlich waren. Die Berge im Urlaub, dachte er, regten ihn dazu an, sie schön zu finden und dass er sie schön fand, hatte nichts mit ihm zu tun, sondern mit einer Skala, die von extrem häßlich bis überaus schön ging.

Nun sah er auf die Straße. Er sah die Menschen. Sie empfanden sich noch auf dieser Werteskala von wunderbar bis entsetzlich, aber wegen der Situation, in die sie sich gestellt sahen. Der Mann ging wegen dem Hund Gassi, nicht weil er sich freute. Der Präsident schaute wegen dem Feind böse, weil der andere der Feind war und nicht er selbst. Die Taxifahrer langweilten sich der Kunden wegen, die nicht da waren, und waren so selbst auch nicht da. Jeder telefonierte mit sich, darüber, was er sah, und wie er es sah, was er zu tun hatte, und wie er es machte, ob er gerade etwas verdiente, sich langweilte oder ärgerlich war. So saßen die Menschen immer in der Klemme – der eigenen! Und sie merkten dies nicht, weil sie glaubten, dies habe nichts mit ihnen zu tun.

So war ihr Leben wirklich nur die eine zwanghafte Sekunde lang, immer nur die eine Sekunde, die jede eigentelephonische Beurteilung der Lage beanspruchte, bis die nächste Momentaufnahme sie ablöste. Also waren die Menschen ‚zu', ‚dicht', mit sich betrunken. Jeder lebte in seiner eigenen, in sich geschlossenen Welt und glaubte doch, mit anderen zu kommunizieren. Doch dabei gab es kein ‚Du'. Man redete immer nur mit sich über sich, selbst wenn man mit anderen Menschen redete - weil man nichts anderes als sich und seine Vorgaben sah...

Er sah das Nichtsein, das aus diesem Missverständnis erwuchs, ganz klar. Jeder machte jeden für seine Erwartungen und Handlungen und Zwänge verantwortlich, ohne zu spüren, dass sie aus ihm selbst kamen! Der Gast, der nach der Kellnerin rief, um zu bezahlen, redete sich ein, er agierte wegen ihr und dem Getränk, das er konsumiert hatte. Er kam dabei nicht vor. Die Kellnerin, die zu ihm kam um zu kassieren, redete sich ein, er zahlte, weil er selbst es wollte. Sie kam dabei nicht vor. Macbeth ermordete den König, weil er glaubte, die Hexen hätten ihm dies eingeredet, nicht weil er selbst König werden wollte. Die Menschen empfanden sich als Gelegenheitstäter. Die Männer bekamen ihre Erektionen, weil sie glaubten, die Frauen verursachten dies, und die Frauen glaubten, dies sei typisch für die Männer und diese hätten nichts anderes im Kopf.

Er erinnerte sich, wie es in ihn plötzlich eingeschossen war, dass er für das andere Geschlecht aufmerksam wurde: Eine völlig neue Kraft lebte ab da in den Rundungen der Mädchen, in ihren wohlklingenden Stimmen, in ihrer ganz andersartigen Schönheit. Blonde Zöpfe, schwarze Haare, den Hals hinunter zu schauen, wo sich die Brust rundete und teilte, plötzlich lag darin eine Anziehung, die unwiderstehlich war.

Diese Kraft hatte ihn urplötzlich und unvermittelt angefallen und war nun einfach da. Sie erschien ihm wie ein Zwang, der ihn immer wieder überkam, der ihn in seiner Unmittelbarkeit beschämte. Diesem Zwang fühlte er sich ohne Vorahnung ausgeliefert, im Denken, im Sehen, in plötzlichen Phantasien. Sie machte ihn zu einem Teil von etwas, das er nicht verstehen konnte. Und die Erwachsenen machten die Heranwachsenden dafür verantwortlich.

Doch jedes Kinoplakat, das ja die Erwachsenen herstellten, anklebten und finanzierten, drehte sich um ‚Das'. Fast immer war darauf eine Frau zu sehen, so dargestellt, dass bei ihrer nächsten Bewegung die Kleidung über den Busen rutschen würde. In einer Deutschstunde musste er eine Stelle vorlesen, bei der einer Frau beim Tanzen die Brüste hüpften. Er wurde rot. Warum er? Was hatte er damit zu tun? Jeder sah auf diese Sachen und wusste um sie, auch der das Buch geschrieben hatte, und der war ein Dichter, sonst würde er nicht im Unterricht vorgelesen. Wenn es nicht von ihm selbst, sondern von außen kam, dass hüpfende Brüste so verführerisch wirkten, über was wusste sein Inneres plötzlich so einschneidend Bescheid?

Woraus entstand dann das Problem? Er blickte weiter auf die Straße. Alles war freiwillig einander zugeordnet, in allen Wesen war das innere Wissen, das sie zu ihrem Glück befähigte. Etwas war da, frei und glücklich, aber man sah es nicht als solches, denn dieses Wissen war schon vor seiner bewussten Wahrnehmung und möglichen Anwendung da. Es machte die sexuellen Unterschiede, die Freude an Schönheit, an Besitz und Erfolg, die Lust an den Jahreszeiten.

Dazu fiel ihm spontan das Wort Vorprogramm ein. Dann gab es überall, auch in ihm eine Art Vorprogramm, eine zuvor angelegte Kenntnis der Dinge wie die Rose im Herzen des kleinen Prinzen, die er von seinem wunderbaren Planeten mitbrachte. Dieses Vorprogramm gab ihm ein, worauf er sah, wie er es sah; es wusste, was für ihn wichtig war, was er begehrte. Werner fühlte sich unglaublich erleichtert. Dann war er wegen dieses Vorprogramms nicht von der äußeren Welt getrennt, wie er immer geglaubt hatte, es vereinte ihn geradezu mit allem. Dann war nicht er berechnend und hungrig auf Sinnliches, die Existenz des Vorprogramms machte ihn empfänglich für das, was es für ihn wollte. Dieses Vorprogramm war den Menschen eingegeben und bestimmte ihre Wahrnehmung als Mann, als Frau, als Mensch und nicht als Hase oder Elefant.

Er prägte sich den so zufällig gefundenen Namen Vorprogramm ein. Dafür, dass er eine Frau als Frau ansah, konnte er also nichts. Und dafür, dass es ihm Spaß machte. Dann war also niemand sündig, auch wenn er diese sogenannten sündigen Gedanken hatte, da diese aus dem inneren Vorprogramm kamen. Er dachte an das eingesperrte Schaf in sich, an den Löwen, der ihm Kraft gab – seine Natürlichkeit zu erkennen! Dann war dieses Vorprogramm als angeborene Anlage unschuldig. Man brauchte es sogar, um überhaupt Unterschiede zu erkennen. Denn als eigene Existenz musste man ja wissen, wer man war und was man wollen sollte. Selbst ein Kirschbaum musste innerlich wissen, wie er als Kirschbaum zur Sonne hochzuwachsen und zu gedeihen hatte, er war keine Bananenstaude.

So weit war er durch seine Behandlung bei Dr. Christ gekommen. Dr. Christ hatte ihn aus der Quelle des Lebens trinken lassen. Diese Quelle war das lebendige innere Wissen der Kreaturen um sich selbst! Und dieses existentiell wissende Vorprogramm gab es dann universell in allen Menschen. Es rief ihnen ihr eigenes ‚Du‘ in allen Dingen zu. Die mittelalterlichen Diskussionen um die Universalien kamen ihm in den Sinn. Damals hatte man über die Existenz eines solchen universellen Seins in Mensch und Natur diskutiert. Und die Kirche hatte diese Universalien strikt abgelehnt, denn wenn es sie in den Menschen gab, dann kamen sie von Gott und nicht von den Menschen selbst, dann waren die Menschen keine Sünder alleine dadurch, dass sie Menschen waren. Und Gott wäre kein strenger Richter mehr - wie sollte Gott aufgrund der Vorprogramme und Prägungen richten, die er als Wohlgefallen an seiner Schöpfung selbst in die Menschen eingepflanzt hatte? Die Kirche konnte also nicht zulassen, dass die Liebe von Priester Abelard zu seiner Schülerin Heloise wie alle Liebe direkt von Gott gestiftet war und dass sie nicht darüber zu richten hatte.

Dann war auch in ihm dieses Universelle, folgerte unser Proband - und damit auch Gott. Dann erkannte er ihn darin, dass er dieses Vorprogramm in sich spürte und anerkannte. Denn dieses Vorprogramm machte die Verbindung der individuellen Seele zur gesamten Welt spürbar! Dann war Gott dieses schöne Innere, die innere Anweisung aller Seelen für den Umgang mit seinen wunderbaren Entsprechungen in ihrer äußeren Welt. Dann lebte Gott auch in ihm und zeigte ihm anhand seiner göttlichen Vorbestimmung, was schön war, was gut schmeckte, was sich gut anfühlte. Gott, der freudige Genießer in ihm! Seine eigene Verbindung zu seiner göttlichen Welt!

Fast hörte er die Stimme Gottes: „Wenn du etwas Schönes sehen willst, schau um dich. Ich habe alles für dich so gemacht. Und du bist auch schön.“ Werner verstand. Und in ihm jubelte es. Mit dem inneren Auge sieht man Schönheit. Doch erst als erwachter Sehender sah, spürte, umarmte er das schöne Göttliche in allem. Nun hatte er etwas Gemeinsames mit Gott, mit allen Seelen aller Menschen! Die Schöpfung Gottes war nicht nur eine zufällige Laune, Gott selbst wollte sich in ihr allen Menschen mitteilen! Und sie hatten ein wunderbares inneres Organ, seine Mitteilungen zu empfangen. So übertrug Gott sich selbst in sie! Sein Programm war jedoch so selbstverständlich, dass es kaum beachtet wurde!

Denn das äußere Auge wusste nichts davon und überdeckte das Innere. Mit dem äußeren kritischen Auge gesehen war das Schaf des

Fliegers krank, alt, es hinkte. Das äußere Auge war unzufrieden. („Man ist nie zufrieden dort, wo man ist", sagte der Weichensteller zum kleinen Prinzen...) So sahen auch die Lehrer die Kinder fast nur mit dem äußeren Auge und waren nie zufrieden mit dem, was sie sahen: Sie können nichts, tun nichts, verweigern sich, sind zappelig und abgelenkt und haben nur Unsinn im Kopf.

Werner erinnerte sich. Auch er war als Schüler so angesehen worden. Von seinem Deutschlehrer der Oberstufe, der nichts Schönes in den Menschen anerkennen wollte. Er sollte ein Referat halten. Man durfte sich einen Dichter selbst aussuchen, er wählte Hermann Hesse. Der Deutschlehrer saß in der hintersten Reihe. Und dann zitierte er Hermann Hesse - in dem Sinn: Der Mensch hat in sich etwas, das absolut rein ist, das nie befleckt werden kann. Sein Innerstes ist somit absolut rein. Und Werner wusste, dass er, während er dies sagte, dies auch für sein Innerstes in Anspruch nahm, und dass er in seinem weiteren Leben darauf vertrauen würde, dass es dieses Reine auch in ihm gab. Und er wusste, dass er mit diesem Satz den unreinen Katholizismus des Deutschlehrers torpedierte.

Für diesen in die Strenggläubigkeit Gefallenen war alles außerhalb seiner Glaubensideale befleckt. In seiner anmaßenden Sündensuche ließ er nur Unrat in anderen Menschen zu. Nach dem Referat zeigte er (der sonst alles be- und verurteilte) totalen Widerwillen, sich zu dem Referat zu äußern. Er weigerte sich sogar, eine Note bekannt zu geben, dann, als er doch Stellung nehmen musste, brüllte er sie gequält heraus und seine äußeren Augen rollten sich: „Eeeins." Er war besiegt. Und später wurde er Anstaltsleiter.

Werner hatte ihm das Zitat von Hermann Hesse wie einen Speer in seine sündhafte Kehle gerammt. Seinen Sieg, der eher aus Verzweiflung heraus geschah, konnte er damals noch nicht schätzen. Denn dieses Reine und Gute selbst hatte er damals noch nicht. Er konnte es nur ahnend vorwegnehmen, um sich zu wehren. Im Moment lernte er nur, dass man eine Autorität zitieren musste, wenn man eine eigene, von den offiziellen Dogmen abweichende Meinung von sich gab. Doch er wollte kein Zitat bleiben, er wollte dieses Reine in sich erfahren.

Und doch war er, ohne dieses Reine wirklich zu spüren, später ein lauer Kompromisssünder geworden, der seine kleinen und etwas größeren Sünden mit seiner Welt aushandelte. Nett sein, freundlich sein, das Beste wollen, auch für sich selbst, immer mit leisem schlechtem Gewissen. Was sonst konnte man tun. Sein reines Inneres war tief in ihm vergraben, als Fünklein, wie Meister Eckehart sagte.

Doch wer hatte ihn zum Sünder gemacht, wenn nicht die Heuchler, die ständig von Sünden redeten und die eigene Negativität völlig vergaßen? Die Strenggläubigen, die in Wirklichkeit ungläubig waren, da sie nichts vom Guten Gottes in sich spürten? So wurden dieses Vorprogramm, die Rose des kleinen Prinzen, die Seelen der Menschen, mit dem gleichen universellen Anspruch totalitär unterdrückt und für schuldig und sündig erklärt, wie es universell in ihnen da war! Dann war auch die allgemeine Erbsünde eine Sünde der Kirche selbst, die sie den unwissenden Menschen als gottgegeben auferlegte! Und er war selbst Lehrer geworden, wohl um herauszufinden, was er dabei überhaupt tat.

Die nächsten Tage waren seltsam. Werner versuchte, aus seinem schönen Inneren heraus zu handeln. Er wollte die Welt von seinem inneren Vorprogramm her ansehen. Immer öfter hatte er dabei das Gefühl, dass er sein reflektierendes Bewusstsein kaum noch benötigte. Es wurde überflüssig. Die Gedanken, die alles begleitet und kommentiert hatten, was er sah, hörten auf. Er machte die erstaunliche Entdeckung, dass dieses Vorprogramm ein mediales Wissen in ihm bereithielt, das alles wusste, doch viel direkter als sein normales Bewusstsein. Dieses normale Bewusstsein hatte die Welt zurechtgelogen, zurechtgelegt, erklärt, rationalisiert, erträglich gemacht, überzuckert, mit Hoffnung oder Widerwillen ausgefüllt.

Er versuchte, sich dieses frühere Bewusstsein bildlich vorzustellen und es erschien ihm, als ob er in ihm aufgetreten war wie ein Lakai in einem höfischen Zeremoniell. Er sah sich mit Rokokozopf und langen Rockschößen vor der Welt seine steifen Bewegungen und tiefen Bücklinge und Kniefälle vollführen. Und von unten her schielen, ob er bekam, was er dafür erwartete. Sein Bewusstsein war so kein Bewusstsein im Sinn des Wortes, es war Blindheit gegenüber sich selbst gewesen! Gerade in dieser Verstellung, die er klar gesehen hatte, war er blind gewesen. Aus ihr war er nun erwacht! In diesem äußeren indirekten Spiel wollte er nur seine eigene Anerkennung dafür, wie wunderbar und unersetzlich er war, wie protokollarisch genau er alles konnte. Doch sein schönes Inneres sagte ihm nun ganz klar: Vorgetäuschte Sklaverei haben wir nicht im Programm. Die Sklaverei bildest du dir nur selbst ein...

Jetzt war etwas wirklich Neues da: Von innen heraus war er zuerst einmal verantwortlich für sich. Er war da. In ihm war alles, was ihm half. Dann erst kam die Welt. Er brauchte das äußere Spiel überhaupt nicht. Er sah um sich. Mit den Augen der Gier wurden die Meere leergefischt, die Autos immer größer, die Ehen immer unerträglicher, viele Kollegen zu verzweifelten Kämpfern, die sich mit Durchhalteparolen über Wasser hielten und die unter der Wasseroberfläche wie unter gefüllten Einkaufswagen nach allem traten, was sich bewegte. Mit viel Arbeit und Mühe brachten sie wenig Gutes zuwege. Dabei sollten sie die Kinder bilden, ihnen helfen, das in sich zu entwickeln, was laut Vorprogramm längst da war. Doch die Menschen und ihre Umwelt mussten leiden, weil sie in ihrem ungläubigen Unbewusstsein einen jämmerlich falschen Vertrag mit der Welt abgeschlossen hatten und diesen Vertrag immer weitergaben.

Er sprach mit Dr. Christ darüber. „In mir ist ein reines und lebendiges Vorprogramm“, sagte er, „es ist verantwortlich für meine Freuden und Gefühle, doch wenn ich mich nicht dazu bekenne und es nur geplant benutze, stellt es die Gitterstäbe auf, hinter denen ich mich einsperre.“ Dr. Christ nickte anerkennend und sagte: „Wenn Sie Ihre Bilder sehen, die vor Ihnen entstanden sind, gehen Sie über die Beschränktheit der normal Sterblichen hinaus. Diese Bilder sterben nicht.“ *

Dann ging er auf Werners Problem mit seinen Mitmenschen ein: „Die ganze weltliche und zeitliche Organisation der Menschen ist nur ein Arrangement für Ängstliche und Unwissende.“ Er erzählte: „Ein Hirte hatte hundert Schafe. Eins von ihnen irrte ab, das Größte. Er ließ die neunundneunzig stehen und suchte nach dem einen, bis er es fand. Nachdem er sich abgemüht hatte, sagte er zu dem Schaf so: Ich mag dich mehr als die neunundneunzig.“ * Er sah Werner offen an. „Das eine Schaf wollte leben. Es war mutig und wollte wissen.“ Auch in Dr. Christ sah Werner jetzt diese Freude. „Dieses Schaf spürte in sich, was Sie Ihr Vorprogramm nennen. Die Herde spürt das nicht mehr und beäugt sich nur kritisch im Wettkampf um die besten Gräser. Jeder nur für sich."

In Anspielung auf das, was er über den Todestransport gesagt hatte, betonte Dr. Christ: „Was machen die Oberen mit der Herde? Sie schlachten und vergessen sie. Doch das eine Schaf wollte nicht mit der Herde geschlachtet werden." Dr. Christ beugte sich nach vorne: „Jeder, der die Welt der Herde erkannt hat, hat eine Leiche gefunden. Und wer diese Leiche fand, dessen ist die Welt der Herde nicht mehr wert." * Er lehnte sich zurück. „Die Sicherheit der Herde ist eine Illusion. Es werden nicht mehr Gräser, auch wenn man um sie kämpft. Wer kann sich an einem gedachten Feuer wärmen?"

Werner musste trotz des Ernstes der Worte von Dr. Christ lachen. Dr. Christ sah ihn überrascht an. „Ich sah mich in einer Livree Bücklinge machen", sagte er, „doch diese Bücklinge (und er dachte an die geräucherten, verschrumpelten Fische) kann man nicht essen." Dr. Christ blickte verwundert. „Ein Wortspiel", sagte Werner, „Bückling als Unterwerfung und als Nahrung, solche Vergleiche hat man als Lehrer so an sich." „Als Lehrer?", fragte Dr. Christ. „Das ist die Rolle, die ich spielen muss", sagte Werner. „Wie anders könnte man Lehrer sein?" „Sie müssen keine Rolle spielen", sagte Dr. Christ. „Sie haben den Löwen gegessen. Er ist Ihr inneres Vorprogramm und nicht das Getue der Menschen. Ziehen Sie sich nackt aus, trampeln Sie auf Ihren Kleidern herum", * fuhr er fort.

Sofort sah Werner die Livree, die Perücke, seidene Beinstrümpfe, auf denen er herumtrampelte. „Der Mensch beginnt an der Haut", sagte Dr. Christ. „Man soll nicht nur die Außenseite des Bechers waschen", sagte er weiter. „Wer das Außen gemacht hat, hat auch das Innere gemacht." * Das ging in Werner hinein. Ein Becher ist dazu da, dass er innen gefüllt wird, damit er wieder etwas Klares und Gutes abgeben kann. Doch wenn innen nichts rein ist, kann er nichts Reines abgeben. Das Reine im Äußeren musste also aus dem reinen Vorprogramm kommen, das die Menschen in sich hatten. „Wie konnte ich so dumm sein", sagte er zu Dr. Christ. „Ich habe meine Zeit mit nichts angefüllt. Ich habe mich wegen unsinniger äußerer Regeln und

Erwartungen, wegen nichts also, verrückt gemacht, und ich habe doch alles in mir."

„Jetzt verfallen Sie ins genaue Gegenteil", sagte Dr. Christ ruhig. „Können Sie nicht zur Abwechslung die Augen aufmachen?" „Ich sehe doch gerade, dass alles hohl ist, dass alles ein Nichts ist, mit dem ich mich verrückt gemacht habe", sagte Werner fast etwas verärgert. „Was sehen Sie denn?", fragte Dr. Christ und seine Geduld schien sich in unermessliche Dimensionen auszuweiten. „Was sehen Sie denn?", wiederholte er mit äußerstem Nachdruck und betonte das Wort ‚Sehen'. Werner bemühte sich, seine Bücklinge zu sehen, seine Simulationen, sein Heranschleichen an das, was er wollte.

Immer wollte er etwas, und er tat etwas dafür, es sich zu sichern. Und totaler Ärger kam in ihm hoch, wenn seine Erwartungen nicht erfüllt wurden. Skifahren fiel ihm ein. Der ganze Tag voller Nebel und Regen. Und er wollte raus auf die Piste. Der Skipass war bezahlt, die Skier das beste Modell, es ging nicht. Man saß im Hotel herum, trank Bier oder Kaffee, spielte Karten, las Zeitung. Draußen nur Nebel und Regen. Ärger, schlechte Laune. Jetzt sah er auf Dr. Christs Anweisung da hin. „Machen Sie die Augen auf", klang es in ihm nach. Was konnte man in der Erinnerung an einen idiotischen Regentag sehen? Das Wort idiotisch kam ihm seltsam vor. Wer nannte was idiotisch? Er den Regentag. Doch er hatte trotzdem Kaffee getrunken, Bier in sich hineingeschüttet, gegessen, Karten gespielt, aus dem Fenster die Wolken belauert. „Nichts ist idiotisch, nur weil ich es idiotisch finde", murmelte er halblaut vor sich hin. „Die ganze Welt habe ich idiotisch gefunden, wenn sie mir nicht passte, doch was mir nicht passt, liegt an mir selbst..."

Zu Dr. Christ sagte er: „Ich habe immer nur darauf gesehen, ob ich kriege, was ich will, das ist die Idiotie. Ich habe ja trotzdem gemacht, was ich wollte, Geld ausgegeben, etwas dafür gekriegt, es hat mir nie wirklich etwas gefehlt." Er dachte nach. „Ich habe mich also nicht wegen nichts verrückt gemacht, nur wegen mir selbst und meiner Erwartungen", fügte er kleinlaut aber erleichtert hinzu. „Sehen Sie", sagte Dr. Christ und war wesentlich milder. „Dann habe ich die Welt immer nur durch meine Launen hindurch gesehen", erkannte Werner. „Jetzt werden Sie wieder reumütig", sagte Dr. Christ. „Das ist auch nur eine Laune. Warum kritisieren Sie sich ständig? Sie fallen von einem Extrem ins andere." Und wie aus einer anderen Zeit heraus sagte er: „Sie sind wie meine Leute. Mal hassen Sie den Baum und lieben die Frucht, dann lieben Sie den Baum und die Frucht ist ihnen nicht recht." *

„In mir ist etwas, das ständig gegen alles ist", stellte Werner erstaunt fest. „Es war immer da, jetzt erst sehe ich es." „Die Menschen leben in ihrem Sekundenproblem, wie Sie es nannten", erinnerte ihn Dr. Christ. „Was in sie hineingeht, ist gut. Es ist die Herrschaft, das Paradies. Auch Ihr Inneres ist rein. Doch Ihr Echo, das aus Ihnen ausgeht, mit dem Sie die Welt abtasten, ist nicht mehr rein. Dadurch leben Sie jede Sekunde nur in Ihrem eigenen Echo." *

Dr. Christ erklärte: „Der Feind hat Unkraut gesät." * Fast mitleidig redete er weiter: „Genau das erfuhren Sie andauernd. Ihr Hotel war gut, es gab Bier und gutes Essen und gute Gesellschaft. Das ist der erste Teil jeder Sekunde. Mit Ihrem Vorprogramm, mit Gott können Sie diesen Teil genießen. Dann kamen Ihr Ich und Ihr Wollen und beobachteten: Was sehe ich? Regen. Was bringt mir das? Verlorene Möglichkeiten. Sie sind verärgert, weil Sie nicht Ski fahren können. Das legen Sie in den zweiten Teil jeder Sekunde hinein. Dadurch wird der zweite Teil jeder Sekunde bestimmt. Hier erlebt sich der Mensch nur noch in dem, was er individuell so oder so sieht."

Dr. Christ machte eine Pause und fuhr dann fort: „Das ist der Balken im äußeren Auge. Mit diesem Auge sieht der Mensch nur noch das, was aus ihm hinausgeht, und das ist eben nicht mehr rein und gut. In Ihrem Fall des Regentags im Hotel waren Ärger und Frustration in dem, was aus Ihnen hinausging." Trotz der Schwere des Sachverhalts sagte Dr. Christ in einem leichteren Ton: „Und da die Menschen immer nur den zweiten Teil der Sekunde als ihre persönliche Erfahrung und als ihr Interesse wahrnehmen, machen sie sich selbst blind für das göttliche Schöne, das sie umgibt und andauernd in sie hineingeht." Er betonte weiter: „In der zweiten Hälfte der Sekunde ist ein Etwas, ein Faktor, den der Mensch selbst hineinbringt, enthalten. Dadurch fühlt sich der ganze Mensch außerhalb des Vaters gesät. Nichts ist mehr für die Menschen, wie es einmal war."

Dr. Christ schien die Sitzung beenden zu wollen. Aber in Werner arbeitete es noch. Ein großes Staunen breitete sich in ihm aus. Dieses Dagegensein. Dieser ungute Ärger. Er hatte ihn noch nie so direkt gesehen wie jetzt. Und doch war er fast schon zum Wichtigsten an ihm geworden. Wenn etwas schön war, ärgerte er sich, dass es aufhören würde. Wenn er mit anderen diskutierte, ärgerte er sich, dass sie die Dinge nicht so sahen, wie er. An seinem Wesen sollte die Welt genesen, dabei war er selbst krank mit seinem Dagegensein. So entstand das banale Leid des Alltags, das sein Leben ständig verdorben hatte. Aus dem göttlichen Vorprogramm in ihm war immer nur sein eigenes Nachprogramm geworden. „Der Vater ist gegen nichts. Er simuliert nicht. Alles ist so, wie er es will. Mal trägt der Baum viel, mal weniger Frucht“, sagte Dr. Christ, wieder mit dieser Stimme, die aus einer anderen Zeit zu kommen schien.

„Wenn Sie diese Wand aus Wollen und Selbstkritik und Negativität und Vorwürfen erst einmal sehen können, ist sie bereits durchbrochen. Nur Sie erzeugen sie. Genug für heute“, lächelte er. „Das nächste Mal sehen wir weiter“, und Anerkennung lag in seiner Stimme. Also nahm auch er etwas von Werners Unterschiedlichkeit an. Und er schien es zu mögen.

Nach der Sitzung schlenderte Werner durch die Stadt. Alles war da, wie Dr. Christ sagte. Er betrachtete die Fassaden, die Menschen. Jetzt war alles gut, doch irgendwo wurden Waffen gebaut, die wieder alles vernichten konnten. Wozu dachte er dies? Dann gab es also zwei Wirklichkeiten: Das, was an sich da war und das, was er als Mensch zusätzlich empfand und nun sein äußeres Sehen mit den äußeren Augen nannte. Dieses Zusätzliche war wie die Musik zu einem Film. Die Musik war schön und tragend, wenn er es sich gut gehen ließ, hatte aber einen unheilvollen Klang und war zerrissen und traurig, wenn er an Unglück oder an die Vergeblichkeit des Tuns der Menschen dachte.

Er rief sich sein Vorprogramm ins Gedächtnis zurück. Dass er Frauen als Frauen sah, Reichtum als Reichtum, grün als grün, Nahrung als Nahrung. Dieses Vorprogramm bezweifelte er nie. Er hatte es schon als Kind gehabt. Doch die kindliche Unschuld dieses guten Wissens war ihm verlorengegangen, als er entdeckt hatte, dass er es benutzen und manipulieren konnte. Als Kind hatte er gegessen, was da war. Jetzt konnte er selbst einkaufen, vergleichen, sich etwas gönnen oder nicht... Als Kind hatte er an die Welt geglaubt, wie sie um ihn war, jetzt konnte er verschiedene Zeitungen lesen und in jeder war das Zeitgeschehen anders kommentiert, je nachdem, was die Leserschaft lesen wollte.

Er hatte auch als Kind gewusst, dass es Mann und Frau gab, aber das hatte ihn nicht berührt. Das war so, wie es Himmel und Erde gab. Doch dann war diese Veränderung eingetreten. Aus der kindlichen unschuldigen Neugier war ein Habenwollen geworden. Und Ärger, wenn er nicht bekam, was er wollte. Er erwartete etwas von den Mädchen, weil sie anders waren, weil er sich an ihnen und der Aufmerksamkeit, die er erhielt, beweisen konnte. Und die andere Seite konnte sich verweigern und nein sagen, davonrennen und eigene Rechte beanspruchen. Plötzlich hatte es Jäger und Gejagte gegeben. Täter und Opfer. Und Trophäen zur eigenen Bestätigung. Und so hatte er sein reines Vorprogramm, das ihm alles schenkte, vergessen, und sich nur noch über sein äußeres Programm definiert.

Politiker fielen ihm ein, die immer nur behaupteten: „Wir sehen keine andere Möglichkeit, wir sehen keine Lösung..." Wer nur sich im Außen sah, konnte nichts anderes sehen! Das war die Blindheit der Menschen! Sie erzählten sich immer nur, was sie sahen und daraufhin konnte nichts Neues mehr geschehen! Der kleine Prinz hatte genau das nicht getan. Seine innere Rose hatte ihn davor geschützt, es den hastigen, aufgeregten Menschen mit ihrer eingebildeten Autonomie gleichzutun.

Aber er war gefallen. In seine durch ihn verdorbene Welt, in seinen Fortsetzungsroman, den er sich immer wieder andrehte wie ein günstiges Sonderangebot, weil er darin alles wusste. Er dachte nach. Er wollte sich stets beweisen, dass er alles richtig machte. Das hatte ihm Festigkeit gegeben, in einer Serie, in der aber nichts wesentlich Neues mehr geschehen konnte.

Auch Dr. Christ gegenüber war er aufgetreten, als ob er etwas von ihm wollte, als ob dieser seine Probleme lösen sollte. Er machte sie sich doch nur selbst. Andauernd! In seinen Problemen hatte er sich eingeschlossen und isoliert. Mit seinem Geld, seinen Autos, seinem Unterricht, seinen Gewohnheiten, seinen Kämpfen. In seinem eigenen Guten, das nur für ihn selbst gut war. Die entsprechende äußere Welt war die dazugehörige Gummizelle rings um ihn herum - gewesen! Das war nun sicher: Er kaufte sich nicht mehr alles ab, was er sich selbst als gut für sich eingab...

Er dachte an das Wort von Dr. Christ: „Die Menschen sind leer in die Welt gekommen und versuchen, wieder leer aus ihr herauszugehen.“ * Auch der kleine Prinz war in einer leeren Wüste auf die Erde gefallen. Nicht gleich mitten in Paris oder Tokyo, obwohl ihm diese Städte auch wie Wüsten vorgekommen wären, in denen die Menschen nur ihren äußeren Beschäftigungen und Gewohnheiten nachliefen. Doch man konnte sich diese Wüste vertraut machen, das Einzigartige wie einen wunderbaren Brunnen in ihr finden, sie mit der einzigartigen Reinheit, die man wie eine Blume im Herzen trug, zähmen. Mit dieser inneren Blume berührte man verschlossene Türen und Menschen und sie öffneten sich, wie auch der Fuchs in der Wüste sich dem kleinen Prinzen geöffnet hatte...

Wunderbar und befreiend, diese Einsichten, dachte er. Ihm wurde leicht ums Herz. Er dachte an Eva. Er hatte sie nicht errungen oder gewonnen. Untendrunter hatten die Vorprogramme gestimmt. Sie hatten nichts dazu getan, dass es zwischen ihnen geflammt hatte. Dann war es einfach so. Die Universalien hatten das geregelt, wie bei Heloise und Abelard. Da wusste er, dass er sie liebte, über sich selbst hinaus. Jede ihrer Bewegungen, ihren Hals, wenn sie erstaunt war, ihre Müdigkeit, die wie ein Schauer über sie hinweglief, wenn sie abends den Tag beendete. Das war Liebe! Dieses Wunderbare, das von selbst glücklich macht, das man nicht wollen kann. Er nahm ein Blatt Papier und kritzelte etwas darauf, für sie. „Wenn ich dich sehe, sehe ich mehr, als ich sehe. Wenn ich dich spüre, spüre ich mehr, als ich spüre. Danke.“ Die Rose an seiner Seite würde verstehen.

Auf dem Weg nach Hause wunderte Werner sich. Er hatte plötzlich das Gefühl, er brauchte seine Seele als etwas Eigenes nicht mehr. Sie zerfloss freudig in der Welt, die keine Wüste mehr war. Er hatte sein schönes Seelen-Inneres hochgehalten wie jemand, der durch einen Fluss watet und etwas hochhält, das er vor dem Wasser schützen will. Von der bösen, rohen Welt wollte er immer irgendwie getrennt sein. Jetzt brauchte er keine Grenzen mehr.

Zu Eva sagte er am Abend: „Die Sitzung heute war total interessant. Wenn ich Wut oder Ärger oder Frust habe, dann nur, weil ich die Dinge ansehe. Und wenn sie nicht dem entsprechen, was in meinem Blick liegt, nehme ich nur noch den Ärger darüber wahr. Dr. Christ nennt das den Balken. Dann bin ich so sauer, dass die ganze Welt in diesem Ärger wie in einem Loch verschwindet. Sogar die göttliche Welt, die an sich gut und wunderbar ist." „Klar", sagte Eva, „Du hast wie in einem Geschäftsbrief gelebt." Und sie zitierte: „Hinsichtlich Ihrer Frage teile ich Ihnen mit..." Sie lächelte. „Wer nur hinsichtlich der Dinge reagiert, lebt nicht, er erlebt diese Dinge nur." Werner war immer noch betroffen. „Dann war ich durch diesen Ärger in diesem Blick so geblendet, dass ich der Welt, sogar Gott gegenüber, der sie geschaffen hat, blind war." Wie ein kleiner Junge sagte er: „Aber ich will durch meinen Ärger die ganze Welt und sogar Gott nicht mehr wie in einem schwarzen Loch verschwinden lassen."

Er machte eine Pause. „Aber ich bin da irgendwie durchgegangen. Das Ganze ist so lächerlich, ich glaube, es funktioniert nicht mehr." Er nahm das neue Gefühl wieder wahr, das sich in ihm ausbreitete. Alles war da, es hing nicht mehr von seinen Reaktionen im Hinblick auf seine Umgebung ab. Es gab nun die Welt mehr als ihn... Langsam sagte er vor sich hin: „Ich habe keine Seele mehr." Da sagte Eva: „Dann leidest du auch nicht mehr." Er überlegte und räumte ein: „Ich habe meine Seele noch, aber sie hat sich irgendwie verflüchtigt und vervielfältigt. Sie ist jetzt überall, nicht mehr nur in mir." „Dann kannst du bestimmt bald fliegen", sagte Eva. „Wieso?", fragte er überrascht. „Wenn deine Seele in einem Vogel ist, wird sie mit ihm fliegen wollen. In Andersens Märchen fliegt fast jeder." „Fliegst du mit?", fragte er sie. „Nein", lächelte sie, „fliegen wollen nur Männer. Aber ich halte dir einen Landeplatz bereit."

Durch die Therapie bei Dr. Christ war Werners Seele jetzt ausgebreitet und lebendig. Er musste nichts dazu tun, es war so. Er hatte sich vor sich selbst und vor Dr. Christ klein gemacht. Er war wie durch ein Nadelöhr gegangen und hatte die Eigenmächtigkeit seiner Einbildungen überwunden. Sein Kampf mit sich war vorbei. Dieser Kampf hatte ihn nur ohnmächtig gemacht und ihm und anderen Leid zugefügt, die ganze Welt seinen Urteilen und Vergleichen unterworfen – und nichts eingebracht.

Die innere Geschichte in den Menschen um sich herum sah er nun neu. Sie machten sich nur eigenartig und besonders anstatt frei. Je höher sie in den Rangordnungen der Menschen stiegen, umso einsamer wurden sie. Denn sie blieben dabei hilflos und ohnmächtig, Sklaven statt Meister. Ein Sklave wird sich selbst nicht los, ebenso wenig wie die Sorgen, die Rivalitäten und Ängste, die Feinde und Schrecken, die er ständig heraufbeschwört, statt sie zu überwinden.

Wer mit der Welt kämpft und dem Pfad seiner äußeren Interessen folgt, bleibt Zauberlehrling, im Zauberberg seines Hirns gefangen, dachte er. Ihm fiel Hans Castorp ein, der in Thomas Manns Zauberberg von allen Spezialisten davon abgehalten wurde, er selbst zu sein und seinen Weg zu gehen. Und am Ende wurde er in Krieg und Tod geschickt. Er ließ sich von einer kranken Umgebung anstecken und starb, ohne gelebt zu haben.

Am nächsten Tag sagte er zu Dr. Christ: „Es ist seltsam. Aber ich glaube, ich verstehe, was es mit dieser Seele auf sich hat.“ Dr. Christ hob den Kopf und sah ihn aufmerksam und doch etwas ungläubig an.

„Die Menschen gehen mit ihrer Seele auf zweierlei Weise um“, führte Werner weiter aus. „Die einen sehen wie der kleine Prinz auf der Zeichnung des Fliegers, dass das Schaf nicht wirklich schön ist. Es ist krank, es ist alt, sein Fell ist zu zottelig, sagen sie und lehnen es ab. In ihrem Verschlag im Inneren haben sie aber das wirkliche, schöne Schaf, wonach sie sich sehnen. So sind sie unglücklich.

Die anderen sehen die Zeichnung, sie sagen, Schaf ist Schaf, Frau ist Frau, Mann ist Mann, auch wenn sie krank oder traurig aussehen, man nimmt, was man kriegt, so wie es da ist und macht das Beste daraus. Dann sagen sie, alles ist wunderbar, genau so, wie ich es wollte. So reden sie alles schön und packen, was sie kriegen können und schlachten es aus. Das sind die Gefallenen, die gegen den Geist sind. Sie tun, als wären sie glücklich und töten das schöne Innere in sich, weil sie es nicht einmal mehr spüren. Sie benutzen alles, wie es kommt und sich dabei mit. Dabei simulieren sie ihre Erfolge, dass sie genau das Haus haben, das sie schon immer wollten, den gepflegten Rasen, den sie wollten, das beste Auto für ihre Zwecke, die besten Fachärzte, die alles für sie tun. Aber glücklich sind auch sie nicht, gerade wenn sie es andauernd betonen.“ Er hatte lange geredet und fasste zusammen:

„Aber die Menschen leben nur in ihren Urteilen, nicht im wirklichen Leben."

Dr. Christ merkte dazu an, dass die Menschen durch ihr Inneres zu einem Fest der Schöpfung eingeladen sind, aber Sie müssen noch schnell jemand besuchen, noch schnell einkaufen, noch schnell eine Prüfung machen, so können sie nicht zum Fest kommen. * Er nickte, als ob er das Problem schon lange kannte. „Aber alles, was sie machen, ist für sie wichtig und wunderbar", sagte er, „und es darf es auch sein, aber nicht nur auf die äußere Art und dadurch, dass sie nur sich selbst bestätigen. Der Himmel", fuhr er fort, „ist aber in ihnen, nicht in ihren äußeren Gesten und vorzeigbaren Errungenschaften." * Werner unterbrach ihn fast: „Das darf es aber nicht sein, und die Menschen wissen es!"

Dr. Christ ging nicht darauf ein. Er machte eine Pause, in der Neues zu entstehen schien. „Sie sprachen immer von Ihrer Seele, Ihrem Schaf, Ihrem Inneren, Ihrem Vorprogramm, wo kommen diese her?", fragte er dann. Da war Werner ganz erstaunt. Er hatte sich so an sein Inneres gewöhnt, dass er es fast zu sehen glaubte. Das schöne Schaf in seinem Inneren. Seine Seele und ob er sie brauchte oder nicht, die Essenz von Schönheit und Wahrheit. Sein lebendiges Vorprogramm. Doch wo kamen diese her? War es etwa nicht sein Inneres?

Er sah Dr. Christ lange an, dann entfuhr ihm etwas Unmögliches: „Sie sind das Schaf. Sie sind mein Inneres, mein Vorprogramm, meine innere Rose. Etwas an Ihnen ist genau so, wie ich es immer gewünscht habe." Mutig sagte er weiter: „Das Schaf kommt also nicht von mir, es kommt von Ihnen. Sie haben es in mir geweckt. Sie sind wie die Blume des kleinen Prinzen, die ja auch nicht von ihm ist." „Sie haben Recht", sagte Dr. Christ. „Ich bin das Universum. Das Universum ist aus mir hervorgegangen und das Universum ist zu mir gelangt. Spalten Sie ein Holzscheit und ich bin dort. Heben Sie einen Stein hoch, und Sie werden mich dort finden!" * Anerkennend betrachtete er seinen Schüler: „Das gilt auch für Ihr Inneres. Und für das Innere der Menschen, die meinen, sie brauchen mich nicht. Ich bin das innere Lamm, das die Menschen in sich einsperren und töten, aber dies ist kein persönliches Verhältnis." Er hob die Hand. „Auch Sie sind nicht persönlich hier. Etwas anderes brachte Sie hierher, das weit über Sie selbst hinausgeht. Deshalb nannte ich Sie erwählt."

Es dauerte, bis Werner mitkam. Etwas anderes als seine eigenen Probleme und seine Unzufriedenheit hatte ihn dann hier hergeführt. Dann war das überall vorhandene Göttliche in ihm unzufrieden gewesen. Deshalb war er da, so wie er jetzt in Dr. Christs Zimmer saß. Dr. Christ war das Universelle in allen Menschen, etwas, das über sie selbst hinausging. Alle Menschen waren eine Verkörperung dieses Prinzips, das sie geschaffen hatte, ein Bild des Vaters. Nicht alleine aus sich selbst heraus war auch er da und hier auf dieser Erde! „Ich muss das erst verkraften", sagte Werner. „In mir gibt es etwas anderes als ich es bin, etwas, das über mich hinausgeht." Dann war er nicht er selbst, nicht seine Identität, und doch war er da.

„Ich will raus", sagte er laut. „Ich will frei sein, ich will leben. Ich will mein Inneres spüren und mich freuen, dass es ein Geschenk ist, und dass nicht ich alleine es bin. Denn nur so macht es mich frei. Ich bin ein Geschenk an mich von außerhalb. Danke." Er wusste, dass Dr. Christ ihn verstand, wenn er jetzt aufbrach und der türlosen Tür zustrebte. Dr. Christ hatte keinen Grund, auf die neue Freiheit in ihm eifersüchtig zu sein. Er war sie ja selbst. Wie zum Abschluss und zur Bestätigung der neuen Erkenntnis Werners sagte Dr. Christ noch: „Engel haben Ihnen gegeben, was in Ihnen ist. Und wenn Sie das wissen, können Sie den Engeln das zurückgeben, was Sie aus ihren Gaben machen." * Damit entließ er Werner.

Werner setzte sich in sein Café. Dann hatte nicht er sich vor Dr. Christ hingeworfen, Dr. Christ selbst war es gewesen, der in ihm lebte. Dann hatte Dr. Christ auch immer sich selbst in ihm gesehen und ihm verziehen, dass er noch dachte, er handelte aus sich selbst heraus, als er die Stunden bei ihm nahm und mit ihm wie mit einer anderen Person redete. Dann waren normale zwischenmenschliche Aktionen genau solche Missverständnisse, bei denen jeder Mensch an sich als alleine Verantwortlichen für alles, was er sagte und tat, glaubte. Keiner sah den Gott im anderen...

Dann war dies das Unwissen der Menschen, dass sie glaubten, nur aus sich selbst heraus zu existieren und zu handeln und nicht in einer wunderbaren Einheit zu sein, die nur gut war. Gerade deshalb wussten sie nicht, was sie taten, wenn sie andere ausbeuteten oder missachteten. Werner war völlig überrascht von der Tragweite dieser Erkenntnis. Ein Zeichen dafür, wie sehr er an seine Selbstständigkeit und Herrschaft über sich selbst geglaubt hatte. Jetzt wollte er spüren, dass die Berge für ihn Kopf standen - und es auch ein bisschen genießen. Dann war in jedem Menschen etwas Wunderbares eingepflanzt, das nicht von ihm selbst war. Die Menschen hatten etwas überpersönliches Göttliches in sich, das sich nicht dagegen wehren konnte, dass jeder es auf seine eigene Weise einsperrte und benutzte.

Er sah die Menschen um sich herum an. Sie taten ihm plötzlich Leid. Sie glaubten, selbstständig zu handeln, ihre Kuchen und Getränke und Politiker auszuwählen. Das nannten sie ihr Leben. An dieser Selbstständigkeit hielten sie fest. Sie würden jeden umbringen, der ihnen dieses kluge Bewusstsein wegnehmen wollte, denn darauf zu verzichten, wäre ihr Untergang, glaubten sie. Deshalb waren dieses Leben, der Kuchen, die Autos, die Auswahl, durch die sie lebten, und damit sie selbst, da sie nichts anderes als sich kannten, ständig bedroht. Ihr individuelles Bewusstsein war antrainierte Sünde... „Das ist eine Sünde wert", hatten seine Eltern immer gesagt, wenn sie es sich gut gehen ließen... Und ihre uneingeschränkte Willensfreiheit glaubten sie dabei zu haben!

Werner sah all dies mit neuen Augen. Es waren nicht mehr nur seine Augen, er sah, was über ihn hinausging, was in allem war. Es war, als ob sich ein Eindruck bestätigte, den er schon länger in sich trug. Dr. Christ begleitete ihn, er war überall, auch hier. Er hörte ihn uralte Worte sagen, und sie erschlossen neue Welten, innerlich und äußerlich. „Wer aus meinem Mund trinkt, wird werden wie ich. Ich aber werde er werden, und das, was verborgen ist, wird ihm offenbar sein. Ich werde geben, was kein Auge gesehen und was kein Ohr gehört und was keine Hand berührt hat und was auf keines Menschen Herz hinaufgestiegen ist." *

Auf seltsame Weise fand Werner gerade jetzt, dass sein Leben ihm gehörte und dass er es als Geschenk des Himmels auf der Erde erfahren durfte. Auch sein Herz, das für ihn schlug, war nicht nur von ihm, es wollte frei und liebend mit der Kraft des Guten leben, aus dem es kam. Er lächelte in sich hinein. Wenn alles eins war, musste man sich nicht mehr mühen und sorgen. Die Existenz hatte längst vorgesorgt, dass alles gut war. Und – er war nicht mehr allein.

Wenn er nun dieses Reine, das ihn so wunderbar mit der Welt verband, immer mehr als etwas von ihm Unabhängiges und Selbstständiges spürte, dann, das wusste er ganz fest, konnte auch er völlig neu und frei werden. Sein innerer Kampf um das, was er zuvor sein eigenes Leben nannte, war überwunden.

Er brannte darauf, mit Dr. Christ darüber zu sprechen. „Dann gibt es nichts Schlechtes", sagte er beim nächsten Mal zu ihm. „Dann gibt es nur Menschen, die das göttliche Innere in sich unterdrücken, indem sie es als ihr Eigenes benutzen." Es schien ihm seltsam, dass die Menschen die Möglichkeit haben sollten, das Göttliche zu unterdrücken. „Dies kommt aus der Endlichkeit in der Unendlichkeit", erklärte Dr. Christ. „Die Schöpfung gleicht einer Frau, die einen Krug trägt, der voll Mehl war. Der Krug wurde undicht; das Mehl rieselte hinter ihr auf den Weg. Sie merkte nichts. Als sie in ihr Haus gelangt war, stellte sie den Krug zu Boden und sie fand ihn leer." * Dr. Christ nickte. „Alles, was ist, wurde wie Samen ausgestreut und gelangte damit zum eigenen Sein. Doch diesem Sein haftet etwas Nachträgliches und Ausgesetztes an. So erfahren die Menschen sich isoliert und auf sich gestellt."

Das verstand Werner. Es war auch sein Paradox gewesen. Gerade weil er eigenmächtig entscheiden und handeln wollte, konnte er nicht umfassend und frei für sich selbst da sein, denn ihm wurden durch seine getrennte Endlichkeit auch seine Entscheidungen aufgezwungen. „Die Kämpfer und Gewinner, die Käufer und Händler belügen sich nur selbst und machen sich nur das Leben schwer", sagte Dr. Christ. Werner dachte an den kleinen Prinzen, der sich nichts aufzwingen ließ und alles freiwillig tat.

Da erschien vor ihm das Heer der gezwungenen und gefallenen Menschen, in der Kirche, im Staat, in der Medizin, in den Medien, in der Industrie, in der Politik. Sie hielten an Entscheidungen fest, die sie einmal getroffen hatten. Sie alle zwangen sich zu etwas, als das sie sich darstellten. Sie machten sich unentbehrlich. Doch wenn man sie genau ansah, hatten sie ihre Gliedmaßen gestohlen, mit denen sie eindringlich gestikulierten. „Tut uns Leid, das ist, wie es sein muss, wir sehen keine andere Möglichkeit", riefen sie und hoben bedauernd die Hände.

Und ihr Inneres war dabei verstummt. Disziplin und Verantwortung nannten sie das. Weiter erklang es: „Es tut uns Leid, es muss noch mehr Chemie ins Essen, es tut uns Leid, wir machen noch mehr schlechte Filme und Bücher, die Konkurrenz macht sie auch, es tut uns Leid, wir müssen Arbeiter entlassen, die Konkurrenz entlässt auch, die Aktionäre wollen es, die Gläubigen wollen nur unsere Kleider und Rituale, deshalb sind die Kirchen uneins, tut uns Leid, tut uns Leid." Doch sie taten sich nicht selbst Leid, obwohl sie es dauernd beteuerten, denn ihr Leid war einträglich und brachte Geld und Ansehen.

Auch die Kollegen waren ein Gefangenenchor der Gefallenen: „Tut mir Leid, ich würde gerne ein halbes Deputat machen, aber ich kann es mir nicht leisten, tut mir Leid, ich hätte den gerne versetzt, aber mit den Leistungen, tut mir Leid, tut mir Leid..." So wandte sich die eigene Gefangenschaft gegen die Seelen anderer. So hatte auch er geglaubt, nur anhand seiner Entscheidungen zu existieren und diese durchsetzen zu müssen. „Nur wer lebt und liebt, ist da", setzte Werner halblaut dagegen.

Dann war Sünde nicht an sich Sünde, sondern sie lag in der Auswahl begründet, die man treffen zu müssen glaubte. Und Gesellschaft und Kirche regelten nichts anderes als die profitablen Sünden der Wahl. „Dann ist der Mensch zuallererst ein Sünder", sagte Werner. „Ja", bestätigte Dr. Christ. „Aber er muss kein vom Guten getrennter Sünder sein. Die Menschen haben ja ihre Seele, um sich helfen zu lassen. Sie können sich und andere lieben. Dann hört die Sünde auf. Nur wer gefallen ist und in der Lüge oder in dem bedauernswerten Tun, das er hasst, liegen bleibt, lügt und sündigt." *

Dr. Christ schien die ganze Menschheit von aller Sünde freizusprechen, als er fortfuhr: „Die Sünde gibt es nicht. Sie ist nicht universell von Gott eingesetzt. Er hat die Menschen einzeln über die Welt gestreut, damit sie individuell ihre Wege gehen können." Er lächelte in sich hinein. „Gott kann alles. Aber er wäre überfordert, wenn er die Vielfalt der Sünden und Selbstunterdrückungen der Menschen erfinden müsste."

„Dann kann Gott die Menschen nicht erlösen?", fragte Werner. „Sündiges Verhalten kommt aus den Menschen, nicht aus Gott.

Deshalb ist es vor Gott unwirklich", sagte Dr. Christ und erklärte weiter, „die Menschen sind gefallen, aber sie können wieder aufstehen. Die Freiheit zum Fallen und Aufstehen kommt aus ihnen. Sie ist da. Überall. Die Menschen bringen diese Freiheit nur nicht hervor, sie verweigern sich ihr, und damit auch mir." Und als ob er nicht nur Werner meinte, sagte Dr. Christ: „Gott braucht selige Menschen, die ihre Getrenntheit von Gott und sich selbst ablegen wie alte Kleider." Mit diesem Satz wurde Werner entlassen.

Wieder suchte Werner nach einem solchen Gespräch Ruhe, um die Worte von Dr. Christ wirken zu lassen. Wenn es für Gott keine Sünde gab, dachte er, gab es auch seine persönlichen Entscheidungen nicht vor ihm. Für diese war er nur sich selbst verantwortlich. Doch die Kirche machte ihn vor Gott für sein beschränktes Sein und Handeln verantwortlich. Damit beschränkte sie ihn erst recht auf sich selbst und machte ihn doppelt - vor sich und vor Gott - sündig und gefallen. Und von Aufstehen oder von aufrechtem Gang sprach sie nicht...

Also war das ganze System von Kirche, Staat und Gesellschaft eine ungeheure, Jahrtausende alte, sündige, menschenfeindliche Machenschaft, in der man die Menschen benutzte. Plötzlich empfand er die Menschen als kleine Figuren auf einem riesigen Schachbrett. Und sein Vater war auf diesem Schachbrett hin und her geschoben worden, wie auch sein Großvater. Lehre, Krieg, Gefangenschaft, Entlassung, bürgerliches Leben. Und sie hatten geglaubt, es käme auf sie an, sie handelten selbstständig und individuell. Ihr leidvolles Opferdasein und damit ihre Sünde hatte man ihnen groß und göttlich dargestellt: Du rettest die Welt, das Vaterland, das Volk, es kommt auf dich an. Gott und Vaterland sind dir ewig dankbar, wenn du für sie deine Pflicht tust. Und wenn du getötet wirst, ehren wir dich als Helden...

Das Ganze kam aus dem menschenverachtenden faulen Zauber der Priester und Autoritäten. Sie suchten für sich kein Heil, sie machten nur das Leben für ihre Untergebenen schlecht. Werner dachte weiter. Dann hielten Staat und Kirche den Einzelnen in seiner Sünde und individuellen Beschränktheit fest, weil sie von seinen Illusionen profitierten. Und der Einzelne kam sich dabei tapfer und wunderbar und dringend gebraucht vor.

Das Wort Opfer kam ihm wieder in den Sinn. Generation für Generation wurden die Menschen immer noch wie Märtyrer geopfert. „Es tut mir Leid", sagte jeder, „aber es muss sein. Es ist hart, aber so ist es. Die Kosten müssen gesenkt, die Pläne müssen erfüllt werden, die Wirtschaft muss stark sein im internationalen Wettbewerb, die Demokratie muss wehrhaft sein, die Kirche braucht Geld." Und die Menschen legten sich Zwänge auf, zogen mit und nannten dies ihre Pflicht, weil sie etwas Gutes und Besonderes tun wollten.

Um dieser Lüge zu entkommen, musste man überhaupt erst einmal nur sein, dachte Werner. Im gefangenen Zustand der Normalität war man überhaupt nicht für sich da. Man lebte nur im Glauben daran, dass man da war, wenn man sich nur nach den äußeren Dingen richtete. Doch worin war der Mensch gefangen, wodurch war er gegen sich und die anderen? Was richtete ihn primär nach äußeren Dingen aus? Und warum standen alle Menschen ausnahmslos in dieser Unvermeidlichkeit? Etwas stimmte da nicht. Ein Verdacht kam ihm. Es musste am Hirn liegen, nicht an Gott. Der Mensch war im Kopf gefangen. Er besorgte sich Material über das Hirn.

Das Hirn des Säuglings baut sich im Mutterleib von selbst auf, hieß es in allen Büchern. Doch nach welchem Plan? Und wer stellte diesen Plan zur Verfügung? Und wer verstand den Plan? Es las sich, als ob man Milliarden Teile eines Puzzles in einen Raum warf, wo sie sich wie von selbst richtig zusammenfügten. Dies immer wieder, bei Milliarden Neuronen in den Hirnen von Milliarden Menschen. Die Wissenschaftler behaupteten, es geschah einfach so. Er war erstaunt. So hatte auch er unterrichtet, Fragen gestellt, Wörter abgefragt, und sich darauf verlassen, dass in den Hirnen etwas hängen blieb, das dann das Gelernte war. Es geschah einfach so. Und sich selbst gegenüber war er genauso verfahren. Er geschah einfach so, hielt Unterricht, fuhr in Ferien, machte sich Sorgen oder lenkte sich ab, einfach so, weil es ihn eben gab!

Doch dann hatte ihn dieses panikartige Verlustgefühl gepackt... Weil es ihn so irgendwie doch nicht gab. Man geschieht sich nicht einfach so, ohne Grund, ohne woher und wohin...

Er beschäftigte sich eingehend mit diesen Gedanken. Der Aufbau des Baby-Hirns im Mutterleib konnte sich nicht einfach so von selbst gestalten, wie die Wissenschaftler erzählten. Warum drückte sich die Wissenschaft um die Anerkennung eines Wesens herum, das immer schon Bewusstsein hat? Weil ein Embryo kein Bewusstsein haben konnte, wurde behauptet. Sofort hatte Werner das Gefühl, man nahm auch ihm mit dieser Theorie etwas weg. Etwas wurde dabei unterdrückt. Genau: Ihn selbst nahm man aus dem Spiel; man nahm ihm seine Würde als Mensch, wenn man behauptete, sein Hirn sollte einfach so entstanden sein. Irgendwie, als Zufall der Natur, ohne höheres Wissen, ohne Plan, ohne seine eigene oder eine göttliche Mitwirkung.

Wenn jeder Mensch ein Zufall war, gab es auch keine Gemeinsamkeit, war jeder dem anderen fremd und bekämpfte ihn wie einen Fremden... Jeder war Objekt des anderen, kein eigenes Subjekt. Das war ein Problem, das durch die Wissenschaft selbst entstand, spürte Werner. Vorwissenschaftliches gab es für die Wissenschaft nicht, alles existierte nur dadurch, dass sie selbst es nach ihren objektiven Methoden entdeckte. Und da es Gott und das Gute und das Glück schon vor den Wissenschaften gab, blieb all das, da es außerhalb der Wissenschaft existierte, unbewiesen und konnte nur Zufall sein. Das war nicht seriös, damit beschäftigte man sich nicht.

Doch die Täuschung des Menschen durch sein Hirn war noch ungeheuerlicher: Die Forscher nannten das Hirn einen umgestülpten Handschuh: Nicht die Fingerspitzen tasten, sondern das Handgelenk; nicht die persönlichen Areale des Bewusstseins ordnen die Wahrnehmung nach ihrer Wichtigkeit, sondern der Thalamus und dann das limbische System prägen jede Wahrnehmung durch ihre Programme vor und bringen sie in einen unterschwelligen Rahmen von Angst, Aggression, Neid etc.

Doch der Mensch meint, dass er freundlich und objektiv, tolerant und ohne Vorurteile direkt und rein auf die Welt blickt. Aber die Abschätzungen, Warnungen und neidvollen Unterschiede der hinteren evolutionären Dunkelkammer sind schon aktiviert, bevor sie wahrgenommen werden. Das Hirn war also eine seltsame Sache. Es kümmerte sich nicht um den einzelnen Menschen, es lieferte ihm Angst und Sterblichkeit wie einen Anzug von der Stange! Also gab es doch die Gummizelle und die Gitterstäbe, die sich so schnell erneuerten, dass man sie nicht merkte. Das Denken verknüpfte den

Menschen also nicht mit ‚der' Welt, sondern mit ‚seiner' Welt! Hier gab es kein ‚Du', mit den Vorgaben des Hirns redete man immer nur mit sich über sich, weil man nichts anderes sah...

So funktionierte also das äußere Auge: Es überträgt die Kriterien des Hirns von gut oder schlecht, richtig oder falsch, groß und klein, Ärger oder Vorteil auf die Objekte des Äußeren und man meint, diese Wertungen kämen von diesen Objekten. So sagte auch der kleine Prinz, das Schaf auf der Zeichnung ist alt, krank, es ist unbrauchbar, und er meint, es ist das Schaf, das hinkt und unbrauchbar ist. Diese Sichtweise hat er erst auf der Erde angenommen, denn auf dem Planeten sah er noch mit dem Herzen. Hier verurteilte er seine Blume nicht, auch nicht die Bewohner der anderen Planeten. Bevor er auf der Erde war, nahm er alles rein und kritiklos in sich auf.

Im Himmel wird nicht geurteilt: das ist alt, krank, unbrauchbar... Da gibt es das nicht, dachte Werner. Doch auf der Erde gibt es diesen heillosen Tiefenrausch der Menschen durch ihre Hirnschablonen. Deshalb wollte der kleine Prinz auch nicht auf der Erde bleiben... Man müsste ihm und der kleinen Meerjungfrau heute noch Schmerzensgeld nachschicken für ihr Eintauchen in die Atmosphäre des Wertend-Materiellen – und es auch an die Menschen verteilen, statt sie als sündig und gefallen zu beschimpfen, dachte Werner weiter. Und die Menschen waren in ihrer Sünde ja nicht einmal da, sie empfingen nur die Einspielungen ihres Hirnschemas. In dieser Illusion, mit diesem Balken im Blick, hatte man also wirklich keine Zukunft, nicht einmal die eigene. Ja, man hatte nichts Eigenes, dachte er, denn die Wertungen waren Schubladen im Hirn, die man nicht selbst gezimmert und zusammengeleimt hatte...

Doch was machte diese heillose Ebene so anziehend, dass die Menschen hier ihr Leben verbrachten? fragte sich Werner. Da fiel ihm ein, was er über die Transmitter gelesen hatte. Das Hirn stimulierte den Menschen durch positive oder negative Wertungen; so wurden Erfolge durch beglückende Transmitter wie Morphine und Serotonine direkt spürbar gemacht. Also waren eine gute Note oder viel Geld körperlich erfahrbar und wurden zu spürbarer Realität und Tatsache. Geschah etwas Erfolgreiches und Gutes, wurde dies in allen Menschen durch positiv wirkende Transmitter bejubelt, geschah etwas Negatives, bewirkten die vom Hirn ausgeschütteten Transmitter eine schmerzhaft schlechte oder traurige Wertung der Aktion. So dressierte das Hirn die Menschen mit Zuckerbrot und Peitsche und machte sie zu seiner Ratte im Labor, die Tricks lernt und für ihre angelernten Kunststücke mit Futter belohnt wird. Doch Mensch wie Ratte lebten so nicht, sie lernten nur die Tricks des Versuchslabyrinths kennen und benutzen. Behaviorismus nannte man das.

Galt dies nicht auch für die menschliche Gesellschaft? Die Menschen bewerteten sich nur noch danach, wie erfolgreich sie sich über ihr Hirn gute Gefühle verschafften und wie groß und wichtig sie sich dabei vorkamen. Das Labyrinth im verzauberten Berg war das Hirn selbst, und die Mächtigen der Erde nutzten dies aus, indem sie für braves Verhalten äußere Belohnungen versprachen, die das Hirn anregten, dies angenehm zu finden... So machte das Hirn die Menschen zu seinem Konstrukt und von ihm abhängigen Phänomen.

Diese Phase hatte er auch durchgemacht, bis er Dr. Christ traf. Werner erinnerte sich, wie öde ihm die Einkaufsstraße nach den Stunden bei Dr. Christ erschien. Er war sich irgendwie ohne Kontakt mit der Umgebung, wie ausgesetzt, unwirklich und nicht vorhanden vorgekommen. Und mit Kirche und Staat, selbst seiner Schule mit ihren Belohnungen und Frustrationen war es ihm daraufhin genauso ergangen. Nur Dr. Christ hatte ihn angenommen und ihm das Gefühl geschenkt, dass er wirklich war! Dr. Christ stand außerhalb der Hirne der Menschen und ihrer schematischen Ordnung.

Ihre Wertungen hielten sie umgarnt und sie brauchten sie, um sich zu bestätigen. Doch die Herrschaft des Himmels betraten sie so nicht. Die Menschen waren wirklich in einem Problem, dachte Werner. Ihrem Urteil über sich und ihrer Rolle im eigenen Labyrinth entkamen sie nicht und verlängerten ihre Problematik selbst: Suchten sie nur die Bestätigungen des Hirns, lebten sie nicht, sahen sie in sich, war ihr schönes Inneres gefangen und traurig. Dann strebten sie wie Süchtige äußere Erfolge an, um sich vom inneren Leid abzulenken. Dennoch blieben sie mühselig und beladen. Sie litten, sie waren verflucht, sie standen unter einem absurden Urteil, wie Kafka sagte. Nichts änderte sich. Sie möblierten immer nur um.

Also ging die Welt im ersten Teil jeder Sekunde rein und göttlich in die Menschen hinein, aber sie lebten im zweiten Teil der Sekunde, den sie als vom Hirn raffiniertes eigenes Echo beständig auf die Welt abstrahlten. Dieses Echo nannten sie Bewusstsein oder Wahrnehmung, die doch alles andere als wahr war! Doch da dieser Vorgang sich jede Sekunde erneuerte, kam ihnen ihre Gefangenschaft immer neu vor, obwohl das Echo uralt und verbraucht und voller Feindschaft und Kriege und Unterdrückung war, und dieser Müll kein Glück und keine Zukunft zuließ!

Werner dachte nach. Wenn zwei Menschen in eine Echowand rufen, hört einer das Echo des anderen. Doch das Echo des Hirns konnte vom anderen nicht einvernehmlich gehört werden, da jeder Mensch immer nur das als gut wahrnahm, was er aufgrund der eigenen Prägungen als gut und wichtig aussandte. Man stritt also immer nur um das eigene Echo. Man redete mit dem anderen und der hörte nur, was er verstehen konnte.

Doch es gab auch das Schöne und Verführerische am Labyrinth des eigenen Hirns. Es schuf eine Welt, in der man wie auf seinem eigenen Planeten groß und wichtig sein konnte. Es machte auch den Geographen und den König und den Geschäftsmann auf ihren Planeten so allmächtig und besonders. Auch er hatte gute Examina gemacht und in seinem Können und in seiner besonderen Rolle als guter Lehrer geschwelgt. Und weil ihm sein Leben so groß und wichtig erschien, dass es nicht im Sekundentakt vergehen sollte, hatte er sich an Dr. Christ gewandt.

Werner lächelte. Die Sisyphos-Arbeit war nur die Arbeit an seiner eingebildeten Größe gewesen. Er hatte nur die Vorgaben seines Hirns bedient, statt es zu beherrschen. Erleichtert stellte er fest: Er war nicht groß, er war nicht besonders, er war einfach er. Ab jetzt lieber klein als groß.

Am Abend sagte er zu Eva: „Ich will anfangen, klein zu sein." „Endlich", sagte sie. „Aber wenn du dich nicht vorher groß gemacht hättest, könntest du jetzt nicht klein werden." „Du klingst schon wie Dr. Christ", sagte er.

Sein schönes Inneres war also in seiner gewollten Größe eingesperrt. Doch er wollte nicht mehr kritisch mit sich sein, sich krank oder zottelig sehen wie sein eingesperrtes Schaf, das nicht einmal von ihm selbst war, sondern von Gott kam, der es über die Welt ausgestreut hatte. Er wollte nicht hinter seiner Fassade versauern und hinter seinen Gitterstäben dahintrauern. Sein Inneres war rein, doch er hatte es mittels seiner Entscheidungen herumgestoßen, für seine Zwecke eingespannt und fast verhungern lassen. Wie es auch alle anderen Menschen taten. Weil sie groß sein und alles richtig machen wollten, benutzten sie sich und wurden benutzt. So waren sie heillos blind, als Zitate und Echos der eigenen Kriterien lebten sie nicht.

Als er in der nächsten Sitzung zu Dr. Christ sagte, er hätte genug davon, groß zu sein und dabei nur zu leiden, lächelte dieser. „Wenn sie aber ihren Wein ausschütteln, dann werden sie umkehren", * sagte er leise vor sich hin. „Groß bezüglich auf was?", fragte er dann. „Groß nach welchem Maßstab? Ein Elefant, eine Mücke, wer von beiden ist groß?" Und er erklärte selbst: „Alles ist so groß geschaffen wie es ist, oder so klein wie es ist. Daran ist nichts klein oder groß." Werner sah diese Worte! Er sah sie! Alles war wie es war. Auch er. Er war geschaffen wie er war. Nicht größer, nicht kleiner. Nicht so, wie er sich machte. Nur seine Sünde hatte ihn groß gemacht, wenn er der Beste sein wollte, oder ihn kleinlaut werden lassen, wenn er vor sich zugab, dass er ehrgeizig war. Jetzt verstand er, was Dr. Christ gemeint hatte, als er sagte: ‚Beten und Almosen geben, Speisevorschriften einhalten ändert nichts.' * Man schätzte sich damit nur selbst ein und blieb in sich.

In ihren Hirnen hielten die Menschen ihre Taten für groß oder klein, gut oder schlecht, doch die Leitern und Podeste, auf denen jeder so zu stehen meinte, waren das Problem. „Sie heben alles aus den Angeln", sagte Werner. „Aus welchen Angeln?", fragte Dr. Christ betont harmlos. „Ich verstehe", sagte Werner, „diese Angeln gibt es nicht. Ich sehe es ein. Sie haben Recht. Aber mir scheint es, als ob Sie mir den Boden unter den Füßen wegziehen." Werner machte eine Pause. „Ich habe verstanden", sagte er dann. „Sie können zu mir sagen, welchen Boden ziehe ich Ihnen weg. Gibt es diesen Boden, auf dem Sie stehen? Gibt es diesen Standpunkt, auf dem ich zu stehen glaube? Oder glaubte. Doch wenn der Boden, auf dem ich stehe, nicht von mir ist, wie das Schaf in mir auch nicht von mir ist, dann kann mir auch niemand diese wegnehmen, auch ich mir selbst nicht. Dann haben auch Sie keine Macht über mich, nur die Macht, die ich selbst nicht über mich habe. So konnte mich auch die äußere Welt nur beherrschen, indem ich mich von ihr beherrschen ließ, indem ich Großes und Gutes für grundsätzlich anders als Kleines und Minderwertiges hielt - was nur Definitionssache ist. Deshalb war ich selbst für mich auch nur Definitionssache."

Es gefiel Werner, seine Einschätzungen und Unterschiede, an die er über sein Reptilhirn ein Leben lang geglaubt hatte, einfach loszulassen. Sie zerfetzt von sich abzustreifen wie die alte Schlangenhaut der Schlange aus dem Paradies. Frei zu sein. „Sie haben auch keine Bezüge, Sie stellen nichts dar, gerade dadurch helfen Sie mir", sagte er zu Dr. Christ, „Sie leben einfach so, ohne sich darum zu kümmern, ob mehr oder weniger Geld in Ihrer Kasse ist. Zumindest kann ich mir das bei Ihnen nicht vorstellen."

Dr. Christ nahm dies freundlich auf. „Meine Bezüge zur Welt sind sich gleich, weil alles aus Einem ist", sagte er dann und lächelte verständnisvoll. „Ich sage nicht, dass es nichts Großes oder Kleines, Gutes oder Betrübliches gibt, nur sind sich diese ihrer Herkunft nach gleich." * Er wiederholte: „ An ihnen ist nichts besonders klein oder groß, wunderbar oder bedauernswert."

Als ob er übermitteln wollte, dass er mit Werner dieses Gleiche gemeinsam hatte, lehnte er sich zurück und sagte in einem leichten Gesprächston: „Ich erzähle Ihnen etwas. Ich hatte eine Freundin, und sie machte mir Vorwürfe: „Für dich ist alles so gleich, dass dir alles egal zu sein scheint. Aber ich habe mein Bett und meinen Tisch mit dir geteilt. Ich liebe dich mit meinen Unterschieden von mehr oder weniger, gerade weil ich dich mehr als alles andere liebe, so, wie nur ich dich liebe. Ist das nichts für dich?" * Ich sagte zu ihr: „Was kann man denn teilen? Alles ist da. Hast du den Tisch oder das Bett zersägt, die du mit mir geteilt hast? Hättest du das essen können, was ich gegessen habe? Gab es Luft nur für mich oder nur für dich, die wir getrennt geatmet haben?" Da sagte sie: „Ich wollte dir nur sagen, dass ich dir etwas Gutes getan habe. Und ich wollte deinen Beifall dafür bekommen und die Erste, die Wunderbarste für dich sein." Doch dann verstand sie, dass dieses Gute, Wunderbare nicht teilbar ist, auch nicht in groß oder klein, mehr oder weniger, und dass sie uns beiden etwas unteilbar Gutes getan hatte. Es gibt keine Unterschiede, da alles unteilbar ist.“ Bedächtig fügte er hinzu: „Wenn der Mensch gleich ist, wird er sich füllen mit Licht. Wenn er aber geteilt ist, wird er sich mit Finsternis füllen.“ *

Dr. Christ genoss diese Erinnerung an früher sichtlich und nicht wenig, auch wenn für ihn alles gleich gut war. Mit einem Blick auf Werner sagte er: „Auch ihr habe ich dabei geholfen zu sehen, dass alles gut ist. Wer kann das Gute teilen? Ich teile nichts auf“, sagte er abschließend. „Nur die Menschen teilen alles auf. Sie erleben das Gute individuell aufgeteilt und für sich abgetrennt und meinen, es ist ihr Gutes, das sie selbst für sich aufbauen. Gott schuf eine Welt“, sagte er weiter, „bin ich ein Teiler?“ * Werner war fasziniert von dieser Botschaft der Einheit. „Dann sind die Unterteilungen in christlich und jüdisch, evangelisch und katholisch auch unsinnig?“, kam es aus ihm. „Auch wer fragt, teilt“, sagte Dr. Christ. „Probieren Sie das in der nächsten Zeit aus.“ Damit entließ er seinen Probanden.

Mit dem Wissen, er sollte aufhören zu teilen, warf dieser sich ins Leben. Zunächst sah er überall nur Teilungen. Nichts als Teilungen. Die Parteien, die Kirchen, die Schularten. Gute, schlechte Schüler, selbst die Worte teilten auf. Ein Pferd konnte Ross, Mähre, Gaul, Klepper, Vollblut sein. Ein Auto konnte eine Rostlaube, ein Karren, ein Fahrzeug, ein Geschoss, ein Vehikel sein. Er erinnerte sich an einen Spruch an einer Häuserwand in Tirol, in der Art: ‚Der dies Haus gebaut, glaubte, es ist sein, der jetzt darin wohnt, glaubt es ist sein, Wanderer, der du vorbeikommst, glaube nicht, dass etwas dein ist.‘

Er spürte, dass diese Macht der individuellen Aufteilung den Menschen ein Besitz ist. Er hatte als Lehrer die Macht, Schüler in Gute und Schlechte aufzuteilen und so über ihren Lebensweg zu bestimmen. Er hatte diese Macht nie genossen, aber viele taten es. Er dachte an den Sadisten Dr. B., dieser labte sich an seiner Macht und hielt sich dadurch für einmalig und besonders. Doch auch er selbst hatte ihn unter der Sparte ‚verachtenswert‘ eingeteilt und es genossen, ihm dies deutlich zu signalisieren. Dieses ’Ich bin gerechter und besser, damit anders als du‘ hatte auch ihm Eigenmächtigkeit gewährt. Aber es hatte ihm nichts gebracht, den anderen als krank und verklemmt zu bewerten. Ohne es zu merken, hatte er den anderen so nur anerkannt.

So hatte er im Hirnlabyrinth seiner Wertungen und Einteilungen gehaust, und hatte sich eingebildet, durch sein vorgeblich freies Urteilen sein Herr zu sein und etwas davon zu haben.

Doch niemand hatte ihm etwas anderes vorgelebt. Niemand hatte ihm ein besseres Angebot des menschlichen Umgangs miteinander gemacht. Auch die, die er als Lehrer, Politiker, geistige Führer ansah, waren in diesem Prozess und wollten lieber selbst groß sein und ihre Gegner klein machen. Nur Dr. Christ war anders. Er ließ Raum. Er lebte Raum. Er zeigte diesen Raum. Er wollte keinen persönlichen Beifall. Er stand himmelweit darüber. Um ihn zu erreichen, das wusste er nun, übermittelte dieser ihm die Fähigkeit, seine kleinlichen Einteilungen aufzugeben und entzog ihm so den Boden seiner Wertungen. Und Werner war bereit, diesen gewohnten Boden seiner Einteilungen von groß und klein, arm und reich, oben und unten, auf dem er sich scheinbar bewusst und doch höchst unbewusst bewegt hatte, wirklich aufzugeben. Nur so kam man in die Einheit.

In der Nacht hatte er einen Traum: Dr. Christ war verhaftet worden. Er sah ihn vor einem riesigen Tribunal. Seine Widersacher und Ankläger marschierten feierlich auf. Er wurde angeklagt: „Er will uns unsere Unterschiede wegnehmen. Er leugnet das Machbare. Er sagt, vor Gott ist alles gleich. Er untergräbt die Grundfesten aller Gesellschaften. Er macht ehrbare, große Handlungen und Werte der Menschen unwahr und damit lächerlich."

Inmitten aller Uniformen, geistlichen Gewänder, Doktorhüte, Amtstalare und sonstiger gehobener Kleidung sah Werner Dr. Christ. Er lächelte und verschaffte sich mit einem unnachahmlichen Blick die Aufmerksamkeit aller Anwesenden. Was er sagte, machte diese nur noch wütender: „Sie klagen mich an, und mein Vater gibt Ihnen das Recht dazu. Er selbst hat in Ihren Hirnen die Unterschiede eingepflanzt, die Sie gegen mich verteidigen wollen. Sie alle sind der göttliche Beweis dafür, dass nur Sünde in Ihnen existiert, sonst könnten Sie nicht gegen mich sein. Sie sind, ohne es zu wollen, der Beweis für die Einheit Gottes in der Verschiedenheit aller Menschen."

Da brach ein ungeheurer Sturm los. Die Getroffenen schrieen und hüpften, ihre Gesichter wurden rot vor Zorn, sie trommelten auf Pulten und Podesten. Werner sah Rabbiner und Priester,

Kommunisten und Demokraten, Revoluzzer und Hausbesitzer, Finanzminister und Steuerflüchtige in ohnmächtiger Wut untergehakt miteinander poltern und tanzen. Dr. Christ hob die Hand. Auf einmal waren alle wieder still. „Wenn Sie sich sonst nicht einig sein können", sagte Dr. Christ, „in Ihrer Sünde sind Sie alle gegen mich vereint. Wer ohne Sünde und ohne Wertung ist, klage mich an."

Werner sah sich einzelne Paare an, die sich schluchzend vor so viel unverschämter Provokation in den Armen lagen, was sie im normalen Leben nie getan hätten. Politiker und Journalisten, Regierungschefs und Oppositionsführer, Richter und Mörder, Spielbankbesitzer und Spieler, Minister und Terroristen, Generäle und Waffenhändler, Chemiker und Verbraucher. Sie alle sahen gespenstisch aus, wie von James Ensor gemalt. Bei einigen hingesunkenen Fanatikern, die ihre Wut überwältigt hatte, legten schnell herbeigeeilte Ärzte Infusionen und Schläuche an und warfen ungeachtet ihrer Sondereinnahmen giftige Blicke auf Dr. Christ.

Da wurde ein Nebenkläger angekündigt und von den Gerichtsdienern wurde, auf vier Rädern stehend, ein goldenes Kalb hereingefahren. „Es gibt ein Gold, ein Geld, aber alle Unterschiede geschehen in seinem Namen, diese lassen wir uns nicht nehmen", ließ sich eine Art Generalanwalt vernehmen. „Ohne dieses Gold wird niemand mehr handeln können!", rief ein jüdischer Geschäftsmann und sein russischer Kollege von der Mafia, umgeben von einer Schar halbnackter Tänzerinnen aus Moskauer Bars, küsste ihn dafür auf die Stirn. „Und dieses Unschuldslamm vor uns missachtet seine und unsere Macht und tritt sie mit Füßen!", rief ein Parteivorsitzender und dachte an seine schwarzen Kassen. „Ohne Geld gibt es keine Gesetze!", rief ein Richter, der gerade einen kleinen Schwarzfahrer zum dreihundertfachen Betrag des Beförderungsentgeltes als Strafe verurteilt hatte. „Das Geld ist der Herr der Unterschiede", riefen Modemacher und Restaurantbesitzer und Hoteliers, „es bestimmt, was der Mensch trägt und was er isst und wie er schläft und bedient wird!" „Und was er liest und wen er wählt!", riefen die Medienzare und Großverleger. Werner suchte mit den Augen nach Dr. Christ. Er war nicht mehr da. ‚Sollen sie doch alles mit sich selbst ausmachen, bei ihnen bin ich nicht, damit habe ich nichts zu tun', hatte er wohl gedacht und war verschwunden.

Plötzlich hatten alle Werner entdeckt. Der wüste Haufen kam auf ihn zu. Ihre Augen rollten, ihre Prunkgewänder und schmuckbesetzten weichen Kleider waberten um ihre Leiber. „Aha, ein Schüler des Volksverderbers“, riefen sie. „Nein, nein“, rief Werner, „ich war nur so bei ihm, ich wusste nicht, was er mir erzählte, ich wollte nur etwas ausprobieren. Sie regen sich zu Recht auf, es muss Unterschiede geben, dadurch wird alles wichtig, arm und reich, hoch und niedrig, Priester und Laien, Krieg und Frieden, und Kredite für Staudämme und alles sonst, die Anklage hat alles Recht der Welt...“ In diesem Moment krähte ein Hahn und Werner wachte auf.

So realistisch hatte er selten geträumt. Er wunderte sich. Träume sind seltsam. Sie sind aus einem selbst, und doch zeigen sie Dinge, auf die man so nicht gekommen wäre. Die wütenden Gespenster, die er gesehen hatte, waren verdorben und damit uneinsichtig. Das Wort Volksverderber fiel ihm auf. Die Volksverderber waren sie! Sie waren in ihre Unterschiede gefallen, die sie künstlich erhöhten, um von dieser Höhe aus andere zu beherrschen. Aber er wollte nicht mehr groß sein, er wollte nach der Devise: ‚Teile und herrsche!‘ kein Höherer werden: er wollte sich nicht verkaufen und zu diesem Machtpöbel gehören, deshalb waren sie gegen ihn.

Doch wovor hatte er noch Angst? Was konnte ihn noch zu Fall bringen? Fürchtete er insgeheim um sein Leben, wenn er sich der Brutalität von Macht und Geld bewusst wurde und in die zerlaufenen Fratzen derer sah, die ihre Seele an das Geld und seine machtvollen Unterschiede verkauft hatten? So spürte er, es gab noch etwas, das in ihm aufzulösen war. Nur die Wirklichkeit konnte dies tun. ‚Welche Wirklichkeit?‘ würde Dr. Christ fragen.

Er schilderte ihm seinen Traum. „Der Traum erzählte Ihnen, was Sie sich noch nicht zu sehen trauten. Aber Sie wollen es sehen, sonst wäre der Traum nicht gekommen“, sagte Dr. Christ. „Sie müssen es sehen“, sagte er ernst. „Sie sind erwählt, Sie sind bereit, im Einen zu wohnen. Es ist gut und heilt und verbindet. Es trägt alles, was existiert. Es drückt sich in Ihnen und durch Sie aus. Dieses Eine belebt das universelle Vorprogramm, auf das Sie kamen. Es geschieht in allem Leben. Es ist der Himmel.“ Mit Nachdruck sagte er weiter: „Dieser Himmel ist überall, in allem ausgebreitet, doch die Menschen sehen ihn nicht wegen ihrer sekundären Unterschiede, die den Himmel vor ihnen verbergen, obwohl sie aus ihm sind. Sie leben so in der Finsternis ihrer Teilungen. Diese Finsternis schlug Ihnen voller Hass in Ihrem Traum entgegen.“ Er lächelte und es war wie eine Anspielung auf bereits Dagewesenes, als er sagte: „Nicht nur Ihnen...“

Er stand auf und ging zum Fenster. „Sie kennen den Unterschied zwischen Mann und Frau? Zwischen Wasser und Wein? Zwischen Löwe und Lamm, Täter und Opfer? Zwischen Tag und Nacht? Und Sie sehen auch das Eine, das Gleiche, das Wunderbare, das alles verbindet? Dann sind Sie in der Herrschaft des Vaters. Sie ist nichts anderes. Seine Macht bestimmt die Schöpfung.“ Auf Werners fragenden Blick hin, denn er wusste nicht, was all dies mit seinem Traum zu tun hatte, fügte er hinzu: „Die anderen sträuben sich dagegen. Sie wollen etwas Besonderes sein, das sie nicht sind.“

Dr. Christ ging auf die Botschaft des Traumes ein: „Wenn Sie bereit sind, Ihre Unterschiede aufzugeben, sehen Sie umso deutlicher, wie andere an diesen Unterschieden haften und sie für ihre Interessen nutzen. Im Grunde ist jeder Mensch erwählt. Nur die Feinde wollen es nicht sein“, sagte er, und es schien für ihn nichts Neues zu sein. „Sie fluchen dem Geist, das wird ihnen nie vergeben werden. Im Himmel nicht und auf der Erde nicht“, * sagte er. „Denn sie sind gegen beides.“

Etwas wie ein leises Fieber stieg in seine Augen und glitzerte. Mit der rechten Hand nahm er ein Blatt Papier, das auf seinem Schreibtisch lag, zerknüllte es und warf es in den Papierkorb. Zum erstenmal hatte Werner das Gefühl, dass Dr. Christ sich ihm gegenüber ganz öffnete, dass er ihm zeigte, dass auch er verletzlich war. „Ich werde Sie nicht vor die Säue werfen“, * sagte Dr. Christ. „Die Feinde werden keinen Ort finden, an dem Ort, an den ich Sie bringe.“ * Werner schien es jetzt, als Dr. Christ ihn unter seinen Schutz stellte und als ob sein Schreckenstraum der Boden für etwas unerhört Neues würde. „An diesem Ort kann man Sie weder fassen noch verfolgen. Diesen Ort kennen Sie noch nicht. Daher kam Ihre Angst. Denn es sieht nur so aus, als ob die Welt den Gierigen gehört“, * sagte Dr. Christ weiter und es schien, als ob er diesmal ein anderes Exempel statuieren würde. „Ihre Feinde werden Ihnen noch dienen.“ *

Er reckte sich. „Sie haben recht gehört, ich sagte Säue. Sie kennen die Bibel?" Werner nickte. „Am siebten Tag war alles in Ordnung", sagte Dr. Christ. Er wiederholte: „Gott hat die Schöpfung gerecht über die Welt ausgebreitet, wie eine Frau, die aus einem Krug Mehlstaub verliert. Alles fiel an seinen richtigen Platz. Alles stimmte. In diesem Loslassen Gottes wurde Platz für den Geist des Einzelnen, damit er seinen Weg findet. In diesem Geist geschieht die Welt losgelöst von Gott, ohne dass dieser ständig nachsehen muss, ob alles funktioniert. Das hat er nicht nötig. Er hat überhaupt nichts nötig, auch keine Unterschiede. Denn das ist das Göttliche", betonte er, „alles ist wunderbar."

Dr. Christs Augen leuchteten. „Durch dieses Loslassen wurde Gott zum Vater, der in seinen Kindern lebt, sie aber sein lässt, wie sie sind. Die Menschen kommen sich verloren vor, deshalb sehnen sie sich in die göttliche Ordnung zurück, obwohl sie immer noch in ihr sind, obwohl sie sie nicht sehen." Dr. Christs Stimme wurde anders, härter. „Doch dann erfanden die Priester, statt Gott für seine Wohltaten zu loben, was ihre Aufgabe ist, aus eigenem Interesse eine zweite Schöpfungsgeschichte. Adam und Eva wären von Gott aus dem Paradies entfernt worden. Das stimmt nicht." Er lehnte sich nach vorne. „Die Menschen sind immer noch im Paradies. Sie sind im Paradies geblieben. Es ist ihnen nur verborgen, weil sie nicht damit umgehen können. Sie entheiligen und vergewaltigen Mensch und Natur mit der Begründung, Gott und das Paradies seien woanders."

Mit einer ausladenden Geste fuhr er fort: „Wohin hätte das Paradies verschwinden sollen? Dann wäre auch das Paradies vertrieben worden. Die Menschen sehen es nur nicht, denn es ist die überall ausgebreitete Herrschaft Gottes." Er schüttelte etwas ab, als er sagte: „Die Priester hetzen die Menschen gegen Gott auf. Sie verbreiteten, Gott würde den Menschen bei Strafe verbieten, seine Ordnung zu erkennen, nur weil sie selbst sie nicht mehr kennen." Er betonte noch einmal: „Die Pharisäer und Schriftlehrer haben die Schlüssel der Erkenntnis an sich genommen und haben sie versteckt. Sie selber sind nicht eingetreten, und die eintreten wollten, haben sie nicht gelassen", * und fuhr fort: „Die Priester haben das Paradies gestohlen und in ein eingebildetes Jenseits verlagert. Wie der Dieb, der ‚haltet den Dieb' ruft, behaupten sie, Gott selbst wäre dafür verantwortlich. Er hätte die Menschen aus dem Paradies geworfen. Das ist glatter Rufmord. So machte man aus Gott einen gemeinen Tyrannen, der rachsüchtig ist, der überwacht, tötet, züchtigt und schlägt." Dr. Christ sprach mit großer innerer Beteiligung. Er fasste zusammen: „Es gibt kein Nichts, in dem etwas verschwinden könnte, auch das Paradies konnte nicht verschwinden. Es gibt nur Menschen, die im Nichts leben, weil ihre Unterschiede keine Wurzeln haben. Wenn sie aufwachen, verschwindet nur ihr Unwissen, sonst kann nie etwas verschwinden."

Jetzt sagte er in etwas leichterem Ton: „Wieso sollte Gott ein Feind der Menschen sein? Sie töten sich nur selbst, wenn sie gegen ihn sind und in seinem Namen andere Menschen in Kriegen und auf Scheiterhaufen töten." Er sah Werner direkt an. „Warum sind Sie zu mir gekommen? Hat Gott Sie verlassen? Waren sie krank, ohne Augen im Kopf, ohne zehn Finger an den Händen, erfolglos, suizidgefährdet?" „Nein", sagte Werner und erinnerte sich, „es ging mir ja gut, doch mein Leben kam mir sinnlos vor. Ich hatte das Gefühl, es zerrinnt mir zwischen den Fingern." „Genau", bekräftige Dr. Christ. „Deshalb suchten Sie. Und Sie werden finden." * Er wiederholte: „Die anderen nutzen nur aus. Sie haben etwas gemerkt. Und Sie wollen etwas dagegen tun. Sie haben gemerkt, dass Ihr Leben festgeschrieben ist. Sie haben gemerkt, dass Sie keine Zukunft haben, wenn Sie sich in Ihrem Unwissen nur als Verlust erfahren."

Als ob er Werner einen Auftrag gab, sagte er: „Die mich in Ihrem Traum angeklagt haben, stehlen den Menschen beständig ihre Gegenwart und damit auch ihre Zukunft, nämlich die Herrschaft Gottes und das Paradies. Seit Tausenden von Jahren gibt es einen Krieg nach dem anderen, zieht man eine Grenze und eine Mauer nach der anderen, veranstaltet man eine Spaltung nach der anderen. So verjagte man das Paradies mit gewaltsamen irdischen Mitteln. Dadurch wurde das Tun der Menschen mühsam und bedroht." Dr. Christ stand auf und ging zum Fenster und blickte auf das ferne Verkehrsgewühl. „Adam fiel nicht aus dem Paradies. Er entdeckte nur, dass er sterblich und alleine war. Also sehnte er sich. Doch aus seiner Sehnsucht haben die Priester eine Schuld gemacht und sein Alleinsein Sünde genannt."

Er sah Werner freundlich an: „Sie haben gemerkt, dass Sie Sklave der verfehlten Vergangenheit der Menschen sind. Sie werden über

Adam hinausgehen. Sie werden mehr wert sein als er." * Werner freute sich, doch er wusste immer noch nicht, was nun auf ihn zukam. Ausgerechnet auf ihn! Dr. Christ fuhr fort: „Sie werden aufhören, Ihr Problem zu sein. Das ist der Schlüssel. Das ist alles. Adam war der Erste, der sich als sein Problem in der Welt erfand. Er sah sich für sich verantwortlich. Denn er fand sich als etwas Besonderes. Es bedrückte ihn, als er entdeckte, dass seine Besonderheit ihn nicht zu etwas Besonderem machte. Er musste sterben wie jedes andere Wesen auch. Diesen Vorwurf verlagerte er auf den bösen, grausamen Gott. Und die Priester verlagerten seinen Vorwurf wieder auf ihn."

Mitleidig redete Dr. Christ weiter: „So fiel er doppelt aus dem Paradies. Die Welt war nicht mehr so, wie er sie wollte und er auch nicht mehr. Die Priester bestärkten ihn in seinem Unglück. Sie machten ihn für seine Situation verantwortlich und nannten ihn gefallen. Sie redeten ihm ein, er hätte ein Problem mit Gott, seinem Schöpfer. Er müsse sich das verlorene Paradies auf der Erde mühsam wieder verdienen, um es im Jenseits zu genießen. Dabei ist es immer noch da." Mit leisem Kopfschütteln sagte er weiter: „Ich wiederhole: Mit dieser Lüge nutzen die Priester die Ängste der Nachfolger Adams gnadenlos aus, indem sie eine bessere Welt im Jenseits versprechen und das Diesseits zum Nicht-mehr-Paradies erklären."

Es schien, als ließ Dr. Christ innere Bilder an sich vorbeiziehen: „Die Welt an sich gab es danach für die Menschen nicht mehr. Nur Streit in ihren Hirnen darüber, wie sie sein sollte, und wer am meisten von ihr hatte. Dr. Christ überblickte diese Entwicklung, aber ändern konnte er sie nicht. Er sah Werner an: „Sie haben richtig gesehen. Meine Ankläger aus Ihren Traum sind im Namen ihres Gottes und ihrer betrügerischen Werte gegen mich und die Menschen."

Dr. Christ blickte nach oben. „Gott ist nicht so. Eine Zukunft werden die Menschen nur ohne Streit über ihre Unterschiede haben. Doch diese Zukunft wird mit allen Mitteln verhindert." Wie konnte man Zukunft verhindern? Sie kam doch mit der Zeit? Die Frage lag in Werners Augen. Dr. Christ beantwortete sie. „Den Menschen erscheint alles neu, was sie tun. Das neue Gesetz, das neue Geld, die neuen, besseren Waffen, die neue Aufmachung für Kirche oder Staat. Ihr altes mühsames Feststehendes erscheint den Uneingeweihten so immer wieder glänzend neu. Damit betrügen sie sich und werden betrogen. Denn nur Gott kann Neues schaffen." Dr. Christ sagte trocken: „Was ist schon neu am Tun der Menschen. Erst wenn sie die Herrschaft betreten und unsterblich sein werden, erfahren sie wirklich Neues."

In seinen Worten lag innerste Beteiligung. „Ohne ihre göttliche Natur zu erkennen, haben die Menschen keine Zukunft. Und Sie werden dies den Menschen zeigen." Er kam auf Werner zu: „Die Angst, die Ihnen in Ihrem Traum geschah, ist die letzte Angst. Auch ich erfuhr sie." Er sah in die Ferne. „Es ist die Angst vor den Menschen, die nicht wissen, was sie tun, weil sie nur sich sehen. Es ist die Angst vor den gnadenlosen Zeichen ihrer Macht und ihrer gewalttätigen Gottes- und Geldverehrung." Mitfühlend sagte er wie aus eigener Erfahrung: „Es ist die Angst, alleine gegen die Herde zu stehen, die von ihren Führern immer neu gegen das aufgehetzt wird, was ihr nutzen würde."

Er entließ Werner. „Sie wissen: Die Engel haben Ihnen etwas gegeben, und Sie werden es den Engeln zurückgeben. Die Engel haben Ihnen Ihre Unzufriedenheit eingegeben, Ihren Mut und Ihre Aufrichtigkeit." Anerkennung lag in Dr. Christs Stimme. „Sie haben Ihr Vorprogramm selbstständig erkannt. Jetzt kann ich es Ihnen sagen: Dieses innere Vorprogramm ist eins mit der überall ausgebreiteten Herrschaft Gottes, des Vaters. Es ist eins mit der heiligen Ordnung der Welt. Es empfängt die Herrschaft, die das göttliche Licht in allen Menschen ist." Er verabschiedete Werner mit den Worten: „Sie sind wirklich Sie selbst, damit sind Sie in die Herrschaft Gottes zurückgekehrt. Sie sind nicht mehr der lose Staub, den der Vater einst ausgesät hat."

Zweiter Teil

Das Glück des Schmetterlings. Selbsterkenntnis. Das Wesentliche.

Hier ist unsere Geschichte zum ersten Mal dabei, aufzuhören. Ihr erster Teil hat sich erfüllt. Wer mit dem Leben lebt, zerreibt sich nicht mehr in inneren Konflikten. Denn das, was man eine Geschichte nennt, hat mit inneren Konflikten, Wahlmöglichkeiten und Ergebnissen zu tun, die sich wieder und wieder scheinbar neu aufbauen. Deshalb kann man Geschichten leichter beginnen, als sie zu beenden.

Auch bei Märchen ist es so wie hier, nach einem plötzlichen Schnitt und einer Veränderung ist aus dem Hirten der Prinzgemahl, aus dem Aschenputtel die Prinzessin geworden. Sie haben sich aus den Fesseln der alten Identität und aus den Beurteilungen der Umgebung befreit. Sie sind zu sich gekommen. Der normale Wahnsinn des Alten ist erkannt, ein neues Leben beginnt. Auch Werner lebt nun im Gleichen, das für ihn wirklich ist. Er ist im Leben angekommen wie ein Schmetterling oder Märchenprinz.

Seine inneren Wünsche und Träume finden wie von alleine ihre äußeren Entsprechungen. Er spürt das Leben, er fliegt mit den Vögeln und er sieht dennoch die inneren Ängste und Konflikte in den Menschen, die so uralt sind und ihnen doch immer wieder neu vorkommen.

Doch er lässt sie sich nicht mehr aufdrängen. Er spürt die ursprüngliche Harmonie des Lebens auch in den Kindern, die er unterrichtet, und er versucht sie vor den Menschen zu schützen, die das Leben nicht verstehen. Er hat sich, in ihm ist Klarheit, er kann tun, was er will, und es ist von Gelingen begleitet. Denn nun sieht er einfach, was geschehen will und was die Menschen brauchen und er kann dies fördern, und es ist gut so. Das Leben braucht keine Ergebnisse.

Dadurch, dass er sich innerlich frei fühlt, entwickelt er auch eine freie Sicht auf die Menschen. Dazu gibt er die Welt frei, er unterwirft sie und sich nicht mehr seinem Willen. Er sieht so, dass noch viele Menschen nicht leben wollen und können und er erträgt auch das, ihre Abwehr, ihren Kummer. Sein Leben geschieht ihm, und er ist dafür dankbar. Er wird von den äußeren Erscheinungen und Unterschieden nicht mehr geblendet, sie sind nur Zeichen innerer Unsicherheit. Die Schaukleider des Kaisers sind abgelegt, sein neues Lebensgewand trägt er nun selbst und es passt. Er hat seinen Platz in der Welt und füllt ihn aus.

Somit gibt er keinen Gegenstand für diese Geschichte mehr ab. Was kann man über jemand erzählen, dem sein Leben Spaß macht und der sich daran freut? Ihm fehlt nichts mehr, er ist an allem zufrieden und hat von allem genug... Hier enden wie bereits gesagt die Märchen. Der Hirt hat die Prinzessin, das Abenteuer ist bestanden, der unbekannte Wald ist durchquert, die Wünsche sind erfüllt, obwohl sie es immer schon waren.

Und doch, unser Held spürte, das war noch nicht alles. Er war noch nicht fertig. Doch fertig womit? Er verstand die Ordnung des Lebens und lebte in ihr. Aber es musste noch eine Ordnung geben, die über das hinausging, was er als die Ordnung erlebte. Was war die Ordnung, die diese Ordnung der Herrschaft Gottes bewirkte? Woher kommen die Engel, aus was sind sie, wer schickt sie? Wer oder was wirkte die harmonische Abstimmung und die geheime Bereitschaft unter den Dingen des Lebens, diese Ordnung zu spüren und sie anzuerkennen? Die Verbindung von ihm und Eva war da, doch wodurch geschah sie? Was war hinter dem Vorprogramm, das sie zusammengeführt hatte? Wenn man Mensch ist, ist das so. Man hat diese Möglichkeiten. Doch warum?

Ich muss alles aufschreiben, dachte er. Er notierte: Es gibt die äußere Welt. Jeder ist zunächst damit beschäftigt, seinen Lebensunterhalt und seine Befriedigungen aus ihr zu holen. Also das, was ihm gefällt. Und zu vermeiden, was nicht gefällt. Dabei bewertet man das Äußerliche wie das gezeichnete Schaf des kleinen Prinzen, es ist alt oder krank oder zu teuer, nützlich oder schädlich. In diese Bewertungen, nach denen sie das äußere Schaf beurteilen, sperren die Menschen auch ihr inneres, lebendiges, ideales Schaf, ihre innere Rose, ein.

Auf diese Weise gehen die Menschen mit ihrer Seele auf zwei Arten um: Die einen sagen gebetsmühlenartig: Mir muss gefallen, was ich habe, mein Haus, meine Familie, mein Job, Besseres gibt es eben nicht. Das reden sie sich ein und lügen sich selbst an und machen es sich im Leben schlicht bequem wie in einer selbstgebauten Falle. Die Zeit vergeht, und sie möblieren nur um. Die anderen sagen sich: Mir gefällt zwar, was ich habe, mein Haus, meine Familie, mein Job, aber das kann nicht alles sein. So sind sie ehrlich zu sich selbst, aber dadurch auch nicht glücklich. Doch sie alle telefonieren nur mit sich selbst und leben doch nur in ihren Beurteilungen und Wertungen.

Das Tragische ist, und es lässt die Menschen an sich scheitern, schrieb er weiter, dass sie dabei nicht erkennen, dass das individuell Erlebte bereits als ein allen Menschen gemeinsames universelles göttliches Vorprogramm angelegt ist. Alle Menschen tragen es gleich in sich, weil sie Menschen sind.

Er machte eine Pause und schrieb weiter: Aber sie rennen mit sich betrunken und blöde aneinander vorbei und bekämpfen sich, ohne das Gleiche in sich zu spüren und zu achten. Und doch ist das Vorprogramm die eine verborgene Grundlage des Seins, die allem gemeinsame Ursprache, welche sich durch die gesamte Schöpfung zieht. Dr. Christ hat sie als das Reich des Vaters bezeichnet, und ich erlebe sie jetzt als mein Glück und Wohlergehen und als Bestätigung meines Seins. Ich darf eins mit mir und der Welt sein. Das negative, defizitäre Vorzeichen des Verlusts, unter dem ich meine Welt beständig gesehen habe, ist aufgelöst. Also bin ich einfach da, um zu erfahren, was sich daraus ergibt.

Das hatte Dr. Christ ihm vermittelt: Einfach alles annehmen, sich erfahren, mit den Möglichkeiten der göttlichen Welt umgehen, sich an ihnen freuen. Das Innere und das Äußere verbinden und sich so im Guten der Welt finden. Man kann sich nur im Zusammenpassenden verwirklichen.

Dies tat er nun, im Unterricht, auf den Straßen, in den Gesprächen mit Eva. Er hatte begonnen, Therapiestunden zu geben. Mit seiner neu gewonnenen Klarheit konnte er helfen, sie sprang auf die über, die sie annehmen wollten. Statt mit Verlust wie vorher lebte er mit Gewinn. Er konnte die Menschen dazu bringen, auch in sich den unmittelbaren Kern ihrer Bestimmung zu sehen und das Leben als ein Geschenk zu genießen, das man frei und gerne annimmt.

Auch sein Verhältnis mit Eva war wunderbar und voller Verständnis. An einem Abend blieb Werner noch lange auf. Er wollte das Große, das Neue, das ihn nun mit Eva verband, verstehen. Plötzlich sah er sich als den kleinen Prinzen und Eva als die Blume. Beide gehören zusammen und sind ein Bild für die Seele des Menschen. Doch wozu kommt der kleine Prinz auf die Erde? Was sucht er auf der Erde? Das Schaf. Es soll das Unkraut beseitigen, das die Blume auf seinem Planeten bedrohen würde.

Und was bedeuteten Schaf und Blume?

Die Ergebnisse seiner Beschäftigung mit der Hirnforschung halfen ihm weiter: Es gibt zwei Hirnhälften in jedem Menschen. In der einen wird eine innere Welt aus Gefühlen aufgebaut. Das war die Blume. Die andere Hirnhälfte ist für die Wahrnehmung des Äußeren, Nützlichen, Tatsächlichen verantwortlich. Das war das Schaf. Dann stand das Schaf für das Handeln, das äußere Nutzdenken, das äußerlich Machbare und bedeutete das Männliche, Eingreifende. Dann stand die Blume für das Weibliche und die einfühlsame, innere Weisheit der Gefühle.

Er erinnerte sich an die Rose auf dem Planeten des kleinen Prinzen. Sie war schwach und hatte nur ihre hilflosen Dornen gegen Tiger und sonstige Angreifer. Sie musste auch die Raupen aushalten und von sich ernähren. Der kleine Prinz schützte sie mit dem Wandschirm vor der kalten Nachtluft.

Dies stimmte auch mit dem irdischen Auftrag des kleinen Prinzen überein: Auf der Erde das Nützliche für seine Blume, damit auch für sein schönes Inneres zu finden. Und die Blume hatte ihre Aufgabe, ihn dazu anzuspornen und zu motivieren, ihn zu begleiten und dennoch loszulassen... Ohne ihre Inspiration hätte der kleine Prinz seine männliche Verantwortung nicht entdeckt, und die Rose machte sich durch ihn zur Frau, indem sie spürte und genießen konnte, was er für sie tat!

Werner dachte nach. Jedes Teil brauchte den anderen, um sich selbst zu finden. So halfen sich beide und verwirklichten sich in der Beziehung zueinander. Er verglich dies mit dem Hirn. Auch hier entstand Neues. Beide Hälften schufen durch ihre Verknüpfung eine dritte Welt, wie dies ein Hirnforscher nannte. Diese Verknüpfung nannte dieser auch das eigentliche Selbst, die Seele. Und hatte nicht auch Dr. Christ, ohne von Hirnhälften zu sprechen, dies gemeint, als er sagte: "Wenn ihr zwei zu eins macht und wenn ihr den inneren Teil wie den äußeren Teil und den äußeren Teil wie den inneren Teil und wo ihr das Männliche und das Weibliche zu einem Einzigen macht, damit nicht das Männliche männlich und das Weibliche weiblich bleibe... dann werdet ihr in die Herrschaft hineinkommen." Wer seine Seele findet, ist in der Herrschaft angekommen, dies hatte Dr. Christ Werner bestätigt. Und diese Herrschaft war auch ‚das Brautgemach, das kommt, wenn der Bräutigam kommt', und jeder konnte dies nur für sich selbst schaffen, denn ‚die Einsamen sind es, die eintreten werden in das Brautgemach.'

Also hatten auch er und Eva sich wunderbar gefunden und waren füreinander mehr geworden, als sie dies für sich allein hätten sein können. Dies war ihre Herrschaft des Himmels, eine chymische Hochzeit, ein Fest der Vereinigung, in dem der Vater alles zur Verfügung stellte, denn alles ist schon immer da: Mann und Frau, innere Gefühle und äußere Aufgaben und das ganze Universum.

Doch das war nicht überall so. Partnerschaften in seinem Bekanntenkreis fielen Werner ein. Der Mann war für das Nützliche und seine Erfolge, die Frau sah nur auf ihr Inneres und fühlte sich nicht beachtet. Und keiner erkannte die Bedürfnisse des anderen in sich selbst. So lebten sie aneinander vorbei und hatten sich nichts mehr zu sagen. Ineinander durch ihre Ansprüche verhakt, praktizierten sie so nichts anderes als Käfighaltung.

Es durfte also nicht der starke Teil (der Löwe) den Menschen als den sehnsüchtigen und verletzlichen Teil fressen, die starke Hirnhälfte die schwache Hemisphäre unterdrücken, dachte Werner. Dann wurde alles festgelegt und starr. Dies war so im Aufbau des Hirns angeordnet. Wenn man die Teile überbrückte, wuchs die Seele und ihre Freude trug den Menschen über sich hinaus.

Sogar das Hirn wird dabei umgestaltet und entwickelt einen neuen Teil. Und wer gibt die Kraft und die Begeisterung dazu? Das Herz. Mit seiner Freude und Kraft schafft das Herz das Neue. Das Yoga des Herzens, dachte Werner. Damit wurde die Welt zur lebendigen Erfüllung, zur Erfahrung des Gleichen, in der zwei Hälften sich eine neue Harmonie des Glücks schenken und zum Haus einer Stärke werden. So stellten die Berge sich auf den Kopf.

Goethes ‚Märchen' fiel ihm ein, in dem zwei Ufer durch einen Fluss getrennt sind. Das Land der weiblichen Lilie ist durch zauberhaften geistigen ‚Überfluss' geprägt, am anderen Ufer wohnen die männlichen geschäftigen Menschen. Diese getrennten Welten werden durch eine Schlange verbunden, die sich in eine Brücke aus leuchtenden Edelsteinen verwandelt. „Ich opfere mich auf, bevor ich aufgeopfert werde", sagte die Schlange. Und blieb nicht auch jeder, der diese Brücke nicht in sich erstellte, in sich gespalten, ein Opfer seiner selbst, außerhalb der Schöpfung gepflanzt, ein Zurückgebliebener?

Und doch, auch wenn alles nun wunderbar war, er spürte, dass er in einem Zusammenhang existierte, den er zwar verstand und freudig lebte, aber noch nicht beherrschen konnte. Dass er nun alles konnte, war dies nicht auch ein Traum, aus dem er erwachen sollte? Seine Existenz war gut, aber begrenzte sie ihn nicht auch? Selbst wenn er alles richtig machte und gern lebte, wenn er das Licht in den Dingen sehen und verstehen konnte, wozu war er überhaupt da? Sollte er einfach nur Zeuge eines schönen und guten Geschehens sein? Doch was hatte ihn gewollt und gemacht, woher kam er? Wer in ihm vertraute dem Ganzen? Wozu machte er die Erfahrung, dass alles existierte?

Also waren noch Fragen da, von etwas war er deshalb noch getrennt. Warum brauchte er dieses Vertrauen in das Leben, wie um etwas in sich zu beschwichtigen, indem er spürte, dass alles gut war? So empfand er sich wieder nur als einen sich selbst bestätigenden Glauben, nun an das Gute in sich und um ihn herum. Alles war gut, war es nun seine Aufgabe, dies in allen Variationen zu bestätigen?

Dr. Christ hatte ihn bis hierher geführt, er hatte ihn ausgewählt, sein Sein zu erforschen und anzunehmen. Aber sollte er nicht auch unsterblich sein und das Universum beherrschen? Werner wusste plötzlich, dass Dr. Christ ihn auf noch mehr vorbereitet hatte, als auf das, was er jetzt erlebte, so schön es auch für ihn war...

Als er Dr. Christ, den er nach einer längeren Zeit des Ausprobierens seines neuen Lebens wieder sah, davon erzählte, lächelte dieser so freundlich wie noch nie. „Sie haben gelernt, Ihr Leben mit Ihren Mitteln zu feiern", sagte er. „Doch jetzt können Sie wirklich froh werden, den Sabbat zum Sabbat machen. Den Festtag zum Festtag. Die wahre Beschneidung findet im Geist statt." * Als bereitete er Werner auf die nächste Phase seiner Einweihung vor, sagte er: „Als Mensch sind Sie das Ergebnis dessen, was vorher war und vorher und vorher... Viele, viele Leben vor Ihnen, Körper, Eindrücke, Freuden, Ängste, alles in der endlichen Folge des Lebens, angestoßen, irgendwann...", Dr. Christ machte eine Pause. Werner sah ein Bild in sich: Den Finger Gottes, mit dem dieser Adam anstößt.

„Das Leben geht weit über Adam hinaus", sagte Dr. Christ, als ob er seinen Gedanken gelesen hätte. „Das Leben geht auch über sich selbst hinaus", sagte er. Werner verstand und ging darauf ein: „Mit dieser meiner Existenz lebe ich jetzt in einem Himmel. Besser kann man nicht leben. Das könnte endlos so weitergehen. Doch ich komme irgendwann an mein Ende. Hat denn auch dieser Himmel ein Ende? Hört er mit mir auf?"

Dr. Christ sagte sofort, als hätte er schon lange auf diese Frage gewartet: „Warum denken Sie an ein Ende? Wo waren Sie, als Ihr Himmel begann?" * Als ob er Werner mit einem kleinen Lob in der Stimme aufmuntern wollte, fuhr er fort: „Sie haben Recht, wenn Sie sich und damit Ihren Himmel als endlich empfinden. Was endet, hatte einen Anfang. Dieser Ihr Himmel wird vorübergehen und auch der Himmel über diesem Himmel wird vorübergehen. Und Sie werden es erleben." *

Dr. Christ machte eine Pause, um die Bedeutung seiner Worte einsinken zu lassen. „In diesem Himmel über Ihrem Himmel sind alle

Anfänge und jedes Ende bereits jetzt vereint, wie auch alles Geschehen, das davor und dazwischen war und danach sein wird." * Und wieder mit dieser besonderen Stimme sagte Dr. Christ: „Denn an dem Ort, an dem der Anfang ist, dort wird auch das Ende sein. Hier ist alles aufgehoben, auch Beginnen und Vergehen." * Verheißungsvoll fuhr er fort: „Selig, wer in diesem Anfang steht, er wird das Ende erkennen und den Tod nicht mehr empfinden." * Dr. Christ nickte. „Sie sind reif dazu, an den Anfang vor allen Anfängen zu gehen. Sie werden sich vor Ihrem Anfang erfahren, in etwas Größerem, als Sie selbst es sind. Es gibt einen Himmel über dem, was Sie jetzt als Ihren Himmel erfahren."

„Gab es denn etwas vor dem Leben der Geschöpfe?", wollte Werner wissen. Dr. Christ lächelte. „Das Ende wird sein, wie der Anfang ist. Doch es ist nicht Ihr Anfang oder Ihr Ende. Ich spreche von dem Anfang und dem Ende - dort existiert noch nichts und nichts mehr und doch ist alles da." Dr. Christ fasste zusammen: „Das Universum ist ein Fest des Geistes, der über alles Existente hinausgeht. Sie werden auch diesen Geist erleben. Sie selbst werden ihn sich zeigen, indem Sie über sich hinausgehen und selbst aufhören werden. Dann sind Sie unsterblich, Sie werden ohne Anfang und Ende sein."

Er lehnte sich nach vorne und sah Werner aufmerksam an. „Sie gingen bis jetzt immer nur von Ihrer Existenz aus. Das heißt, davon, dass es Sie gibt. Dies tun Sie so selbstverständlich, wie Sie das Schaf in Ihrem Inneren als Ihr Geschöpf annahmen; so selbstverständlich gingen Sie davon aus, dass es auch Sie als Ihre eigene, bestimmte und besondere Existenz gibt." Dr. Christ lächelte aufmunternd. „Fehlt Ihnen etwas dadurch, dass Sie den Glauben an Ihr Inneres als etwas Eigenes aufgaben?" Er beantwortete die Frage selbst: „Nein, sagten Sie, alles ist dadurch leichter und durchlässiger geworden." Dr. Christ sprach mit einer Klarheit, als ob er eine ganze beschriebene Schultafel leerwischte. „Ihre Existenz lässt sich zurückverfolgen bis in den Himmel, wo sie ihren Ursprung hat. Weiter kommen Sie als Existenz nicht. Das Existente ist Ihre Grenze." Er wiederholte: „Dieser Himmel wird vorübergehen und auch der über ihm wird vorübergehen." * Aufmunternd fuhr er fort:

„Wenn Sie den Anfang sehen wollen, müssen Sie über alles Existente und damit auch über sich selbst hinausgehen, dann erst haben Sie eine Basis, die nicht mehr von Ihrem jetzigen Sein abhängt."

Auf den erstaunten Blick seines Klienten hin sagte er: „Sie haben gesucht und das Falsche losgelassen, das Ihnen nicht gehörte, und sich gefunden. Das hat Sie verwirrt und Ihre Welt verändert. Das, was jetzt kommt, wird Sie noch mehr verwundern und Sie werden über das Universum herrschen." *

Er sah Werner weiter an. Bevor dieser etwas sagen konnte, ließ er einen Stift neben seinen Schreibtisch fallen. „Diese Tat ist nicht einfach nur gemacht oder gespielt, wie sie es wäre, wenn ich nur in meiner eigenen Existenz lebte. Diese Tat existierte als ihre eigene Zukunft bereits bevor ich sie tat, damit bevor sie geschah. Ich tat sie und ich weiß dies. Sie entstand jenseits von Zeit und ohne Grund, aber wer in der Zeit und ihren Ereignissen festgehalten ist, kann dies nicht sehen."

Dr. Christ genoss es, diese Information weiterzugeben. „Normale Menschen sehen nur, dass ein Stift zu Boden fällt, und dass ich dies veranlasse. Dann stellen sie einen kausalen Zusammenhang innerhalb der Grenzen ihrer Existenz her und fragen sich, warum tut er das und finden es unsinnig. Da sie nur die Mittel ihrer Wahrnehmung kennen, nennen sie es Ungeschick oder Provokation." Er lächelte. „So ist jede über sie hinausgehende Wirklichkeit in ihrem Sinn unsinnig und unmöglich, weil sie nur das verstehen können, was für sie ursächlich in ihrem Raum und ihrer Zeit passiert." Seine nächsten Worte kamen aus ihm, als ob er von sich selbst redete: „Doch es gibt die höchste Wahrheit. Sie ist das letzte Geheimnis." Und er eröffnete: „Dies ist die Wahrheit, in der Dinge geschehen können oder auch nicht. Das Wesentliche muss nicht geschehen, um geschehen zu sein."

Er hielt inne und schien weit in die Ferne zu blicken. Dann fuhr er fort: „Ich kann Dinge tun, ohne geboren zu sein. Was ich Ihnen sage, muss nicht gesagt werden, damit es gesagt ist. Es ist auch so gesagt und da. Es ist nicht davon abhängig, dass es gesagt oder getan wird. Alles, was ich sage und tue, ist immer da." Dr. Christ sah Werner aufmerksam an. „Wenn ihr den seht, den keine Frau geboren hat, dann werft euch hin auf euer Gesicht und betet ihn an. Jener ist euer Vater. Dieses Wissen ist das Geheimnis eines jeden, der um die höchste Wahrheit weiß. Hier ist sich alles gleich, ob es da ist oder nicht. Und das gilt dann auch für ihn selbst." *

Dass Dinge nicht geschehen sein müssen und dennoch schon geschehen sein können, machte Werner fassungslos. Lächelnd ging Dr. Christ auf seine Verwirrung ein. „Informationen können in Verbindung mit Materie und auch ohne materielle Basis gespeichert sein und wirken. Es kann daher nur passieren, was seiner Möglichkeit nach schon gespeichert ist, doch damit ist es nicht darauf angewiesen, hier oder da oder zu einer bestimmten Zeit zu geschehen. Es gibt unzählige Dinge, die noch nicht geschehen sind und ihrer Möglichkeit nach dennoch vorhanden sind. Dies sind die wesentlichen Dinge." Werner staunte. Dennoch fuhr Dr. Christ fort: „Da alles passieren kann oder nicht, gibt es Geschehenes und noch nicht Geschehenes. In der Herrschaft geschieht also nur, was seinem Wesen nach geschehen kann. Nichts geschieht aus einem Nichts heraus. Seinem Wesen nach ist es immer schon da." Dr. Christ beendete seinen Diskurs mit der Feststellung: „Doch dies ist den Menschen verborgen, die sich mit den Unterschieden des Entstandenen, mit dem nur für sie Wesentlichen beschäftigen." Werner dachte an das Bild des Schachbretts, auf dem seine Vorfahren wie Figuren von Krieg zu Krieg hin und her geschoben worden waren. Dann war dies in Dr. Christs Sinn unwesentlich, weil es nur in der Sklaverei der Menschen existierte!

Dr. Christ schien darauf einzugehen: „Die Menschen sehen nur, was für sie in ihrer Zeit und in ihrem Raum, damit in ihrer Wirklichkeit existiert, die sie das Tatsächliche nennen." Fast amüsiert wirkte er, als er wie in eigener Sache sagte: „Sie kreuzigen jemanden und meinen, die Tat sei nur am Ort und in der Zeit ihres Geschehens und nur durch ihre Akteure vorgefallen. Doch der, den sie kreuzigten, existierte schon immer, auch bevor er war und danach. Dies gilt für jeden Menschen, der sein göttliches Wesen erkennt. Doch die mechanisch denkenden Menschen glauben, der Gekreuzigte sei nur durch ihre einmalige Einwirkung gekreuzigt worden. Ohne diesen Glauben könnte man nie mehr kreuzigen, töten oder ausbeuten."

Dr. Christ sah, dass Werner ihm wie gebannt folgte. „Im Endlichen ist die Unendlichkeit, aus der das endliche Sichtbare stammt, für Nichteingeweihte nicht mehr da. Das, was höher ist als ihre unwissende Vernunft, wollen sie nicht erkennen." Dr. Christ beschrieb den Widerspruch, der letztlich keiner war: „Das Wesentliche ist nur für sie unsichtbar und vergessen.“ Als ob er alle Menschen dazu aufforderte, im Geringsten und Kleinsten auch das Universelle zu sehen, fuhr er fort: „Doch Gott und das Wesentliche existieren immer.“ Er sah Werner an, als ob er ihm eine Aufgabe anvertraute: „Wenn ihr aber eure Bilder seht, die vor euch entstanden sind - sie sterben nicht, sie erscheinen nicht -, was alles werdet ihr ertragen?“ * Dr. Christ spürte, dass Werner ihm folgen konnte und sagte: „Nur in der gelebten Erkenntnis der absoluten Freiheit, in der alles sowohl da sein kann wie auch schon da ist, liegt die Zukunft der Menschen.“

Nach einem kurzen Blick auf Werner, der ihm bestätigte, dass dieser ihn verstand, fuhr Dr. Christ fort: „Selbst die Schöpfung als solche wäre ohne ihr inneres Wesen, das über das Einzelne hinausgeht, unsinnig. Wozu gibt es Unmengen von Tieren und Leben? Nur so? Um an sich selbst Spaß zu haben, um zu vergehen und andere Formen anzunehmen?“ Werner spürte, dass Dr. Christ ihn an das Sein selbst heranführen wollte. An etwas, das größer war, als er selbst. Wie konnte das möglich sein? Dann müsste auch er irgendwie verschwinden, sich im Großen auflösen, wie ein Tropfen im Ozean.

„Ist es mein Ende, wenn ich an mein Ende komme?“, fragte er deshalb noch einmal. Dr. Christ drehte die zeitliche Richtung seiner Frage um: „Haben Sie denn den Anfang erkannt, wenn Sie schon an Ihr Ende denken?“ Seine Stimme klang noch geheimnisvoller, als er wiederholte: „An dem Ort, an dem der Anfang ist, wird auch das Ende sein. Das höchste Glück erkennt der, der den Anfang erlebt, denn er erkennt auch das Ende, und dadurch ist er unsterblich.“ *

Da fuhr es in Werner wie ein Schlag. So wie er sein Vorprogramm als Menschenwesen erkannt hatte, so hatte alles andere ebenfalls ein geistiges Vorprogramm, sogar bevor es wirklich existierte. Innerhalb dieser Welt konnte etwas geboren sein, eine Form haben oder nicht, dann gab es unendlich viele parallele Universen und in seiner Kausalität war jeder Mensch in seinem eigenen Universum, und dieses Universum war da, ob es ihn gab oder nicht! In jeder Sekunde, jedem Augenblick, jedem Schritt, bei jedem Gedanken erneuerte sich die Erfahrung dieses Universums und verfiel. Dr. Christ summierte, was Werner eben gedacht hatte. „Wer nur in der Veränderlichkeit der eigenen Wahrnehmungen lebt, spürt nichts als die äußeren Umstände. Er lebt im leeren Vergessen und nichts von ihm bleibt. Ein solches Vergessen ist wie der Wind, der die Dächer und Bäume berührt, dann ist er woanders und nahm nichts mit. So hat nichts, das im Reich des Bewegten geschieht, Bestand.“ Werner war wie in einer hellhörigen Trance und verstand die Urgewalt jedes Wortes, das folgte: „Was die Menschen in ihrer eigenen kleinen Welt für sich tun, geschieht nur durch sie und für sie selbst, damit geschieht es nicht in der Wirklichkeit des Geistes. Deshalb sind die Menschen ihr eigenes Vergessen und sie existieren nicht über sich hinaus, obwohl sie beständig im Geist sind...“ Dr. Christ lächelte. „Die Menschen besetzen mit aller Gewalt und Festigkeit ihre vergängliche Welt. Sie gleichen Knaben, die sich auf ein Feld hinsetzen, das ihnen nicht gehört.“ *

Nach einer Pause sagte Dr. Christ in einem durchdringenden Ton: „Ich gebe Ihnen alle Macht über alles“, und er sagte dies, als ob es ein Befehl war. „Sie werden alle Macht über die Menschen in Händen halten, welche diese nicht über sich haben.“ Werner wich seinem Blick einen Moment lang aus, und Dr. Christ wurde wieder ganz mild: „Die Menschen sind wie Elefanten, die nichts von ihrer Stärke wissen, weil sie Elefanten sind und ihnen deshalb ihre Stärke nichts bedeutet. Ihre Stärke gehört für sie einfach dazu. So sind die Menschen auf sich beschränkt und wissen nichts von der universellen Allmacht und der alles übersteigenden Kraft des Geistes. Sie gehört für sie einfach dazu, aber sie bemerken und beherrschen sie nicht.“ Dr. Christ lächelte: „Der Vater hat es gut eingerichtet. Wer in Sünde gefesselt ist, dessen Geist muss ihm selbst durch seine Sünde ruhelos und vergeblich erscheinen. Sonst wären alle Sünder tatsächlich die großen Ersten und nicht die Letzten, die sie durch ihre Beschränktheit auf das Unwesentliche sind.“

Als ob es ihm nun Spaß machte, alles wirklich zu erklären, redete Dr. Christ weiter: „Form kann Form hervorbringen, die Materie zeigt daher die manifesten äußeren Bilder, der Himmel zeigt die wesentlichen Bilder, und der Himmel über dem Himmel geht über Anfang und Ende hinaus und zeigt das Unsterbliche. Wer diesen Himmel über dem Himmel sieht, kennt keinen Tod mehr.“* Und als ob er Werner aus einem uralten Zauber löste, sagte er: „Sein Tun wird durch nichts mehr begrenzt sein und er wird über die Zeichen von Raum und Zeit des Universums herrschen.“ *

Wie Dr. Christ dies sagte, schien für Werner alles unglaublich einfach. Es gab ein Wissen, das immer schon da war und über alles Gegenständliche hinausging. Wenn er darüber nachdachte, blitzte dieses Wissen auch in ihm auf. Dieses Wissen, das sich in ihm wie eine unglaubliche Ahnung andeutete, erschien ihm wie ein Lichtstrahl, der ihn ins Unermessliche führen konnte und ihn unwiderstehlich anzog. Werner bemühte sich, dieses Gefühl, das ihn nun durchdrang, festzuhalten. Er spürte, es war noch kein Licht, aber es war bereits eine ungeheure Sehnsucht.

Dr. Christ lächelte. „Um zu sehen und zu finden, braucht man Licht. Mit dem ersten Licht sieht man die Bilder, die manifest sind, Häuser, Bäume, groß und klein, arm oder reich. Dies ist das Licht des äußeren Vergessens. Man benutzt es und lässt es zurück. Das innere Auge erhellt die Welt mit dem seienden Licht, das in den Dingen strahlt und ihnen ihr Wesen gibt. In diesem Licht machen Zebras Zebras, Eltern machen Kinder, Kinder machen Eltern, Vergangenes macht die Gegenwart und danach die Zukunft. All dies hat wie das Mehl aus dem Krug der Frau die Erinnerung an den Vater in sich. Dieses innere Licht ist das Bild des Lichtes des Vaters. Es zeigt seine Herrschaft, seine Ordnung, seinen Segen, sein Wesen, seine Kraft. Alles baut aufeinander auf, nichts ist vergessen.“ Werner dachte kurz an die Evolution und dass in jedem Tier, auch im Menschen, die genetischen Anlagen und Prägungen aller vorhergehenden Wesen enthalten und bewahrt sind. „Mit diesem Licht können Sie bereits sehen und spüren es als Ihre himmlische Existenz. Doch dieses Licht enthält ein weiteres Licht, einen weiteren Himmel. Denn das Licht des Vaters in der Schöpfung verbirgt sein eigenes Bild, ihn selbst.“ *

Es war Dr. Christ anzusehen, dass nun auch für ihn der spannende Teil der Therapie begann, der Teil, der über alles menschlich Bekannte hinausgehen würde. Dr. Christ bekräftigte: „Wer bereit ist, über die Freuden an den Wohltaten der Schöpfung hinauszugehen, sieht auch dieses Licht, den Vater, der über Zeit und Raum und jenseits von allem Seienden existiert.“ *

Dr. Christ schien zu etwas entschlossen zu sein, als ob er zu einem Abschluss ihrer Treffen kommen wollte. „Sie wollten Liebe aus Freiheit entstehen lassen, das führte Sie zu mir. Sie wussten, dass Ihr Leben als alleiniges Spiel Ihrer äußeren Interessen für Sie verloren war. In diesem Spiel waren Sie sich selbst unterlegen. Sie fühlten sich unfähig, das Leben zu genießen." Nach einer kleinen Pause eröffnete er Werner: „Sie waren bereit, Ihr unwesentliches Leben in Frage zu stellen, um es neu zu finden, um in die Herrschaft einzutreten. Jeder, der zu mir kommt, wirft es weg und wird es finden." * So viel Lob! Werner freute sich. Dabei war doch alles so einfach und erleichternd gewesen.

„Dies macht Sie bereit, den letzten Schritt zu tun", sagte Dr. Christ bestätigend. Er sah seinen Freund an: „Die Liebe ist der erste Schritt. Sich und die Welt zu lieben, indem man mit ihr eins wird, ist nicht so schwer, wie Sie jetzt wissen. Doch noch sind Sie nicht frei geworden." Die Stimme von Dr. Christ erklang und hallte in Werner: „Sie sind unsterblich, aber weil Sie noch nicht von Ihrer Existenz befreit sind, erfahren Sie dies noch nicht." Dr. Christ machte eine Pause, um die Kraft seiner Worte in Werner wirken zu lassen. „Sie haben sich die Unsterblichkeit, die über den Anfang allen Seins und über jedes Ende hinausgeht, bereits erworben. Ich weiß, Sie sind bereit dazu." Damit entließ er Werner.

Wohin? Was sah Werner, wenn Dr. Christ einen Stift fallen ließ? Würde auch er in diese Welt gelangen? Noch kam er sich wie ein Lehrling vor. Wie würde die Meisterschaft aussehen?

Er spürte, es war eine Sache, über anfangslose Anfänge und endlose Enden und türlose Türen nachzudenken, über einen Himmel, über eine Ordnung, die a priori und an sich bereits da war. Das war angewandte Philosophie, Lernstoff, fast wie in der Schule. Wie würde aus einer solchen Geistesakrobatik erfahrbare Wirklichkeit werden? Denn eine andere Sache war, dass Dr. Christ wollte, dass er diese Dinge nun erfahren sollte.

Jetzt kam eine neue Herausforderung auf ihn zu: Statt auf irgendwelche Welten zu vertrauen, musste er jetzt alleine auf Dr. Christ - und damit auch auf sich selbst - vertrauen. Ihm war plötzlich klar: Bis jetzt hatte Dr. Christ ihn seine Erfahrungen machen lassen und ihn an einer weiten Leine geführt, jetzt würde es unglaublich praktisch zwischen ihnen werden. Würde er diese Herausforderung bestehen? Und damit sich und die Welt retten, wie Dr. Christ dies angedeutet hatte?

Dr. Christ hatte ihm den Schlüssel zu einem höchsten Abenteuer gezeigt, der das Tor zu einer völlig anderen Welt öffnen würde, in der alles schon immer war, in der nichts davon abhing, dass etwas überhaupt da war. Das war die Unsterblichkeit. Wie würde sie sich praktisch anfühlen? Wie kam er dahin? Man musste doch sterben? War man unsterblich, wenn man dieses Müssen beendete? Wenn man über seine Erfahrungen hinausging? Dann wäre auch er schon immer und nicht nur durch sich selbst da! Und er wäre auch, selbst wenn er nie geboren und nicht in seiner jetzigen Form da wäre!

Werner freute sich. Es würde zu einem Abschluss kommen. Er und Dr. Christ würden sich gegenübertreten wie noch nie zuvor, und dieses endgültige Treffen würde alles übersteigen, was seine Existenz an Erfahrungen für ihn bereithielt. Er würde erfahren, in welches Schloss der Schlüssel der Erkenntnis passte und was hinter der Türe war, die sich ihm dann öffnen würde.

„Der Geist ist also ein Fahrzeug, das an nichts gebunden ist", sagte Dr. Christ bei ihrem nächsten Treffen und ergänzte ganz beiläufig, „wenn Sie gut genug sind, können Sie einsteigen." Das war die Fangfrage seines Lebens für Werner. Wenn überhaupt etwas in seinem Leben sich gleich war, dann das: Bin ich gut genug, kann ich das, mache ich das richtig? Steht mir das zu? Er sah Fratzen vor sich, Lehrer (dabei sein Deutschlehrer), Priester, Professoren, alle selbst Gefallene, die ihn erniedrigt hatten. „Bist du gut genug?", fragten sie. Frauen lächelten ihn an: „Bist du gut genug?" Werkzeuge, Autos, Bücher, Computer, „bist du gut genug, um mit uns umzugehen?" Er sah sich, wie er sich fragte, lohnt sich das, ist das gut genug für mich? Doch hinter alledem stand immer auch die Forderung: Ich muss mich verbessern, um gut genug zu sein. Ich lehne mich selbst ab. Ich bin gegen mich.

Augenblicklich wurde er von einer ungeheuren Wut durchbebt. Also diese Frage stand zwischen ihm und der Welt. Sie war der Türwächter, der ihn von Glück und Erfüllung trennte. Die Minderwertigkeit, die man ihm eingetrichtert hatte, und sein Rezept dagegen: Wenn ich nicht gut genug bin, brauche ich mich nicht zu bemühen, bin ich chancenlos. Dann tat er, was er nicht wollte; so konnte er nicht von sich enttäuscht werden. Dann schloss er sich vorsorglich lieber von sich selbst aus, um nicht von sich enttäuscht zu sein, das war sicherer. Oder er verdrängte die Minderwertigkeit; aus Angst vor Verletzungen setzte er Kompetenz und Durchsetzung ein. Er spürte, dass das Gift, das diese Frage zum Kochen und zum Verdampfen brachte, in alle Adern, in alle Zellen seines Körpers eingedrungen war und an ihm fraß wie ein Krebs. In was hatte er sich hineinführen lassen! Immer wieder, immer nur dasselbe Leiden! Bin ich gut genug? Sein Mund verzog sich, Tränen liefen seine Wangen hinunter. Was hatte er sich angetan! Was hatte er sich antun lassen! Welch verlorene Zeit! Sekunde auf Sekunde!

Die Wut sammelte sich und stieg in ihm hoch und begann, ihn zu überfluten. In ihrem Innersten erkannte er sich: Er hatte das nie gewollt. Er hatte nur mitgespielt, weil ihm niemand etwas Besseres gezeigt hatte. Du warst nicht gut genug, du warst für alles verantwortlich, du hast vor deinen Richtern getanzt, die hämisch grinsten, weil einer das Spiel noch ernst nahm! Seine Echtheit, der Wunsch anderen zu helfen, war so ins krasse Gegenteil verkehrt, weil er sich damit selbst unrein machte und sich nur schadete, wenn er nicht gut genug für seine Ansprüche war.

Keiner seiner Lehrer hatte ihm je das Vertrauen geschenkt, dass er gut genug für sein Leben war, dass seine Erfahrungen für ihn so richtig waren, wie er sie machte. Selbst seine Eltern nicht! So blieb ihm nur, sich vor sich selbst zu rechtfertigen, also war er gut genug für sich und taugte doch zu etwas! In seine Betroffenheit mischten sich Gedanken, die über ihn selbst hinausgingen. Dann war darauf das ganze System aufgebaut! Jeder wurde ständig gefragt: Bist du gut genug? Jeder musste beweisen, dass er gut war, als ob er es nicht wäre! Die Beweislast lag immer beim Einzelnen. Das System konnte lügen, morden, Geld anhäufen, aber dem Einzelnen warf man vor: Du bist sündig, du beherrschst dich nicht, du willst nur Spaß haben, du verhinderst nichts, du siehst den Ernst der Lage nicht... So war er klein und abhängig geblieben, unwissend, wie stark er war! Wie die Elefanten, die sich von schwachen Menschen willig am Rüssel herumführen ließen, weil sie ihre wirkliche Stärke nicht kannten! Aber das ist ein gutmütiges Spiel, dachte er, mich hat man bis aufs Innerste mit Gift gefüllt. Er spürte sein schönes Inneres. Warum hatte er es selbst entdecken müssen wie eine exotische Insel? Wie ein verlorenes Paradies?

Warum hatte niemand es ihm gezeigt? Wer nicht gut genug ist, hat von vorne herein kein schönes Inneres, klang der Chor der Erzieher. „Die Erbsünde ist unverzichtbar!“, riefen die Priester. So hatten sie ihn beschmutzt! Seine innere Schönheit war von Menschen, in die er Vertrauen gesetzt hatte, gegen die er sich nicht wehren konnte, missbraucht worden! Sein schönes Inneres war so nur geliehen gewesen, eine sympathische Vorstellung, eine Eskapade, ein Bonbon, um die angenommene Minderwertigkeit zu kompensieren und erträglich zu machen. Er schüttelte sich. Durch seine Flut von Wut und Tränen sah er auf Dr. Christ. Sein gefangenes inneres Schaf hatte er sich beschmutzen lassen, er hatte es selbst beschmutzt, weil er das Schäfchen-bessere-dich-Spiel angenommen und mitgemacht hatte.

Dr. Christ schien nicht berührt. Er machte ein paar Notizen, vielleicht malte er nur ein paar Zeichen in sein Heft. Dieses Spiel der amtlichen Sündenverteilung gab es für ihn nicht, da war er nicht dabei. Für ihn stellte sich diese Frage nicht. Aber er hatte sie Werner gestellt - um ihn von sich zu erlösen. Durch ihn spürte Werner jetzt Freiheit. Dr. Christ wirkte unbeteiligt und ließ Werner Raum, damit er mit sich alleine war. Dadurch war Werner völlig bei sich, nicht mehr durch die Gegenwart eines anderen gelenkt. Hätte Werner ihm widersprochen und gesagt, ich bin gut genug oder ich bin nicht gut genug, was soll die Frage? er wäre in sein altes Spiel zurückgefallen, hätte weiter alles mit sich ausgemacht und Dr. Christ hätte ihm nicht helfen können. Ohne seine wunderbare Art, die ihm jede Freiheit zu sich selbst schenkte, hätte er sich in einer Wut über seine Wut, in einer Trauer über seine Trauer der verpassten Möglichkeiten festgebissen. In Dr. Christ war plötzlich alle Freiheit aller Welt versammelt. Er machte Platz für ihn. Er verursachte nichts mehr, weil er Werner die Freiheit zu sich einräumte und zutraute. Davon wurde dieser im Innersten getroffen. Weil Dr. Christ nichts von ihm wollte oder erwartete. Ein Meister, ein Gegenüber, der ihn völlig akzeptierte... Ein Fahrzeug, hatte er gesagt. Werner spürte: In eine neue Welt. Ohne besser oder schlechter, erste oder zweite Klasse. Die Gitterstäbe waren weg.

Alles wurde unermesslich. Er begann zu schweben. Wenn er nicht mehr gut genug sein musste, hörte der Sinngrund seiner Existenz auf, hörte alles auf, hörte auch er auf, war alles einfach gut, gut, gut, gut,

gut… Er wusste von keinem Punkt mehr, an dem er sich befand. Und doch war er da, er spürte sein Sitzen im Raum. Er musste nichts mehr, nicht einmal mehr dasein. Harmonien nahmen ihn auf, bebilderten sich, wechselten gleißend schillernd ihre Form, schufen sich aus sich selbst heraus in einem ständigen Strom. Er sah Bewegungen, Gestalten, urtypische Muster, die wie von einer inneren schwebenden Leichtigkeit in ihnen selbst weitergetrieben wurden wie Wolkenfetzen in einem Zeitraffer. Alles verband sich zu etwas, das er nur als lebendige, schwingende Perfektion beschreiben konnte. Diese Perfektion wuchs und blühte jetzt auch durch ihn hindurch. Sie wogte und schwebte, tanzte und veränderte sich in immer neuen freien Übergängen. Er selbst war der unbegrenzt fließende Charakter des Ganzen, der ihn überwältigte. Nichts störte, nichts verdrängte sich, alles geschah in unermesslicher, unfassbarer Freiheit und ging ineinander über. Es gab keine Störung, keine Reibung, nur höchste Freiheit. Alles war bei sich, nichts hörte auf oder begann. Was da war, war da und blühte und schwelgte ansatzlos in andere Formen hinüber. Er sah nur noch das Eine. Er wagte sogar ein kleines Experiment. Er stellte Diktatoren und Gewaltmenschen wie Schachfiguren in das Schöne hinein und wollte wissen, wie seine Schau auf sie reagierte. Doch diese Figuren wurden klein und grau und jämmerlich. Sie waren nicht von der Art, sie hatten der Schönheit geflucht und waren innen nicht schön. Sie wollten anderes verdrängen und durch sich ersetzen, so sperrten sie sich selbst aus. Da spürte er die alles besiegende, unüberwindliche Kraft dessen, was er sah. Diese Schönheit konnte sich selbst verteidigen, so sehr war sie in sich stimmig. Sie nahm nichts auf, sie ließ nichts zu, was nicht zu ihr gehörte. Sie konnte abweisend sein. Sie sortierte aus, was ihr unverträglich war. Das Innenleben dieser Schönheit hatte eine eigene einheitliche Kraft und war geschützt. Von hier kam die Kraft der Blume des kleinen Prinzen, die überwältigende Zusammengehörigkeit alles Schönen. Auch er konnte nichts tun, nichts verändern, das war gut so. Alles lief einfach ab und war in sich zusammenpassend und gefestigt. Damit bestätigte er sich: Es waren nicht seine Ideale, er sah etwas, das über ihn hinaus, vor ihm, jenseits von ihm existierte und von selbst überall geschah, ohne ihn nötig zu haben. Das Innerste des Seins. Auch er kam von dieser Kraft, er war diese Kraft. Diese Kraft lebte jetzt auch in ihm und übertrug sich in seine Offenheit hinein. Sie trug ihn, sie nahm ihn auf. Er wusste, sie würde ihn nie mehr verlassen, denn sie hing nicht von ihm selbst ab. Sie war die innerste Wirklichkeit der Dinge, die Wirklichkeit einer Harmonie, die alles verband und durch die sich alles verbunden war, sonst hätte es nicht existieren können. Diese schöpferische Schönheit war wirklicher als jeder Traum, sie war eigenständig und zeigte sich ihm, ja rollte aus eigener Kraft in ihm ab. Er konnte sie nicht machen oder abschaffen, also war er hellwach, so wach wie nie, selbst für das kleinste Detail, das sich vor ihm aktualisierte und in ihn hineinwogte.

Die Schau war sein Leben. Er entdeckte Muster von Schönheit, die ihn immer schon fasziniert hatten. Fließende Übergänge in Tuschzeichnungen, perlende Klangfolgen in der Musik, rauschende Wasserkaskaden im Gebirge, alles entsprach etwas Entrücktem, an dem nichts falsch sein konnte. Alles, was er je als leicht, schwebend, grazil, schwerelos und damit überwältigend in der darstellenden Kunst gespürt hatte, war nun ins eigentliche Sein gerückt, stellte sich selbst dar und nahm ihn auf, als ob er in einem wunderbaren Deckenfresko versank und gleichzeitig in es hineingehoben wurde. Er sah, dass etwas Ursprüngliches schon längst war, bevor er es in der Kunst abgebildet gesehen oder gehört hatte. Daher kam die Kunst! Die große, unerschöpfliche, sich stets erneuernde, schwelgende, fehlerlose Kunst! Sie war nur sich möglich und verpflichtet. Und doch bot sie nur ein Abbild dessen, was er jetzt sah...

Und er sah die Trennung vom ursprünglichen Ganzen, die durch das materiell fixierte Abbild jedes zuvor Nicht-Existenten geschah und alles zu dem machte, als was es in seiner aufblühenden Form erschien. Das war Entstehen, selbstständig werden. Er fand sich in einer Eizelle, die wie ein riesiger Dom plötzlich nach außen undurchdringbar war, um ein Etwas in sich neu verdichten zu lassen. Das Undurchmessene verfestigte sich und gerann zum Einzelnen und verlor sein unbeschwertes Schweben. Er spürte, wie die Unruhe und Unzufriedenheit der äußeren Welt nach seiner Geburt in ihn als den Gewordenen, Verletzlichen eindrangen, wie er sich innerhalb eigener Grenzen zu schützen suchte und zum festen Kern in sich wurde. Das war sein Geburtstrauma. Nun erlebte er den Schmerz der aufgezwungenen

Entscheidungen, die Bürde der unterscheidenden Verantwortung für sich, die Trauer der Trennung vom Reinen. Ab jetzt bedeutete Sein auch Verlust, Verkriechen, Rückzug in sich. Das Sein kannte und trug Schmerz. Es hing am Veränderlichen, es hoffte, es verwünschte. Und die ihn gefragt hatten: „Bist du gut genug?" waren selbst in diesem Schmerz und luden ihn auf ihn ab! Sie selbst waren getrennt von sich, waren in sich in Deckung gegangen, deshalb fragten sie voller Misstrauen: „Bist du gut genug, tust du, was ich will, kann ich mich auf deine Unterwürfigkeit verlassen?..."

Doch die Welt der Schau kannte diesen Schmerz nicht. Diese entrückte Welt war immer noch da, wogte unbehelligt und unantastbar um ihn her und durchflutete ihn. Ihre Bilder nahmen ihn auf und trösteten ihn immer weiter, obwohl er durch sein Sehen doch schon getröstet war. Ein uralter Seinsschmerz löste sich in ihm für immer. Ein Schmerz, der vor ihm und vor ihm und vor ihm bestanden hatte und immer wieder zugegriffen hatte. Doch nun hatte er nichts mehr mit ihm zu tun. Er beherrschte das Geborene nicht mehr. Er konnte ihn nicht einmal beenden, denn er war nicht wirklich, er war nur aus seiner Annahme seines Gefangenseins heraus entstanden. Nur er selbst hatte ihn für sich wirklich und wirksam gemacht. Immer, wenn er er selbst war, unerlöst, unzufrieden, kämpferisch in den Abmessungen und Zuteilungen und Bewertungen seines Lebens eingekerkert und von sich unerlöst.

Er sah die kleine Meerjungfrau, die aus dem unendlichen Reich aus Schönheit und Liebe auf dem graugrün filigranen Grund des Meeres kam und auf der Erde einen geborenen Körper angenommen hatte, dessen Beine bei jedem Schritt schmerzten, weil sie auf das Ziel ihrer Liebe hin gehen musste. Und die ihre Stimme verloren hatte, weil sie das nicht mehr sagen oder singen konnte, was sie von den Wundern des Meeresgrundes her wusste. Um das irdische Leben und die irdische Liebe zu erfahren, lebte der Mensch in Schmerzen und sein Inneres Höchstes war verstümmelt und stumm. Jeder Mensch hat diesen Schmerz der Existenz. Jetzt spürte er, diesen Schmerz gab es nur auf der Weltebene des verzehrenden Feuers der Veränderung, der unerlösten Schmerzen der an die äußeren Phänomene gebundenen Seele. Doch dieses Feuer war nur da wirksam, wo die Menschen von ihm gebannt waren und an es glaubten, in ihrer Zeit und ihrem Raum, in ihrer Abhängigkeit, mit der sie erreichen wollten, was doch schon überall da war. Er fühlte sich weiter umbrandet und umtost und getröstet von den Fluten seiner Auflösung, von ihren Bildern, von den Wirbeln und Strömungen des Wunderbaren, Unendlichen. Da gab es keinen Schmerz, weil hier nur unzerstörbare Kraft und beständige Schönheit waren. Was er sah, waren Bilder, aber ihre Art erzählte ihm alles und wusste jede Antwort. Er sah die Urmatrix, den tragenden und ursprünglichen Grund des Seins. Gott, das ungebundene Potenzial für alles Gewordene. Nichts musste sein und für sich entstehen und geschah doch in aller Freude und Freiwilligkeit, die danach im Einzelnen vergessen schien. So war dennoch Freiheit zu sich selbst in allem angelegt und vorhanden. Sie gab Kraft und Schönheit, ungebunden schwebend alles tragend und erzeugend. Doch der gewordene Mensch erlebte das Göttliche in sich als begrenzt; als bleibendes, geschaffenes Etwas diente er der Gesamtheit des gewachsenen Seins in seiner individuellen Rolle, er suchte schmerzlich und fand nur begrenzte Erfüllung in sich. Erst das Erkennen dieses Urgrundes machte dazu frei, nun auch als Individuum das Ganze wieder zu sehen. Auch er fand jetzt Erfüllung, doch in höchster Form, denn als seiendes Wesen kehrte er zum Vorsein, zum Ungeschehenen zurück.

Das war seine Einweihung in die Geheimnisse des höchsten Lichts, das über allem ist. Wellen von Leichtigkeit und Lichtformen nahmen ihn dort, an diesem Ort, auf. Alles erneuerte sich, um im nächsten Augenblick zurückgelassen zu werden. Doch nun sah er das Gleiche, das immer da war und blieb. Und er war da, dies zu sehen! Er erkannte dass alles, was er sich je irdisch hatte wünschen können, nur existentiell wünschbar war. Deshalb hatten ihn Wünsche nie weitergebracht, sie hatten nur die Trauer um seine getrennte Form beschönigt und in ihm fortwähren lassen. Sein Leben war bis jetzt nur eine Fata Morgana gewesen, die das Wahre weit entfernt in einer unvollständigen, daher verzerrten Form über dem Horizont gespiegelt hatte.

Er nahm die Schau in vollen Zügen in sich auf und fand es als das Höchste, dass sie mit ihm zu reden schien, ihm seine Existenz erklärte: Hier bist du wirklich, all deine andere Wirklichkeit ist dir von hier geschenkt. Und du armer Irdischer wusstest dies nicht, daher hast du deine Wirklichkeit als Leid und Zwang erfahren und dich dabei bedrückt und bedroht und sterblich gefühlt. Alles ist Kraft, alles ist Freude und Geist und dein Zuhause von je her, von hier kommt alles, auch die Ahnungen, die auch alle anderen Menschen von hier haben, die sie aber in ihrer unerlösten Form nur bedrücken und traurig machen und nicht gut genug für sich selbst sein lassen.

Werner kam wieder zu sich. Er spürte, er hatte seine Zukunft erlebt, die Vergangenheit, alles war eines und einzig. Dr. Christ verließ kurz den Raum, als ob er ihm Zeit geben wollte, über das Erlebte nachzudenken.

Dann kam er zurück und verabschiedete ihn. „Jetzt sind Sie mehr wert als Adam", * sagte er. „Ihre Welt ist wieder so wie sie war, bevor Adam sie ansah, und sogar wie sie war, bevor sie geschaffen wurde." Etwas wie Erleichterung war Dr. Christ anzumerken. „Sie sind endgültig aufgewacht", sagte er. „Sie sind gerettet." Werner sah ihn erstaunt und dankbar an. „Sie haben mich beschworen. Ich bin Ihnen erschienen. Jetzt sind Sie auch über Ihr Bild von mir hinausgegangen, Sie haben über alles Sichtbare hinausgeschaut. Sie brauchen mich nicht mehr." Mit Lob in der Stimme fuhr er fort: „Sie haben sich an Ihrem Anfang gefunden und über diesen hinausgeblickt. Alles Gewordene, das Sichtbare, auch Sie, ist aus dem Licht, das Sie eben sahen, gekommen. Das Licht machte sich zum Bild des Sichtbaren und schenkte sich der Welt, obwohl es nur sich selbst kannte. Es ist ungeteilt und ändert sich nicht. Wer dieses Licht kennt, weiß, woher er kommt und wer er ist. Er ist erwählt und Erbe der Schöpfung." *

Werner hatte das Gefühl, Dr. Christ meinte damit sowohl sich wie auch ihn! Dr. Christ machte eine Pause. Er sah Werner lange an, als wollte er ihm etwas bestätigen. „Sie kennen nun für immer den Geist der Ruhe und der Bewegung, der vor jedem Werden war und immer weiter ist." * Dr. Christs Stimme drückte etwas Endgültiges aus, das über jedem Wandel stand. „Diesen Geist werden Sie nie vergessen. Es gibt nichts an ihm, das sich auflösen oder verloren gehen könnte. Dieses reine Nichtvergessen wird Ihnen erhalten bleiben, jetzt sind auch Sie unsterblich. Sie sind von nichts mehr getrennt." Er lächelte. „Sie stehen unter keiner Aufsicht mehr, nicht einmal Ihrer eigenen. Jetzt können Sie wirklich tun, was Sie wollen." * In seiner Hand war das Buch, das einzige, das in seinem Raum immer hinter ihm gestanden hatte. Er gab Werner das Buch. „Sie werden es verstehen und richtig ordnen können." Werner spürte, dass dies ihr letztes Treffen war. „Schreiben Sie auf, was geschah. Die Menschen sind reif, am eigenen Guten in sich zu wachsen, um das wirkliche Göttliche in sich zu erzeugen. Dann brauchen sie ihre äußeren Götter und wunschhaften Bilder nicht mehr." Und als ob er Werners Schau ganz verstanden hatte, fuhr er fort: „Sie haben die Freiheit von allem gefunden, auch von sich selbst."

Er wies mit der Hand auf das Buch. „Sie werden die Bedeutung dieser Worte verstehen. Mit Ihrer Seele haben Sie Kontakt zu dem aufgenommen, was darin Herrschaft genannt wird. Sie haben so Ihre mechanisch-tote Geschichte lebendig gemacht. Ich bin Herrschaft und Geist. Sie kennen mich nun auch als den Geist." Er umarmte Werner. „Sie haben beides erfahren. Sie sind angekommen. Am Ort, der immer ist und der jenseits von allem ist, das die Menschen kennen. Sie haben erkannt, was kein Auge gesehen und was kein Ohr gehört und was keine Hand berührt hat und was auf keines Menschen Herz hinaufgestiegen ist", * sagte er. „Ihr Gutes in Ihnen hat zugegeben, dass Sie mehr brauchten als das, was Sie zu Ihrer Verfügung hatten. Das alleine hat genügt, um loszulassen, um dann zu verstehen."

Er neigte den Kopf und lächelte. „Grüßen Sie Eva. Auch sie war immer hier. Sie hat die Flügel des Verstehens. Anerkennend sagte er: „Sie hat Sie von Herzen unterstützt, wie man einem Menschen von Seele zu Seele helfen soll, indem man dessen Schwierigkeiten mit dem eigenen inneren Auge versteht." Wie um das Prinzip einer solchen Hilfe zu verdeutlichen, fügte er hinzu: „Liebe deinen Bruder wie deine Seele; hüte ihn wie die Pupille deines Auges!" *

Um das Kommende, die Trennung, die wie die türlose Türe keine war, abzukürzen, sagte er: „Wir brauchen uns nicht zu verabschieden. Ich bleibe bei Ihnen, denn ich bin überall. Auch Sie bleiben bei mir, denn auch Sie sind jetzt grenzenlos und überall."

Als Werner vor dem Haus stand, ohne recht zu wissen, wie er die Treppe hinunter gefunden hatte, wunderte er sich. Ihn ereilte ein Gefühl, das er längst kannte. Immer, wenn ihm etwas wirklich Außerordentliches geschehen war, hatte er geglaubt, jetzt müsste sich alles ändern. Die Vögel müssten anders fliegen, die Wolken müssten Goldränder haben, die Menschen müssten ihn anstrahlen. Doch nichts von alledem geschah. Das Gleiche blieb sich gleich, auch wenn er es als ein völlig neuer Mensch sah. Kein Zeichen brannte am Himmel, keine Stimmen erhoben sich, nirgends waren Reihen von glühenden Lämpchen, die ihm sagen wollten, wohin er zu gehen hatte.

Und doch... Ein geheimes Einverständnis war überall spürbar, eine zuvor unerreichbare Harmonie. Das elastisch-leichte Wiegen in den Zweigen, der Flug der Vögel, das lächelnde Grün der Pflanzen, alles reimte sich plötzlich aufeinander, bis hin zu dem ursprünglichen Reim des ersten Anfangs, an dem noch nichts war und sein sollte, den er gesehen und gespürt hatte. Die Welt war einzig durch ihre innere reine und gute Kraft und Schönheit, was sie jede Sekunde in ihrem eigenen Licht entstehen ließ. In ihr lag eine einzige Harmonie, überall herrschte eine Stimmigkeit wie in einem Musikstück, in dem Wiegen der Zweige, im Farbenspiel der Gräser, über die der Wind strich, selbst in der Anordnung der Reklameschilder in der Straße. Er brauchte nirgendwo hin zu gehen, um das Schönste, Außerordentlichste, Höchste zu sehen, es war in ihm und verband sich mit der Welt um ihn!

Er war so bei sich, dass er ansatzlos, ohne Urteil, ohne Bewegung in die Wahrnehmung hineingehen konnte. Er spürte: Jeder kleinste Lufthauch, jeder Vogelflug ist, was er ist, Ausdruck einer Gesamtheit, die über allem steht. Nicht er musste sein, dass die Welt geschah. Dies hatte er gesehen, indem er vor den Beginn der Welt gegangen war. Die Worte Hölderlins fielen ihm ein: „Ehe alles geschieht..." Hier war alles ursprünglich und gut. Werner wusste: Das war seine Neugeburt, an sich selbst vorbei, ohne sich. So war er neu da, ohne sein unbedingt notwendiger Dreh- und Angelpunkt der Welt zu sein. Dass er vieles ‚sein' genannt hatte, ‚seine' Schule, ‚seine' Frau, ‚seine' Ausbildung, ‚sein' Gott, ‚seine' Welt, hatte ihn wie ein Schleier von der Welt getrennt, die nun erst wirklich um ihn war. Sie bestimmte ihn nun nicht mehr als ‚die' Welt ‚seiner' Leistungen und Bemühungen. Das war die Umkehr seines früheren Seinsgefühls: Ohne ihn, hatte er geglaubt, gäbe es alles nicht, was er sah. Er wusste nun: Die Welt kann nicht sterben. Sie geschieht nach ihren Gesetzen, nicht nur im Zusammenhang mit den Wahrnehmungen des Betrachters.

Nun war auch er frei und glücklich in einer wunderbaren Welt, die für alle Wesen da war. Bei seiner ersten Geburt als Mensch war er in eine Welt der Abhängigkeiten hineingeboren worden. Diese traumatische Welt des Vergessens, die einzig von ihm abhing, da sie mit seinem Tod verschwinden würde, hatte er abgelegt wie ein altes Kleid. In diese neue Welt um sich herum war er nun hineinkatapultiert, nichts in ihr war von seinem früheren Selbst abhängig - und damit war auch nichts in seiner neuen Erfahrung von dieser neuen Welt getrennt.

Er war nicht mehr auf die angenommene Form seiner selbst beschränkt, die mit seinem Lebensende vergehen würde. Der Balken, von dem er zuvor nicht wusste, was er war und wie er sich anfühlte, war weg. Er hatte in einem Licht gebadet, das noch ungebunden war und noch keine feste Form kannte. Mit der Unzerstörbarkeit dieses Lichts hatte er sich, wie er später herausfinden sollte, unverwundbar und unsterblich gemacht. Jetzt offenbarte es ihm die Welt, wie sie wirklich ist. Jeder Augenblick war nun mit Licht erfüllt, das sich unmittelbar überall zeigt.

Jetzt verstand Werner, was Dr. Christ vor dieser Sitzung zu ihm sagte: „Wir werden ein einziger sein, in jedem Holz, das gespalten wird, unter jedem hochgehobenen Stein." Nun wusste er: Das Einzige ist überall, ungebunden und frei in einer Welt ohne Maß- und Gitterstäbe. Ohne besser und schlechter, ohne richtig und falsch, und alles stimmt doch.

Er setzte sich zunächst wieder in sein Cafe´. Er fühlte, wie seine Vision ihm erhalten blieb. Er spürte: Alles ist Glück, alles ist Kraft. Da war ihm auch die Lösung des Rätsels klar: Sündig ist der Mensch nur, weil er mit den Augen des Körpers, die ihm das ‚Seine' mitteilen, das Unsichtbare nicht sieht. Er sieht ausschließlich das wie für ihn Entstandene, gibt ihm Gestalt und diese Ordnung bestimmt dann sein Verhalten. Das war der Absturz aller Menschen in die zweckhafte Materie, in Tische, Cafébesucher, in Geld, in die Schleifen auf den Rücken der Serviererinnen, in die Pralinen und Kuchenstücke in den Schauvitrinen, die wie Altäre wirkten, in das ganze nur für den Betrachter gemachte Arrangement. Alles erschien künstlich aufgezäumt wie die Zirkuspferde in den sandigen Manegen seiner Kindheit.

So hatte auch die Menschenwelt auf ihn als jungen Menschen vielversprechend gewirkt, bis er die abgestoßenen Lügen entdeckte, die sie zusammenhielten... Er erinnerte sich an diese billig glitzernde Zirkuswelt, und wie er bei näherem Hinsehen entdeckt hatte, wie abgestoßen von vielen Transporten die bunten Stangen des Zelts und wie geknickt die farbigen Federbüsche auf den wippenden Pferdeköpfen waren.

Kafkas Zirkusprinzessin fiel ihm ein, die immer erschöpfter reitet und reitet, Runde um Runde, angetrieben vom Beifall der Menschen, die immer matter wird und innerlich nur noch weint - das Ganze in einer endlosen Satzgirlande, wie ein Leben, das Sekunde für Sekunde in einem schäbigen Zirkus zergeht, in einer endlosen Vorstellung, in einer Sackgasse, die immer nur die eine unglückliche Sekunde dauert, die gerade geschieht – und aus der er jetzt und für immer ausgetreten war. Auch sein Leben war an ihm in einem tagtäglichen Rollenspiel, das Geld und Sicherheit versprach, vorbeigeflogen.

Er lehnte sich zurück und dachte nach. An vorher. Was hauptsächlich war da anders gewesen? Er hatte sich trotz aller äußerer Sicherheit immer irgendwie gefährdet gesehen. Alles war immer in Gefahr. Denn er hatte geglaubt, mit dem Tod sei alles aus. ‚Seine' Welt, für die er lebte, ‚sein' Auto, ‚seine' Frau, ‚seine' Schule, all das würde mit ‚seinem' Tod einfach weg sein. Was er hatte, Vorlieben, Beziehungen, familiäre Bindungen, war weg, alles war aus, wenn der Tod ‚sein' Leben gegen seinen Willen beendete. So war alles Glück, das er liebte, von baldigem Entschwinden bedroht, wie der Geograph im kleinen Prinzen dies über Rosen und die schönen Dinge des Lebens sagte. So hatte er sich ständig an einem Abgrund gefühlt. Und aufgeschoben war nicht aufgehoben.

Der Tod machte so aus seinem Leben ein Spiel um Alles oder Nichts, Sein oder Nichtsein. Er war ein Begleiter, der ständig mahnte: Irgendwann geht nichts mehr, schon wieder eine Sekunde, ein Tag, eine Gelegenheit verloren, vertan, verpasst! Von dieser Vorstellung des Todes kam sein ständiges Verlustgefühl!

Und der Unterschied zu jetzt? Es war erleichternd. Er sah um sich. Tische, Stühle, die Theke waren da, sie lebten, sie sprachen zu ihm, nicht mehr in dieser grauen Sprache des Lebens auf Zeit. Sie leuchteten mit dem, was sie waren, und wenn dies zuvor noch so banal war, jetzt war es köstlich und wunderbar. Ihr Sein ging auf jeden Fall weiter, selbst wenn es ihn nicht gab. Die ganze Welt war auf ihre eigene Weise komplett, wunderbar und göttlich. Alles wäre weiter da, in immerwährendem Glück, auch wenn er nicht war. Es würde sich überhaupt nichts ändern.

Damit hatte er sich geändert. Er spürte dem nach. Das Dumpfe, Besorgte, Wertende aus seinem zuvor immer angestrengten Blick war verschwunden. Sein Blick ging ungehindert durch Materie, ohne Gefühl von Zeit und Bindung in die Welt. So sehen Neugeborene noch in die Welt. Alles war da, wunderbar und ohne Wertung, alles lebte ohne Anfänge und Enden. Dies war also die Erfahrung der Unsterblichkeit! Klar und einfach. Wenn man über sich hinaussah, war alles immer neu und für immer da. Nur Leid und Tod waren nicht mehr da.

Also konnte man schon vor dem Tod über den Tod hinausgehen, ihn so unwirklich machen, ablegen, nicht mehr im Sinn haben und nicht mehr als Dauerbedrohung um sich wissen. Der Tod war eine ständige, ihr Leben unterwühlende Gegenwart in den Menschen, ein Damoklesschwert, das sie ständig bedrohte. Wer diesen Stachel auflöste, war im Licht!

Jetzt wusste er auch: Es gab kein spezielles anderes Jenseits, in das er einst kommen würde. Wenn es keinen Tod gab, gab es nichts anderes, in das er einst kommen würde. Alles war jetzt und immer da. Alles um ihn herum war bereits genau so umfassend Jenseits wie Diesseits. Das andere, Unvorstellbare, Jenseitige hatte ihm nur sein unwissender sterblicher Teil eingeredet. Nach seinem Tod würde er sich so weiter empfinden, wie er jetzt an einem Tisch eines Cafés saß... Einfach weiter so...

Dann war er auch jetzt schon im Paradies, wenn es hinter keiner Mauer mehr verborgen war. Man könnte einen Erleuchtungstest machen, dachte er. Wer mit Ja ankreuzen kann: ‚Ich weiß aus eigener Erfahrung, dass der Tod an nichts etwas ändern kann und dass ich durch ihn keinen Verlust haben werde', der ist erleuchtet. Der Tod war nur die Ur-Idee eines Verlustes, einer Bedrohung in einer Welt, die dadurch einen Schaden hatte, in der ständig etwas zu reparieren war.

Doch nichts ging je verloren! Nur die Menschen klammerten, weil sie an Verluste glaubten und waren so selbst verloren.

Jetzt wusste er auch, was Dr. Christ mit Ruhe und Bewegung gemeint hatte. Wer unsterblich ist, hat eine höchste Ruhe in sich, die von keiner sterblichen Unruhe der Angst und des noch-mehr-Habenwollens berührt wird. Und um ihn ist Bewegung, die Anfang und Ende in sich trägt, Gäste, die Serviererinnen, die Vögel am Himmel. Und beides geht zusammen, ist das Siegelzeichen des Höchsten, der die Welt aus seiner Ruhe in die Bewegung entließ.

Werner spürte, dass die ganze Welt gerettet war, wenn er einfach so an diesem Tisch in einem Café saß und um die Unendlichkeit aller Welten wusste und sich in sie hineinversetzen konnte. Er wusste, dies würde er sein ganzes Leben hindurch weiter erfahren... Das war Reichtum. Wenn man weiß, dass nie etwas verloren geht, dass nichts je verschwinden kann, dass nichts davon abhängig ist, ob und wie es da ist und ob jemand dies sieht... Doch die Menschen kämpften um ihr Leben, das sie doch für immer hatten, sie erwarben sich mühselig die Inhalte dieses Lebens, doch nur diese Berechnung ließ ihre Welt bedroht und voller Unglück erscheinen. So machten sie sich an den gleichen Dingen arm, die er nun als immerwährenden Reichtum erlebte. Sie hatten nichts Wirkliches, und doch kämpften sie darum. So verloren sie ihr Leben andauernd, wie auch er in seiner Verlustsekunde eingesperrt gewesen war. Nun verlor er seine Zeit nicht mehr, jeder Moment schenkte aus sich heraus Neues, das von wiederum Neuem abgelöst wurde. Das war sicher.

So war Dr. Christ ein wirklicher Weltenretter, der das Leben in die Unsterblichkeit erhob, wenn er nur einen Stift fallen ließ oder durch eine Straße ging. Das färbte ab: Einfach da sein, hier in dieser wunderbaren Welt, die ein Wunder des höchsten, unzerstörbaren Glücks war. Alles wurde leicht. Es war die Krönung, einfach da zu sein. Es zu genießen, bis in die letzte Unendlichkeit, die nie endete. Sehen, was kommt. Sich fallen zu lassen wie einen Bleistift, und zu wissen, es gibt eine Dimension, in der nichts fällt, in der nichts verursacht wird, und diese Ebene trägt dennoch alles und lässt nichts fallen... Sie ist die größte Sicherheit und Geborgenheit, der Zustand absoluter Rettung...

Mit dem ewigen Licht, dem tanzenden Licht des Herzens, wie er es für sich nannte, sah Werner nun überall reine Freude, das Geschenk Gottes, seinen Hauch überall. Das Losgelöste, Unbedingte, das nicht einmal auf sich selbst angewiesen war. Nun hatte er ein Rätsel erfahren und spürte, es würde seine Aufgabe sein, es immer weiter kennen zu lernen und aufzulösen. Es war die Verbindung von Seele und Körper, von Unwissenheit und Wissen, von Leid und Licht, von Materie und Geist, von ihm und der Welt. Wie konnten sie direkt nebeneinander her, ja ineinander existieren?

Dabei war dieses Rätsel völlig einfach. Es stand vor ihm, es war um ihn herum, es hatte ihn hervorgebracht. Ohne dieses Rätsel ist der Mensch nicht Mensch. Alle Teile des Körpers sind zu einem sichtbaren lebendigen Strauß gebunden. Stirbt der Mensch, zerfällt der Strauß und die Seele fliegt davon. Sie war nie in Sünde gewesen, nie im Körper und seiner Zeit gefangen, denn sonst wäre sie es jetzt auch noch. Er spürte, wie innerlich frei er jetzt war. Er wollte sein neues Sein für sich zusammenfassen. Spontan kam ihm die Formel: „Ich bin der ich bin." Das war es. Er spürte sich als das grenzenlose Sein, das immer war und immer ist. Er freute sich auf Eva. Sie würde nicht neidisch sein und ihn für überheblich halten, wie später vielleicht andere Menschen.

„Ich habe das absolut Gute entdeckt", sagte er zu Eva am Abend. „Es löst jedes Leid auf wie Sonne den Nebel", fuhr er fort. Eva sah ihn fragend an. „Die Sonne ist zwar nicht der Nebel, aber sie hat diese Wirkung", sagte Werner weiter. „Das Gute kann dies auch. Ich erkläre es dir. Ich sah früher immer nur das äußere Gute: ein gutes Auto ist eins, das keine Probleme macht, ein gutes Essen schmeckt und ist erschwinglich, ein gutes Angebot, da stimmt das Preis-Leistungsverhältnis." Weiter sprudelte aus ihm heraus: „Aber all das gibt es, ohne dass die Ingenieure oder Küchenchefs oder Kaufleute mich kennen. Dieses Gute hatte mit mir selbst nichts zu tun. Dr. Christ hat mich auf die Spur gebracht, dass das Gute in mir ist, aus mir heraus sah ich dann überall in der Welt das gleiche Gute, jetzt kenne ich das absolut Gute, dies gibt es einfach."

Er war begeistert: „Wer Verbindung dazu hat, ist für immer aufgehoben und angenommen, egal, was man tut oder wo man ist", fuhr er fort. „Und all das hat mit mir zu tun. Ich konnte es nur über mich entdecken, als eigene Erfahrung, jetzt als meine eigene Veränderung." Er sah Eva an. „Ich bin unsterblich, alles ist Reichtum, alles wächst", sagte er dann. Eva freute sich mit ihm: „Wenn du diesen Vorgang anderen Menschen erklären wolltest, mit einem Beispiel, das alles trifft, wie würdest du das tun?" Werner überlegte. Dann sagte er: „Es ist wie bei einem Kreisverkehr. Auf der äußeren Spur sind nur Zeichen, Pfeile, Hinweisschilder, die auf das Abbiegen hinweisen. Und die Menschen haben Angst vor diesem Abbiegen, weil dies für sie das Unbekannte, auch der Tod ist. Dann wollen sie so sehr das Abbiegen verhindern, dass sie nicht merken, dass es eine mittlere Spur gibt, auf der man fahren kann, wie man will."

Werner überlegte. „Hier lebt man, statt gelebt zu werden", fiel ihm dazu ein. „Und man kann es auch regnen lassen, wenn man will", sagte Eva lächelnd. „Und dann gibt es das Innerste, um das alles angelegt ist", sagte Werner. „Hier ist alles wunderbar und absolut ruhig, man lässt das Auto stehen und kann alles genießen. Man muss nichts mehr tun, man ist absolut frei. Alles ist ruhig und wunderbar; Streit und Hektik gibt es hier nicht mehr und noch nicht... Es ist das Innerste der Welt. Wer hier ankommt, herrscht über das Universum." Er fasste zusammen: „Und all dies ist in einem selbst angelegt. Doch wenn man die Spur wechselt, erscheint das zunächst wie eine Krise. Aber wenn man jemand hat, der sich auskennt, braucht man keine Angst zu haben. Möchtest du nicht auch zu Dr. Christ gehen?", fragte er dann.

„Frauen brauchen das göttliche andere nicht zu suchen", sagte Eva. „Sie empfangen es, wenn sie nur aufmerksam genug sind. Die Götter kommen zu ihnen. Jupiter kam zu Leda und Alkmene. In der Bibel steht, dass kosmische Geistriesen sich mit den Erdentöchtern verbanden und mächtige Nachkommen zeugten. Der Engel kam zu Maria und überschattete sie, wie es heißt." Eva lächelte. „Frauen sind da bevorzugt", sagte sie. „Sie müssen nur den Mut haben, groß und selbstmächtig zu sein, ohne es nötig zu haben wie ein Mann, dann werden sie für das Göttliche erwählt, das zu ihnen kommen wird." Sie sah Werner liebevoll an. „Du als Mann musstest auf die Suche gehen und dich klein machen. Du musstest erst einmal lieben lernen, indem du dich selbst aufgabst wie eine Frau. Das nanntest du die Spur wechseln. Das brauchen die Frauen nicht zu lernen." Eva richtete sich auf. „Ich wusste von Anfang an, dass du einmal genau der Göttergatte sein wirst, für den ich bereit und mutig war. Mir fehlt also nichts. Deshalb musste ich nie so unzufrieden und unruhig sein wie du als Mann."

Eva genoss es, dass Frauen bereits durch ihre Bereitschaft Dinge geschehen lassen konnten. „Aber ich habe das gerne ausgehalten. Du fandest dich in deinen Geschichten und klärenden Krisen wie ein Künstler. Und jetzt kennst du dich aus, das reicht." Und ganz schlicht fügte sie hinzu: „Jetzt wo du am Ziel bist, werde ich dich nur ansehen und auch am Ziel sein. Dieses Vertrauen hat man eben als Frau. Das hatte ich schon, als ich dich zum ersten Mal sah, als du noch der nervöse, hektische Lehrer warst, der nur mit sich und seiner unerlösten Welt gekämpft hat." Werner fühlte sich durchschaut, als ob Eva ihn mit einem Röntgenblick durchleuchtete. „Frauen haben die Gabe, in sich zu ruhen", sagte Eva. „Aber ich gab diese Ruhe auf, als ich zu dir kam. Ich habe einen Sprung zu dir gemacht, wie die Rose des kleinen Prinzen, die von weit her auf seinen Planeten kam."

Werner sah Eva an. So war auch von Eva eine Kraft ausgegangen, die ihn belebt und gestützt, begleitet und immer wieder aufgefangen hatte. Auch in ihr war genau das vom Besten, das man sich nur vorstellen konnte. Es war einfach da, und darum ging es... „Ich freue mich, bei deinem neuen Leben dabeizusein. Durch deine Erfahrungen bei Dr. Christ hast du einen Sprung in dein Innerstes und auch zu mir gemacht, jetzt bist du da", sagte sie. Sie nahm Werner in die Arme. „Du bist von dir erlöst, damit ist deine Welt erlöst. Und jeder Tag, an dem du noch an dir gelitten hast, war einer zu viel."

Als Nächstes wollte Werner wissen: Gab es die Erfahrung seines veränderten Zustands schon irgendwo zuvor? Er wurde fündig, in der Bibel, bei Hesekiel: Der Prophet sah Tiere, die zu Rädern wurden, die sich zu Engeln wandelten. Er beschreibt genau so die innere Mühelosigkeit der Bilder, wie auch er selbst sie erfahren hatte: „Wenn die Räder gingen, mussten sie sich nicht herumlenken, sondern wo sie hingingen, gingen sie stracks vor sich... Sie gingen aber, wo der Geist sie hin trieb - und mussten sich nicht herumlenken, wenn sie gingen." Auch dieses Ineinander, ohne anzustoßen, ohne Verdrängung war in der Sicht des Propheten da: „Und die Räder waren wie ein Türkis und waren alle vier eins wie das andere, und sie waren anzusehen, als wäre ein Rad im anderen. Wenn sie gehen sollten, konnten sie nach allen ihren vier Seiten gehen und mussten sich nicht herumlenken, wenn sie gingen." Das war auch sein eigener Eindruck gewesen: Nichts war mechanisch, nichts wurde gebremst, in eine neue Richtung gebracht oder getrieben. Nichts stieß aneinander, nichts drückte oder beanspruchte Platz oder Raum. An die fünfzehn Mal wiederholt Hesekiel diesen besonderen Charakter der Bewegungen mit allerhöchster Genauigkeit, denn solche Visionen sind gestochen scharf und prägen sich ein, daran erkennt man ihre Wichtigkeit. Alles geschieht einfach und von selbst, völlig frei aus sich heraus.

Diese Schilderung entsprach genau dem, was auch er gesehen hatte. Dieser ansatzlose Wirbel der Räder, bei dem alles auch anders sein konnte. Schwerelos, ziellos, ineinander übergehend, doch in sich vollkommen, ungebunden, unbeirrt durch Masse oder Form. Ungehindert, durch nichts beeinflusst, ohne Reibung in absoluter Selbstständigkeit. Weiter spricht der Prophet von einem saphirblauen Thron: „Es war lichthell, und inwendig war es gestaltet wie ein Feuer um und um. Gleichwie der Regenbogen sieht in den Wolken, wenn es geregnet hat, also glänzte es um und um." Er spricht von einem Wind, der ihn aufhebt, von einem honigsüßen Geschmack; die Engel nehmen Feuer in ihre Hände, das sie nicht versengt...

Genau dieses Erstaunliche hatte auch er gesehen. Er suchte nach einem Begriff, um das Besondere seiner Erfahrung zu treffen. Da kam ihm die Erklärung: Das Physikalische war aufgehoben. Das Festgelegte in der Materie. Das tanzende Licht war überall da, frei, unbeschwert, vollkommen. Wer dies sehen konnte, spürte er, erlebte den Aufstieg vom Erwachten zum in die Geheimnisse des Höchsten Eingeweihten.

Überall war eine ihm nun sichtbare Einheit, die einfach geschah. Nur die Menschen waren wie auch er zuvor aus dieser inneren Freiwilligkeit ausgeschlossen. Sie agierten von sich selbst getrieben so oder so, bremsten sich, überlegten, vermieden Dinge, die sie nicht ansehen wollten. Das tickte rein mechanisch und ‚physikalisch', er spürte, ihr Hirn war wie das schwere, rasselnde Räderwerk einer Turmuhr. Das war schwerfällig, angeschoben, beladen, durchschaubar, ängstlich, abstoßend, berechnend, verdrängend, gezwungen, bedrückend, mit Widerstand. All dies waren Eigenschaften, die auf eine psychisch-physikalische Wechselwirkung hinwiesen. Jetzt sah er auch, warum der kleine Prinz auf das mechanische Flugzeug des Piloten mit einem Lachanfall reagierte und dann sagte: „Auf dem Ding da kannst du nicht allzu weit herkommen..." Mit dem Verstand, von dem man sich auf Leben und Tod abhängig glaubt, kommt man auch nicht allzu weit. Und er setzt die Grenzen, bis da hin, nicht weiter. Dann kommt man doch weiter, aber zuvor hatte man nur mit sich selbst gekämpft und sich so behindert.

Durch diese mechanischen Berge von Erwartungen und Widerständen kämpften die Menschen sich tagtäglich durch. Man wollte etwas, oder man vermied es. Man sah Hindernisse wie Verbotszeichen, die sich einem in den Weg stellten. Immer wieder waren zähe Bemühungen oder ängstlicher Rückzug angesagt. Dieser physikalische Druck, der die Menschen ständig mit der Kraft einer Uhrfeder mechanisch antrieb und ein Leben lang nicht freigab, war in ihm aufgehoben. Er existierte auch in der ganzen Welt nicht mehr. Alles war, wie er es zuvor schon als kurzen Lichtblick gesehen hatte, freiwillig, aus purer Freude, ein Blumenstrauß, der sich ohne jedes Zutun aus eigener Leichtigkeit zusammenhielt und immer weiter blühte.

Doch warum waren die Menschen nicht mehr in der Einheit, die er gesehen hatte? Er erhielt die Lösung, weil er sie ja in sich trug, indem er sie gesehen und in sich aufgenommen hatte... Er dachte an die Verlustsekunde, deretwegen er zu Dr. Christ gegangen war. Sie hatte für ihn Stress und Ohnmacht bedeutet. In seiner Schau gab es solches nicht. Hier war alles anders. Hier war alles - das Wort unendlich kam ihm spontan - unendlich, zeitlos, ewig, entrückt. Fragen nach Anfang oder Ende, nach Leben oder Tod, nach Ja oder Nein, nach Umweg oder direktem Angehen, stellten sich hier nicht, weil es das nicht gab.

Er dachte weiter. Hatte man die Menschen nicht belächelt, die früher geglaubt hatten, das Ende der Zeit sei nahe? Hatte man nicht die Propheten als Endzeitpropheten lächerlich gemacht, weil das von ihnen prophezeite Ende der Zeit nie gekommen war? Doch es war genau anders herum! Das Endliche kann von Menschen, die sich in ihrer halben Wahrnehmungssekunde für endlich und sterblich halten müssen, nie vollendet erfahren werden. Deshalb bekämpfen sie geistige Erfüllung und halten ihre Beschränktheit für das einzig Wahre. Doch in seiner höchsten Erkenntnis war er nun über Anfang und Ende aller mechanischen Zeit hinausgegangen, er hatte das Ende seiner endlichen, damit sterblichen Zeit erlebt.

Denn nur als sein sterbliches Selbst hatte er in seiner endlichen Sekunde eingeschlossen gelebt, in der er sein Leben abzuleben und zu verlieren glaubte. Noch so oft Ferien, dann die Pensionierung..., dann... alles aus, der Tod. In dieser durch ihn selbst endlichen Endzeit war er deshalb gefangen gewesen, weil er glaubte, er sei aus sich heraus er und nur für sich entstanden, damit selbst endlich - und damit könne er auch verloren gehen! Diese Endzeit war also nur durch sein sterbliches Bewusstsein verursacht, das ihm ständig erzählte, dass seine Zeit und damit auch er selbst zu Ende gehen würden. So hatten Verlust und Druck seine Zeit und ihn selbst bestimmt und portioniert - weil auch er sich als endliche Menge, als beschränkte Überlebensration empfand und so in einer andauernden Endzeitpanik war.

Zeit gab es nicht mehr als Problem, sie ließ die Dinge geschehen und ging immer weiter, sogar ohne als Zeit zu sein. In wunderbarer Schönheit schenkte sie alles neu, aber ohne ihn zu bedrängen. Denn in ihrer Mitte gab es keine Zeit, keine Bewegung, nur Ruhe... Ein Gedanke kam ihm: Wo ein wahrer Prophet auftritt, ist Endzeit, weil er die endliche Zeit der Menschen um sich zu Ende gehen lässt. Damit lässt er das Rennen und Hetzen der Menschen um ihn herum als absurd erscheinen. Wenn diese endliche Zeit nicht mehr in ihm tickte wie in einer Zeitbombe, war er dann ebenfalls ein Prophet?

Nun verstand er die Rolle von Dr. Christ. Gott war so umfassend, dass er die Menschen nicht dazu aufrufen konnte, sich ihm zuzuwenden. Er war ja überall in der Schönheit seiner Schöpfung, auch in den Menschen enthalten. Er brauchte den Sohn für diese Aufgabe. Gott konnte den Menschen nicht sagen, ihr benutzt eure Hirne wie eine Fehlkonstruktion von mir, er war ja alles und stand über allem. Auf die Trunkenheit der Menschen konnte nur der Sohn hinweisen. Deshalb schickte er ihn, der von den Machthirnen der Menschen, die nur sich selbst anerkennen wollten, umgebracht wurde...

In dieser Phase hatte Werner eine Unterredung mit dem Direktor der Schule. Und sie wurde fast zu einer Demonstration der obigen

Erkenntnisse. „Fassen Sie dieses Gespräch bitte nicht als dienstlich auf", sagte der Direktor, „wir sollten uns einfach einmal unterhalten. Wie geht es Ihnen mit der Schule?", fragte er dann in beiläufigem Ton. „Durchwachsen", antwortete Werner. „Das merkt man Ihnen an", sagte der Direktor.

„Ich weiß nicht mehr so recht, was die ganze Schule soll", fuhr Werner fort. „Was soll denn die Schule", wiederholte er. „Vielleicht wissen Sie es." „Natürlich weiß ich das", sagte der Direktor. „Wir bringen den Kindern Fertigkeiten bei, mit denen sie später im Leben zurechtkommen." „Genau daran habe ich meine Zweifel", sagte Werner. „Was heißt für das Leben? Was ist das Leben?" Er wandte sich direkt an den Chef: „Wie sehen Sie Ihr Leben?" „Ich stehe in der Verantwortung, dass die Schule richtig funktioniert", sagte der Direktor. „Wir haben einen reichen Schatz an Kultur, an Geschichte, an wissenschaftlichen Erkenntnissen. Diesen geben wir an die nächste Generation weiter."

„Das habe ich früher auch geglaubt", sagte Werner. „Doch inzwischen sehe ich das anders." Der Direktor sah ihn erstaunt an. Unser Lehrer lehnte sich zurück. „Ich erzähle Ihnen etwas von mir", sagte er. „Als ich ein Kind war, ging meine Mutter ins Kino. Am nächsten Morgen erzählte sie, wie sie dort gesehen hätte, dass Menschen mit einem Schiff über das Meer fuhren, wie Häuser gebaut wurden, wie sich Schlachten mit Tausenden von Soldaten abspielten. Und ich fragte mich, denn ich kannte das Haus, in dem der Kinosaal war, wie man das Meer dort hineinbrachte, wie man Tausende von Soldaten mit Gewehren und Geschützen dort hinein brachte. Und wenn ich sie danach fragte, sagte sie: Das sieht man eben so. So geht es mir mit der Schule. Man bringt eine Welt in die Köpfe und es ist wie mit dem Kino meiner Mutter. Sie sah alles, aber es war nicht wirklich. Sie sah es nur so. Genau so erscheint mir die Schule. Sie beginnt pünktlich, die Schüler erscheinen vollzählig, man bringt Wissen in ihre Köpfe hinein, die Schüler können es memorieren und reproduzieren, sie lernen, wann irgendwelche Schlachten stattfanden, wie man einen elektrischen Widerstand oder einen Reibungsfaktor ausrechnet, wie man korrekt auf Englisch oder Französisch nach der Uhrzeit fragt."

„Genau", unterbrach ihn der Direktor, „wir sind ein Handwerksbetrieb. Wir verlegen keine Rohre, wir verlegen festes und korrektes Wissen in den Köpfen. Damit können unsere Schüler später wieder Lehrer werden, Zeitungsartikel schreiben, in Labors nach Mitteln gegen Krankheiten forschen. Mir reicht das", sagte der Direktor. „Ich liefere eine anständige Arbeit ab, dafür werde ich sehr gut bezahlt. Ich leiste mir schöne Ferien, nach meiner Pensionierung habe ich noch viele Reisen vor. Kultur, Musik, nichts wird zu kurz kommen." Er sah sein Gegenüber an, als ob damit jeglicher Zweifel ausgeräumt war. „Sie vertreten damit eine rein materialistische Weltanschauung." - „Wenn Sie so wollen, ja", sagte der Direktor. „Alles andere sind schöne Neujahrsansprachen, Spekulationen über den Sinn des Lebens, Garnierungsvorschläge für unser Leben, das aus Arbeit, Schlaf und Freizeit besteht. Da suche ich mir eben die beste Kombination aus."

„Würden Sie das den Schülern so sagen?" - „Nein, natürlich nicht", sagte der Direktor und hob abwehrend die Hand. „Unsere offizielle Philosophie ist eine etwas andere, wie Sie wissen. Da sprechen wir von geistigen Werten, christlicher Verantwortung, Verpflichtung für das Gemeinwesen. Dafür treten wir ein." Werner unterbrach ihn fast: „Und wenn Sie Ihre Pensionierung nicht erleben, wenn wegen eines Unfalls oder einer Krankheit die Reisen flachfallen?" - „Dann habe ich falsch kalkuliert", sagte der Direktor.

„Ich würde Ihren Materialismus an sich nicht kritisieren. Jeder soll etwas dafür haben, dass er etwas leistet", räumte Werner ein. „Aber mich stört die Berechnung. Dann sitzen Sie mit anderen auf dem Kreuzfahrtschiff oder im Konzertsaal oder auf dem Safarihochsitz und jeder sagt sich: Meine Rechnung ist aufgegangen, ich bin jetzt hier, weil ich mir das leisten kann. Damit ist doch keiner wirklich anwesend und kontrolliert nur, dass er die im Katalog versprochenen Leistungen erhält. Dann ist jeder nur Zuschauer in seinem Leben wie meine Mutter im Kino." Der Direktor ging nicht darauf ein. „Dann ist das Leben ein Planspiel", sagte der Schulleiter, „dann sind die Menschen eben berechnende Wesen."

Plötzlich fühlte Werner sich seltsam wohl. Früher hatte er zu diesem Direktor fast aufgeblickt. Er hatte alles im Griff, er war überzeugend. So hatte auch er sein wollen. Jetzt sah er, dass dieser Mensch nur ein Schauspieler war, ein Darsteller, jemand, der nichts als seine Tonbänder besprach und sich dabei zuhörte. Und dabei war er völlig abhängig von sich selbst und davon, dass er seine Ziele erreichte, dass sein Planspiel aufging. Er hatte kein ‚Du' in der Welt, er sah nur sich.

Werner fühlte sich plötzlich wie der kleine Prinz, der einem großen, fest von sich überzeugten Gegenüber nicht auf den Leim ging. „Ich überlege mir, was ich mit meinem Leben machen will", sagte er dann. „Und mit Ihrer Berufsauffassung werde ich in dieser Wissensfabrik Tausende von egoistischen und berechnenden Klonen produzieren, praktisch, quadratisch, für alles verwendbar, die mit Zwanzig ihre spätere Rente ausrechnen. Autisten, die nur auf eigene Rechnung leben wollen." Der Große Bruder von George Orwell ist kein äußerer Diktator, dachte er dabei, er sitzt im Kopf und kalkuliert und macht alles beherrschbar. Er redete weiter: „Und alle ihre Bedürfnisse werden industriell erledigt. Reiseindustrie, Bauindustrie, Unterhaltungsindustrie, Pharmaindustrie. Die Menschen müssen nur noch funktionieren, um das nötige Geld herbeizuschaffen, um die Industrien zu bezahlen und in Betrieb zu halten."

„Industria heißt Fleiß, und ohne Fleiß kein Preis", bemerkte der Direktor, der seinen Lateiner nicht verleugnen konnte. Er erhob sich. „Immerhin, ich spüre, Sie meinen es echt. Diese Echtheit werde ich in meinem ganzen Leben nicht mehr erfahren." Er lächelte freundlich. „Aber mir reicht es so wie ich bin." Er sah seinen Untergebenen an und wurde zuvorkommend. Sich entschuldigend sagte er: „Ich hatte keine sehr leichte Jugend." Er reichte seine Hand: „Lassen Sie es hin und wieder einmal regnen, aber in verträglichen Dosierungen." Er erhob sich und begleitete Werner zur Tür. „Für Sie steht Sturm und Drang nicht nur im Lehrplan." Damit verabschiedete er ihn.

Werner stand auf dem Gang. Der Direktor war gefangen in seinen Berechnungen. Wie ein Elefant verheddert in Tauen, die ihm durch seine praktische Vernunft angelegt waren, dachte er. Oder wie der Riese in Gullivers Reisen, der von winzigen Stricken gefesselt war. Bei aller sogenannter Willensfreiheit war er vorsingender Tenor des Gefangenenchors der Lehrer. Die Geschichte von Dr. Christ fiel ihm wieder ein. Ein Mann hat alles in der Scheune, dann ist er tot. Aber solche Tote aufwecken konnte er noch nicht.

Es erstaunte ihn, dass er den Direktor nun geschehen lassen konnte wie einen Stift, den Dr. Christ fallen ließ. Dies war eine für ihn völlig neuartige, einzigartige Tat, und er ließ sie geschehen, dadurch dass er dies wusste. So war der Direktor mit seinen Rechtfertigungen plötzlich seine Tat – indem er nichts getan hatte! Indem er den Direktor innerlich losließ und dahin entließ, wo dieser zu sein glaubte, in seine Pflichten, in seine Rechtfertigungen und Ansprüche. Er war aus dessen Besessenheit mit den eigenen Wünschen und Berechnungen ausgetreten, indem er ihn vor sich geschehen ließ - was er konnte, weil er nicht mehr im gleichen Boot mit ihm saß, weil er nicht mehr in der gleichen Sekunde, am gleichen mechanischen Ort wie er war.

Er ging ins Lehrerzimmer. Ihm wurde leicht. Das Joch des Dr. Christ war tatsächlich eine ungeheure Erleichterung! Der kleine Prinz fiel ihm ein, dessen Rose ihn mit ihren Ansprüchen und Wünschen beeinflusst hatte: „Ich hätte nicht auf sie hören sollen. Man darf den Blumen nicht zuhören, man muss sie anschauen und einatmen." Also galt nun auch für ihn: anschauen, mitfühlen, loslassen, geschehen lassen, von einer neuen universellen Warte aus sehen und verstehen, wenn etwas so war wie es war... wie auch der kleine Prinz, wie Dr. Christ...

Zögernd gab Werner vor sich selbst zu, dass er mit seiner neuen Freiheit nun auch Macht über den Direktor hatte, weil dieser in seinem Machtspiel gefangen war. Er gab nichts von sich her, er wollte nur herausholen, was ging. Er sah die anderen Lehrer an, die um ihn her korrigierten oder etwas lasen oder sich in kleinen Grüppchen unterhielten. Er spürte in sich etwas Neues, Schönes, Kraftvolles, das mit alledem nichts mehr zu tun hatte. Fast erschreckte ihn das. Aber hatte er es nicht gewollt? Hatte Dr. Christ es nicht gesagt? ‚Und wenn er gefunden hat, wird er verwirrt sein. Und wenn er verwirrt ist, wird er verwundert sein und über das Universum herrschen.'

Er war nun nicht mehr in der Gummizelle, die ihn einmal umgab. Er war an einem Ort der absoluten Herrschaft und Schönheit. Hier konnte ihn niemand greifen oder verfolgen. Er hatte die Welt der Menschen in sich besiegt, wie Dr. Christ ihm prophezeit hatte. Warum? Weil er nun geschehen lassen konnte.

„Ich fühle mich wie in eine andere Welt versetzt", erzählte er Eva am Abend. Eva sah ihn aufmerksam an. „Da muss einfach nichts geschehen. Ich bin da und alles geschieht von alleine. Jetzt verstehe ich, warum Dr. Christ nie von einem Bewusstsein gesprochen hat. Oder von Entscheidungen." „Du bist erleichtert", sagte Eva. „Die Unterschiede wirken einfach nicht mehr so wie vorher", sagte Werner.

„Was waren denn meine Unterschiede?", dachte er laut nach. „Gute Noten, schlechte Noten, Geld, Beförderung, nette Kollegen, Unausstehliche. Und bei diesem Sandkastenspiel wäre mein Leben vergangen. Aber wichtig und groß und doch irgendwie verloren wäre ich mir dabei vorgekommen." Er lehnte sich zurück. Eva schenkte ihm ein Glas Wein ein.

„Du hast eben in der Hauptsache negative Unterschiede gesehen", sagte sie. „Es gibt doch auch liebevolle Unterschiede. Man kann doch auch einem Kind ein Kopfkissen zurechtrücken, oder ein gutes Gespräch führen." Doch sie verstand. „Du warst in deiner Schule nur mit lieblosen Unterschieden beschäftigt. Immer nur Fehler nachweisen, kritisieren, korrigieren, und wenn du etwas beigebracht hast, stand schon gleich die Absicht dahinter, es wieder abzufragen." Werner erzählte von der Unterredung mit dem Direktor: „Er hat sich mir als das Nichts gezeigt, das er ist. Er lebt nur für seine Erwartungen. Wenn die nicht eintreffen, gibt es ihn nicht." Er stellte sich auf das Neue in sich ein: „Ich spüre jetzt eine Welt in mir, die vor jeder bewussten Entscheidung liegt. Es ist schlicht und einfach die Wirklichkeit. Sie lebt von ganz alleine und ist immer." „Und in dieser Wirklichkeit komme auch ich jetzt wirklich vor, nicht mehr nur in der Sekunde, die du dauernd verlierst", sagte Eva, die ein gutes Gedächtnis hatte.

In diesem Moment wurde ihm bewusst, dass er über diese neue Welt auch sprechen konnte, ohne sie zu zerreden. Sie war einfach um ihn und in ihm und blieb, weil sie wirklich war, wie nun auch Eva. „Wenn man sich selbst verwirklicht", spielte Werner auf ein Schlagwort früherer Jahre an, „wird alles für immer wirklich, erst dann ist man selbst auch wirklich." Er schenkte sich vom Wein nach, den er für den Abend mitgebracht hatte. „So werde ich ab jetzt leben. Diese Wirklichkeit existiert, bevor die Menschen sie kaputtmachen, sie ist ohne jedes Böse, ohne Stacheldraht und Minen, ohne Angst, nur aus..." er suchte nach Worten, „nur aus Glück", sagte er dann.

„Alles ist einfach da", hing er seinen Gedanken nach, „die Menschen, ihre Umgebung, aber sie müssen überhaupt nicht miteinander umgehen, weder betont liebevoll noch autoritär oder sonst wie. Für einander da sein genügt. Und man kann das weitergeben. Gerade dann, wenn man sein Inneres nicht mehr zugunsten der äußeren Rolle einsperrt und sich mit."

Er erzählte weiter: „Wir standen uns einfach gegenüber, der Chef und ich. Er hat mich sogar irgendwie verstanden, und es ist, als ob ich ihn dabei ein bisschen geheilt hätte. Etwas hat zwischen ihm und mir irgendwie Klick gemacht." Werner überlegte: „Früher war ich wie der kleine Prinz, der die Menschen nicht verstand, die in ihrer Nutzung der Welt gefangen waren. Der Geschäftsmann, der König, der Geograph. Ich war ein bisschen wie der Laternenanzünder, der einzige, den der kleine Prinz zu seinem Freund hätte machen wollen, weil er zwar auch in sich gefangen war, aber nicht nur an sich selbst dachte. Die anderen machen ihre Welt nur zu einer Funktion, die ihre Einbildungen und Erwartungen bedienen soll. Sie meinen, wenn sie die richtigen Knöpfe drücken, leben sie."

Er sah Eva an: „Ich kann jetzt auch mit dir neu umgehen. Dich einfach sein lassen, dich wirklich genießen." „Wir uns", sagte Eva. „Dr. Christ hat dir übrigens ein Kompliment gemacht", sagte Werner, „interessiert es dich?" „Natürlich", sagte Eva. „Er hat gesagt, du warst immer in den Sitzungen mit dabei. Du hast die Flügel des Verstehens." Eva lächelte und war einfach da.

In der Nacht hatte Werner einen Traum. Er war in einem Naturschutzgebiet und grub dennoch ein paar Pflanzen aus, die er in einer Plastiktüte aufbewahrte. Er durchwatete ein quirliges, mit vielen Pflanzen durchwachsenes Gewässer und fand ein Haus - doch es war ausgerechnet das Haus des Aufsehers! Er versteckte die Tüte hinter seinem Rücken und legte sie unbemerkt in einer Ecke ab. Dann verabschiedete er sich, wusste aber, dass man über ihn Bescheid wusste. Er hatte den Tatbeweis ja selbst dort hinterlegt. Auf dem Rückweg gesellte sich ein kleines Kind zu ihm, das ganz unschuldig war, aber dennoch mit dem Haus zu tun hatte, denn es war, als wüsste es um seine Verfehlung, es sagte aber kein Wort dazu, obwohl es viel redete.

Werner erzählte Eva seinen Traum. „Und?“, fragte Eva. „Ist doch klar“, meinte Werner. „Es geht um die Reinigung meines Bewusstseins. Ich lande ausgerechnet im Haus des Naturschützers wie eben auch bei Dr. Christ, weil ich etwas nur vor ihm zu verbergen habe. Also genau vor ihm. Das Kind ist mein reines und gutes Gewissen. Es sagt zwar kein Wort zur Tat, aber es weiß, dass ich weiß.“ „Das ist doch ganz normal“, sagte Eva. „So träumt doch jeder.“ „Aber jetzt verstehe ich den Traum völlig anders: Ich habe mich in das Haus des Naturschützers begeben, weil mit einem schlechten Gewissen überall nur Aufpasser gewesen wären.“ „Klar“, bestätigte Eva. „Das Neue ist“, erklärte Werner weiter, „jetzt weiß und akzeptiere ich: Das Haus des Naturschützers und der Naturschützer bin ich ja auch selbst. Ich bin alles. Auch das, was mir an mir nicht gefällt und mir genusssüchtig und gierig erscheint. Ich bin sowohl der, der meine Schwächen kennt, und der, der sie als normal akzeptiert.“ Er machte eine Pause. „Jetzt erst bin ich eins mit mir selbst, auch mit dieser Spaltung in mir, da sowieso alles eins ist. Jetzt erst bin ich, der ich bin. Die ganze Welt um mich herum weiß und spiegelt alles, was ich über mich weiß, und sie kann ruhig alles sehen und wissen. Soll sie doch.“ „Das ist neu“, sagte Eva.

„Und noch etwas ist neu“, sagte Werner. „Als Einzelner hat man immer das Gefühl, man macht etwas falsch, man ist unverantwortlich. Aber wenn Staat und Kirche seit zweitausend Jahren ihre Machtspiele organisieren und dennoch stets dem Einzelnen die Verantwortung für alles angelastet wird, wie ich es in meinem Traum noch mit mir gemacht habe, da muss man sich doch sagen, ich bin an diese Spiele nicht mehr gebunden und kann tun, was ich will.“ „Das eigene Handeln wiedergewinnen“, sagte Eva. „Als ich noch glaubte“, fuhr Werner fort, „ich bin nicht gut genug, wollte ich Dinge verstecken, von denen ich nicht wollte, dass andere sie sahen. Ich selbst wollte sie auch nicht an mir sehen. Jetzt bin ich, was ich will, ich muss mich vor nichts in mir verstecken. Ich brauche auch keine Aufpasser mehr, wie den Naturschützer. Schließlich bin ich ja erwachsen.“ „Wenn du meinst“, sagte Eva.

„Aufgrund meiner Minderwertigkeitsgefühle, die mich nicht eins mit mir sein ließen, sah ich die ganze Welt gespalten, und das geschah nur durch mich." „In Direktoren und Kollegen, in Gute und Schädliche, in Friedliche und Aggressive", zählte Eva auf, die ihren Werner ja gut kannte. „Mit diesem gespaltenen Blick habe ich auf alles in der Welt gesehen und mit mir telefoniert, der ist so, die ist so...", sagte Werner. „Und Dr. Christ hat dir gezeigt, dass diese Spaltung nur durch dich geschieht und letztlich nicht wirklich ist, wenn alles eins ist", verstand Eva. „Und der Traum hat das noch einmal bestätigt, Dr. Christ hat ihn mir zum Abschluss geschickt. Er ist ja das Eine", sagte Werner. „Damit du dein altes schlechtes Gewissen, das dich jetzt nicht mehr spaltet, noch einmal genau spüren konntest", folgerte Eva.

Werner dachte zurück an sein Schulreferat, als er die These Hermann Hesses vertrat, dass das Innere des Menschen grundsätzlich rein und unbefleckt ist und sagte dann: „Und da ich jetzt mein Inneres als grundsätzlich gut genug für alles und als rein akzeptieren kann, ergibt sich ein Kurzschluss zur himmlischen Welt des Vaters, aus der es ja kommt." Er freute sich: „Ich bin wie durch eine unsichtbare Schallmauer gereist, die mich immer und überall umgab. Das war die Gummizelle, ein regelrechtes Spiegelkabinett..." „...deiner Projektionen von Gegnern und Ärger und Verlust", ergänzte Eva. „Als Kleinkind hat man diesen Schrott von Projektionen noch nicht", sagte Werner, „da ist alles noch wunderbar. Deswegen sagte Dr. Christ, Kleinkinder sind wie die, die in die Herrschaft eintreten."

„Aber es gibt doch das wirklich Böse, gegen das kannst du noch sein", wandte Eva ein. „Das ist dann objektiv böse", sagte Werner, „aber nicht, weil ich es dazu mache." Er erinnerte sich. Das frühere Problem mit dem Direktor war rein subjektiv. Er hatte sich gefragt, was macht er da mit seiner Schule? Was mache ich in dieser Schule? Bin ich gut genug für ihn? Jetzt wusste er: „Wenn ich eins mit mir bin, bin ich auch eins mit dem Direktor und lade mein schlechtes Gewissen und meine Forderungen, wie alles sein soll, nicht mehr auf ihn ab." „Du hattest also kein Problem mit dem Direktor, nur mit dir selbst. Und das geht jedem Menschen so, der in seinen Problemen lebt und sich und die Welt deshalb nicht leiden kann", stellte Eva fest. „Genau", gab Werner ihr Recht, „und als ich mein Problem mit mir aufgab, war auch mit ihm alles klar. Nur Sklaven jammern immer über ihre Probleme, die sie sich selbst machen und deshalb nie ändern können." Er umarmte Eva. „Dieses Geschehenlassen, bei dem man mit sich selbst klar kommt, hat unglaublich viele Facetten, aber ich verstehe das Spiel so langsam."

Die nächsten Wochen erlebte Werner spannend und seltsam. Er gab gute oder schlechte Noten, die Schüler freuten oder ärgerten sich, er paukte Grammatik oder las Klassik mit ihnen und überließ es ihnen selbst, Spuren in ihren Hirnen anzulegen. Die Kollegen jammerten über die Schlechtigkeit und Dummheit der Welt, und darüber, dass sie durch die neuesten Klimakatastrophen und Terroranschläge in der freien Wahl ihrer Urlaubsziele eingeschränkt waren. All dies, sah er nun, war ihr stets beschränktes Äußeres, der Tiefenrausch der Menschen. Man beurteilte die Lage, in der man sich befand, in die man sich aber selbst hineinstellte! Nun sah er die Ohnmacht der sterblichen Menschen, die sich wie starke Elefanten willenlos herumführen ließen. Es waren ihre ringsum gespiegelten, uneingestandenen Ängste und Abhängigkeiten, die sie auf ihren gewohnten, äußerlich durchaus erfolgreichen Pfaden hielten und sie fest im Griff hatten. So konnten sie sich selbst nicht entkommen.

Doch wenn er in die Menschen sah, waren sie wunderbar. In ihnen war das Licht der Schöpfung Gottes, sie waren Wunder des Geistes. Doch wussten sie es nicht!

Die Schüler taten ihm Leid, wenn sie verletzt waren, wenn sie schlechte Noten bekamen. Die Lehrer taten ihm Leid, wenn sie immer weiter für eine Welt kämpften, die so sein sollte, wie sie sie wollten. Und die doch nie so werden konnte. Es lag ja in ihnen selbst, was sie nach außen übertrugen und bemängelten...

Dritter Teil

Das höchste Glück. Unsterblichkeit im Ist.

Somit beginnt hier eine neue Geschichte von Werner. Er ist angekommen, in sich, in der Welt und über sie hinaus. Eigentlich ändert sich dabei nichts. Nur der Aspekt der Wirklichkeit. In einer normalen Geschichte lebt man umstandshalber. Man stellt Bezüge zur Umwelt her, man nimmt am äußeren Geschehen Teil, man bewertet, man urteilt, man ängstigt und freut sich. Ohne äußere Umstände gäbe es keine Geschichte. Wir sind da, um uns von Erde, Himmel und Geist bewegt zu zeigen. Die Geschichte jedes Menschen ist ein ausgewähltes Spiel mit den bewegten Bildern im eigenen Spiegel. Verändern wir uns, zeigt der Spiegel Neues. Verändert sich etwas, verändert sich unsere Geschichte mit, das verändert wiederum uns.

Und wir sind dazu da, uns zu unserer Geschichte zu bekennen und die Verantwortung dafür zu übernehmen, wie wir sie durch unsere Freude oder durch unser Leid gestalten. ‚Niemand entzündet eine Lampe und stellt sie unter eine Wanne oder stellt sie an einen abgelegenen Platz, sondern er stellt sie vor Spiegel und Kristalle, damit alle, die eintreten, und alle, die hinausgehen, das Licht sehen.' Ohne individuelle Geschichte geht es nicht. Wir irren ab, wir verwundern uns, wir erkennen und können die Welt erben und von ihr angenommen werden.

Werner ist nun aus seiner Geschichte, die er sich ständig erzählte, damit aus seiner alten Gummizelle, seinen alten Umständen, ausgetreten. Raum und Zeit, Angst und Berechnung haben ihn nicht mehr als sein Hauptmotiv im Griff. Dadurch öffnet sich eine neue Welt für ihn. Die Erfahrungen, die er bei Dr. Christ machte, bleiben ihm weiterhin erhalten und heben die Zwänge, Wichtigkeiten und Unterschiede auf, die ihn zuvor beherrschten.

Die Auseinandersetzung mit diesen Phänomenen erlebte er als seine Geschichte. Doch sie waren nicht das Leben selbst. Etwas Neues, unbegrenzt Gleichbleibendes, also Göttliches, ist nun in sein Leben eingetreten. Dadurch erlebt er sich und die Welt, in der er jetzt lebt, in unermesslich besserer Qualität.

Arbeiten wir dies zusammen auf, wir wollen verstehen, was geschah. Das Gute an einer Geschichte ist, man kann in sie hineingehen und die inneren Reaktionen und Veränderungen eines Menschen verfolgen, der so zum Mitmenschen wird. Dafür gibt es Einzelbeispiele, und jeder Mensch ist sein unverwechselbares Einzelbeispiel, daraus kann man lernen - wenn man will.

Zunächst erkennen wir, dass wir alle in einer Welt enthalten sind, die über uns selbst hinausgeht. Wer dies erfährt, ist unsterblich und herrscht über die gesamte Welt. Solange die Welt durch uns noch geteilt ist, beherrscht sie uns. Die Worte des Dr. Christ wussten von diesem Größeren, das alles umfasst, beseligt und belebt und alle Einzelbeispiele über sich selbst hinaus vereint. Was ist dies?

Nennen wir dieses große Übergreifende ganz neutral die Perspektive. Sie ist wie alle Konstanten immer und überall da und auch feststehend, obwohl sie nichts enthält. Sie verbindet alles und hält alles zusammen. Sie ist die Zusage der Ganzheit. Alles ist da, für alles ist gesorgt. Selbst für das Leid und das Sein im Vergessen, wenn man sich nicht auf den Weg der Erkenntnis macht. Dies spürte Werner, deshalb machte er sich auf den Weg. Doch die Perspektive als solche ist immer ganz.

Doch zunächst erfährt sich der Mensch nicht in dieser Ganzheit. Er findet sich zuerst in seiner eigenen Welt: sie wird von Ängsten, Eigentum und eigenen Wünschen und Aufteilungen etc. bestimmt. Er sagt sich: „Ich bin, ich bin Lehrer, ich bin traurig, ich bin aus Berlin oder Köln.“ Doch diese individuell bestimmte Welt ist außerhalb des Vaters gepflanzt. Man ist in ihr in Sünde, auch wenn man betet, fastet und Almosen gibt und dies Selbstverantwortung nennt. Die Menschen durchbrechen diese Perspektive nicht, wenn sie in ihren ‚eigenen' Handlungen fixiert und von ihnen abhängig bleiben. So sind sie (wie der Direktor weiterhin) Statisten, was die äußere, wirkliche Welt angeht. Zwar rufen sie im Chor die ihnen vorgeschriebenen Stichwörter, tragen ihre Kostüme und stehen an den Arbeitsplätzen, die man ihnen gibt; sie kassieren ihre Tagesgelder, wählen ihre Vertreter, kaufen das Neueste und Beste, bekennen ihren Glauben, aber all das wird ihnen von anderen ‚Blinden' vorgesetzt und hat wenig mit der wirklichen Welt zu tun.

Man muss nicht an diesem unwirklichen Ort bleiben. Denn er gehört dem einzelnen Menschen nicht: ‚Die Menschen sind wie Knaben, die sich auf ein Feld setzen, das ihnen nicht gehört.' Sie müssen diese Welt im Tod aufgeben, damit ist sie vergänglich und sie fühlen sich in ihr nicht zuhause und ständig von Verlust und vom Tod, auch von Krankheit, bedroht. Diese erste Perspektive ist veränderlich wie Tag und Nacht, Freud und Leid, in ihrer Direktzeit gehören die Menschen sich nicht. Doch sie werden auf diese Direktzeit festgelegt wie in dem Spruch: Das Leben währt siebzig, wenn es hochkommt achtzig Jahr', dann ist es aus... Deshalb sorgen sie sich fortwährend, doch dies ist nur ein existentiell aufgezwungener Lernprozess, der durch Kummer und Leid klarmacht, dass sie nicht im alles übergreifenden Licht angekommen sind. Erst durch dieses Ankommen wird der autonome Lernprozess erlöst und erweist sich im Nachhinein (als Weg, der gegangen werden musste), sinnvoll.

Dies ist das Erleben der ersten Perspektive des Vergessens. In ihr ist man ausgesät, abhängig, wurzelt aber noch nicht in ihr. Sie bleibt fremd, trotz all ihrer Einkaufsparadiese und Serviceleistungen. Sie erlebte Werner zunächst auf der Straße vor der Praxis von Dr. Christ. Ein gedachtes Feuer wärmt nicht. Alleine dafür lebt man nicht.

Die zweite Perspektive ist die Herrschaft des Vaters. Man erweitert diese erste Welt und erkennt einen Zusammenhang, einen Ort, an dem alles lebendig und freudig aus sich heraus geschieht. Man opfert die sogenannte Festigkeit der ersten Welt, man betritt einen Raum, in dem alles aus einem Anstoß heraus stimmt. Das ist die Herrschaft. Sie ist das Wesentliche. Gesundheit, Töne, Farben, Kommunikation, sie lebt der Mensch in einem freiwilligen Konsens mit einer immer sich erneuernden Freude am Leben.

Diese lebendige Welt der Herrschaft ist eine eigenständige Gesamtheit und besteht aus immer neuen Anfängen und Erweiterungen, sie ist ein Geschenk, das auf sich selbst beruht. Hier findet man zu seiner Bestimmung. Nun erlebt man seine Wurzeln im Leben und geht im Dasein freudig auf wie ein Baum. Hier ist der Mensch authentisch und kreativ lebendig, er liebt, er führt bewusst Regie, sein Gefühl für die eigene Echtheit gründet im menschlichen Akzeptieren seiner selbst und im Gefühl für das, was andere brauchen - wie er selbst... Statt fremdbestimmt zu sein, findet man seine in der Ganzheit gewollte Bestimmung.

Die Welt der dritten Perspektive geht über alles Vorhandene hinaus, sie ist nicht auf materiellem Geschehen gegründet und deshalb ist sie immer und ewig. Hier Ist, was Ist. Sein hat nichts mehr mit einer Bindung an die Form zu tun, in der es sich manifestieren kann. Hier wird nichts zeitlich oder räumlich von einander abhängig erfahren, damit ist hier Unsterblichkeit, und diese ist über jeden Tod und Wandel hinaus existent.

Am Ort dieser erlösten Perspektive lebt man in Bewegung und Ruhe, die nicht von einem Zusammenhang mit Materie abhängig sind. Man erfährt, dass hinter aller materiellen Mechanik ein Geist wirkt, der alles verursacht, schon bevor das Ganze entstand und Menschen darin auftraten. Dieser Geist ist reines Glück und freut sich auf alles Geschehen, das er ermöglicht. Und alles ist durch ihn eins.

Wenn alles radikal eins ist (wirklich eins ist!), gibt es keine Einzelexistenzen, nur gegenseitiges Erkennen in einem Tanz, der sich selbst tanzt. Dazu heißt es: ‚Dieser Himmel wird vorübergehen und auch der über ihm wird vorübergehen. Und die Toten leben nicht und die Lebenden werden nicht sterben.‘ Doch etwas gibt es trotzdem, das sich all dies erzählt (und hier liest) und ermöglicht, dann ist es für sich wahr - als das Hervorgegangene, das sich selbstständig erlebt. Dies ist das Paradox: Jeder Mensch ist als sein angenommener Mittelpunkt in seinem perspektivischen Bereich wirklich, indem er sich ‚macht‘, ohne dass er letztlich weiß, wie er das denn tut. Er geschieht eben. (So wird auch das Leid wirklich, indem man es sich macht, ohne zu wissen wie, obwohl es ‚an sich' unwirklich ist.)

Diese drei Welten, Orte oder Einzelperspektiven bilden eine einzige Ganzheit. Die Perspektive ist schlichtweg die durchgängige, ganzheitliche Qualität des Lebens, wie Dr. Christ aufteilte: Körperlich-vereinzelt, sklavisch-blind, seelisch-lebendig, wesentlich-gut und befreit-geistig, übermateriell-unsterblich. Diese Ganzheit ermöglicht in übermenschlicher Wahrheit alle Facetten des Lebens bis hin zur absolut glückhaften Auflösung, die vor jedem Anfang und Ende bereits ist.

Jeder kann diese Perspektive aber nur von seiner jeweiligen Warte aus sehen. Sie ist die Lebenslage, in der man sich erlebt. Sie hält ständig ihren Spiegel vor: Sklave, befreit, unsterblich... Diese Orte der Perspektive sind immer schon da, lange bevor sie von einzelnen Menschen betreten und bildhaft erfahren werden. Sie sind somit Konstanten wie der Gefrierpunkt des Wassers oder das spezifische Gewicht von Gold. Wir sehen die jeweils erlebte Perspektive überall, denn wir leben in ihr wie die Fische im Meer. Dieses Meer kann man nicht abschaffen, aber man kann zu ihm aufwachen und bewusst und glücklich darin leben. (‚Wenn ihr aber eure Bilder seht, die vor euch entstanden sind - sie sterben nicht, sie erscheinen nicht-, was alles werdet ihr ertragen?')

Diese gleiche Perspektive ist in einem Kleinkind, einem Adolf Hitler, einem Buddha oder Jesus, in mir oder dem Leser dieses Buches angelegt und wird von uns allen geteilt, ohne dadurch aufgeteilt zu werden. Und da der Mensch immer sein gesamter (und der gesamte) Kosmos ist, ist die Weite seiner Perspektive immer ganz mit ihm selbst ausgefüllt - deshalb sieht er sie nicht - er sieht zunächst (erste Perspektive) nur sich wie der Geschäftsmann, der Geograph, der Eitle oder der König auf ihren Planeten. Jeder Mensch ist hier Fundamentalist und füllt den Planeten Erde ganz mit sich aus, indem er alles auf sich bezieht. „Aha, ein Bewunderer, ein Untertan, ein Forscher!" Damit bindet jeder Mensch jeden anderen in sein „Ich-bin"-System ein, so redet und sieht man aneinander vorbei.

Deshalb fühlt man sich in der ersten Perspektive dazu verflucht, in einem riesigen, allumfassenden Gefängnis von Mühe und Vergeblichkeit zu sitzen, das man jedoch nicht sieht. Man kann ihm nur schwer entkommen, weil es sich so total und einheitlich darbietet - und die anderen auch darin sind! Und doch: ‚Erkenne was vor deinem Gesicht ist, und was dir verborgen ist, wird sich dir entbergen; denn nichts Verborgenes, das nicht kenntlich gemacht würde.'

Die Perspektive als solche bleibt deshalb immer rein wie ein Spiegel, auch wenn er (durch die eigenen Reaktionen) beschlagen ist. Sie weist immer auf das Gute hin (durch Leid auf der ersten Stufe...) und ist unsterblich. Sie ist ein dreifacher Lichtstrahl, (das Licht der Sonne, das Licht der ‚Herrschaft' und das Licht über allem, vor allem, in allem) in dem wir leben, mit dem wir selbst sehen können. Jeder ist angenommen, denn jeder hat diese Perspektive. Sie macht das Gemeinsame aller Menschen aus.

Im ersten Teil der Perspektive lebt man, ohne dies zunächst zu merken, auf sich beschränkt, dann erwirbt man den zweiten Teil dazu, indem man die lebendige Herrschaft betritt, dann den dritten unsterblichen Bereich. Vom „Ich bin" zum Wesentlichen, dann zum alles „Ist." So wird alles eins, denn alles ist eins. Somit ist die Perspektive das Potenzial einer Ganzheit, die jeder Mensch in sich trägt. Dabei verbirgt eine Energiestufe die nächste Stufe.

Werner war so zuerst mit ganzem Einsatz Lehrer und sah nur sich (und ödete sich entsprechend an), dann, mit seinem Eintritt in die Herrschaft, spürte er überall Freiwilligkeit und Lebendigkeit, seine ganze Welt veränderte sich entsprechend, dann ist er ganz befreit, die ganze Welt ist für sich und ihn wirklich und unsterblich.

Jeder kann dies spüren: Ist der Mensch mühselig und beladen, erscheint die ganze Welt als ein Platz des Jammers und des Ärgers, von Krieg und Niederlagen - und überall gibt es co-abhängige Mithäftlinge, oder man versklavt andere und profitiert davon, was letztlich in der gleichen Perspektive von Blindheit und Abhängigkeit geschieht. Die Perspektive ändert man so nicht, sie ist eine Konstante.

Ist der Mensch zum Wesentlichen hin befreit und dann erleuchtet, ist die gesamte Welt ebenso befreit und erleuchtet, daher: ‚Er wird über das (ebenso befreite und erleuchtete und damit unsterbliche)

Universum herrschen.‘ Wer sich verändert, verändert die Welt. Wer sich rettet, rettet die ganze Welt.

Im Thomas-Evangelium geht es um nichts anderes als diese drei Perspektiven als Orte tatsächlicher Erfahrung. Jesus weist die Jünger so darauf hin: ‚Woher seid ihr geworden? (Von Vater und Mutter, aus dem individuellen Sonnenlicht)... Wer seid ihr? (Die ‚Herrschaft, die gesamte Schöpfung, siehe Gene, Evolution etc.)... Welches ist das Siegel eures Vaters an euch? (Das, was ist, ehe *es* geschieht: Ruhe, und Bewegung, nachdem *es* in Gang gesetzt ist.)

Wer wie jeder ‚gewordene‘ Mensch zunächst Sklave seiner selbst ist, fühlt sich notwendigerweise so. Er steht eben auf der ersten Stufe einer Leiter. Er wacht jeden Morgen neu als Sklave in seiner Sklavenwelt auf - und merkt nicht, dass dies nur an ihm selbst liegt!

Wer in dieser Perspektive durch sein eigenes Spiegelbild festgehalten wird, tut sich immer nur selbst weh und aktiviert ständig einen latenten inneren Schmerz. Dies gilt auch für die großen Schicksalstäter: Alexander, Nero, Napoleon, Hitler, Stalin... Sie waren unmündige Sklaven und fielen sich selbst zum Opfer. Sie mussten immer dasselbe tun: Krieg, Mord, Raub. Und sie rissen Millionen Blinde mit. ‚Wenn ein Blinder einen Blinden führt, fallen sie zu zweit in die Grube.‘ Doch auch der kleine Täter kann sich mit noch so viel Geld oder ‚Action‘ nicht von diesem Fluch freikaufen. Die schmerzhafte Qualität der ersten Perspektive mit ihrer zwanghaften Selbst-Sabotage verbirgt das Bessere, die Herrschaft und den Geist, damit man sie verlässt. Wer aber nur seinen Alltagsgeschäften hinterher rennt, kommt nicht in dieses Bessere hinein! Das Festmahl des Lebens und des Geistes ist angerichtet, aber die Sklaven folgen der Einladung nicht, oder sie wollen die Früchte ihres Jammers und Streits behalten und töten den ‚Erben des Weinbergs.‘

Die Sklaven sind aus der Universalität des Göttlichen ausgeschlossen, sie machen sich zu ihren Götzen. „Ich bin König, ich bin Minister, ich bin der Schönste im ganzen Land...“ Alles muss so sein, wie sie es wollen. Dadurch leben sie in einer, wie es hier genannt sei, Sklaven- oder Blindenmystik. „Gott segne Amerika“, andere Länder kann er mit Fluten oder Erdbeben überziehen.

Erkenntnis ist immer erst Erkennen und Leben in einer überpersönlichen Realität und Universalität. Erst damit beherrscht man das Universum und seine individuelle Welt. Doch die Sklaven wehren sich in ihrer betäubten Unwissenheit gegen alles, was ihre Interessen übersteigt, sie müssen deshalb so lange leiden, bis sie bereit sind, zu erkennen. Deshalb steht für sie alles fest, auch wenn sie (ausgerechnet sie!) an sich als aktive Gestalter ihres Lebens glauben. Sokrates griff dieses „Ich bin" an und zerlegte die eingebildete Festigkeit der Menschen in ihre Einzelteile, das hatten sie nicht so gerne. Sklaven sind immer nur die anderen...

Dies zeigt auch der kleine Prinz auf unnachahmliche Weise. Sein Trick ist ganz einfach: König, Kaufmann, Geograph usw. sind alleine und ohne Gefolge nackt. Ohne Unterstützung durch den Apparat eines Systems sind sie nur autistische, auf sich beschränkte Automaten. Sie können nichts anderes als jede Sekunde ihres Lebens funktionieren und phantasielos immer nur immer dasselbe leben und sagen. Damit wirken sie lächerlich und hohl. Sie sind also nichts. Mit solchen Menschen sind auch alle Systeme nichts. Und der kleine Prinz dreht sich um und geht.

Wer dagegen in der Herrschaft angekommen ist, wacht jeden Tag entsprechend auf, weil er an diesem Ort auch wirklich ist. Er spielt im Leben mit, er kann Schönheit und Freude für sich empfangen und kreativ umsetzen. Wer das höchste Licht erfährt, lebt in einem Raum von Freude und Glück, die von nichts mehr abhängen.

Diese Ganzheit der Gesamtperspektive ist nur erfahrbar, indem man das Unnütze loslässt, sie begeht und sich in ihr verändert. Es ist, wie wenn man vom Tal auf einen Berg steigt. Nach oben verändert sich die Temperatur. Diese Erfahrung geschieht einfach - wenn man nur losgeht.

Doch warum beachtet man diese Perspektive so wenig? Es ist ganz einfach: Weil man sich (und sie) mit den Inhalten des Gesehenen verwechselt. Man ist ‚trunken' mit den Reaktionen auf die Inhalte seiner Perspektive wie Erfolg und Geld und den Unterschieden, die man für das Eigene im Leben hält. Doch nicht die Inhalte soll man kennen lernen, das schicke Auto oder das Urlaubshotel (und was lernt man da schon kennen...), sondern sich! Dann erst wird das eigene Erlebenspotenzial ausgeschöpft. ‚Wenn ihr euch selbst erkennt, dann werdet ihr erkannt werden... Wenn ihr euch aber nicht erkennt, so seid ihr in Armut, und ihr selbst seid die Armut.'

So sahen auch die Jünger an Jesus noch das Zeitliche, das Historische: Was tut er, was sagt er, wen heilt er? Sie hielten Jesus noch für jemanden, den man inhaltlich beschreiben und erfassen konnte, weil sie selbst nichts anderes sehen konnten: ‚Er sagte zu seinen Schülern so: Vergleicht mich und sagt mir, wem ich gleiche. Es sprach zu ihm Simon Petrus so: Du gleichst einem gerechten Engel. Es sprach zu ihm Matthäus so: Du gleichst einem Philosophen, einem intelligenten Menschen.' Nur Thomas hat erkannt, dass diese eigene Perspektive nicht ausreicht, Jesus zu sehen. ‚Es sprach zu ihm Thomas so: Rabbi, mein Mund wird es nicht tragen, zu sagen, wem du gleichst.' Er hat das Unbeschreibliche erfasst! Er ist der Einzige, der die Lehrsprüche seines Meisters, die zur Erkenntnis führen, verstanden hat und deshalb mit dem richtigen Wissen aufschrieb.

Die Perspektive zeigt so am Einzelbeispiel, (Simon Petrus, Matthäus, Thomas) wie der Mensch sein Licht in seiner Welt erfährt; sie ist zugleich das Licht der jeweiligen Welt, in der er sich befindet. Zunächst wirkt sie als das durch eigenes Sehen gebrochene Licht der materiell-physikalischen Unterschiede (im Menschen Blindheit genannt), dann ist sie das Licht der Herrschaft (das Licht des Bildes des Vaters) und dann ist sie das Licht des Vaters selbst, das zuvor noch durch sein eigenes Licht (in der Herrschaft, der Schöpfung) verborgen war.

Diese drei Lichtformen bestimmen den Menschen und die Orte, an denen er ist. Aus dieser Ganzheit ergeben sich Leid, Sendung und Erfüllung. Es sind also nur die Inhalte und die Identifizierungen der ersten Perspektive, die arm und sterblich machen. ‚Es war ein reicher Mensch, der hatte viele Güter. Er sprach so: Ich werde meine Güter nützen, um zu säen und zu ernten, zu pflanzen und meine Scheunen zu füllen mit Früchten, damit mir gar nichts mehr fehlt. Das ist es, was er dachte in seinem Herzen. Doch in jener Nacht starb er.' Der Reichtum, den der Reiche sieht, ist die Belohnung - aber nur im Kopf - dafür, dass er sich diesen Reichtum verschafft hat. Sein Reichtum ist also nur Ansichtssache, er ist immer noch arm, weil er von diesem Denkinhalt abhängig ist.

Vor zehntausend Jahren war es sicher wichtig, im Kampf für die

Horde und gegen die Natur ein durchschlagskräftiger „Ich bin" zu sein. Doch heute ist dieses Muster geistige Steinzeit. Jesus, Buddha, Sokrates, Lao Tse und viele andere sehen dieses Muster als Ursache von Sünde, Leid und Selbstentfremdung.

Von der steinzeitlichen Wirkung der Transmitter im Hirn, das seinen Sklaven mit Zuckerbrot und Peitsche antreibt, muss man sich also erst befreien, man wird nicht bereits befreit geliefert: ‚Ich fand sie alle betrunken... Ja, jetzt sind sie betrunken, wenn sie aber ihren Wein aus-schütteln, dann werden sie umkehren.' Man muss also umsteigen, wenn man sinnvoll leben will: Von den Inhalten (der Trophäenschau der Erfolge) der Perspektive auf die Perspektive selbst! So befreit man die Wirklichkeit! Denn durch das Hirn mit seinem „Ich bin, ich tue, ich mache" lebt man nicht. So leben viele Menschen längst wie Untote, sie sind nur noch Routine; sie sind gestorben und haben es noch nicht gemerkt.

Alles passt also zusammen, auch wenn es in sich verschieden ist und sogar gegeneinander existiert. (Wie rein und unrein, wirklich und unwirklich, hoch und nieder, jung und alt, gut und schlecht, engelhaft und teuflisch, blind und erleuchtet, sich ausschließen und doch miteinander existieren.) In jedem von uns endet so ein Regenbogen, der ins Licht führt. Machen wir daraus den Beginn dieses Regenbogens, statt ihn nur enden zu lassen...

Der befreiende Geist der Perspektive muss also gleichzeitig immer und für jeden Menschen gleich und auch auffindbar sein, nur so ist er überall und universell. Es gibt diese höchste Gesamtheit, in der letztlich alles aufgehoben ist, in der alles gleich ist und bleibt, unabhängig davon, ob, von wem und von welchem Ende her diese Einheit als die jeweilige Perspektive erlebt wird. Denn sie ist immer. Aber sie wird erst wirklich, wenn sie auch verkörpert und so gelebt wird. Danach sehnt sie sich, sonst wäre nicht die ganze Schöpfung darauf ausgerichtet.

Was auf der ersten Ebene, die auch ein Energiefeld ist, unfrei macht, sind nur unsere evolutionär konditionierten Reflexe auf die ‚äußerlichen' Inhalte. Man haftet an ihnen und erschafft sie als die zeitlich und materiell realisierbaren Tatsachen des Lebens. So entsteht ein starres, eigenes Selbstsein. Erinnern wir uns an den König, den Eitlen, den Geographen im kleinen Prinzen. Sie sind unfrei, denn sie betteln um Anerkennung, die ihnen ihr Gast verleihen soll. Das persönliche Sein ist deshalb nur geliehen und eine vergängliche Annahme...

Und irgendwann liegen die Menschen anonym auf dem Friedhof, als ihr bedingter Reflex, über den sie nie hinausgekommen sind. Man hat sich vollgestopft mit äußeren Dingen und Unterschieden, die man nie gebraucht und gewollt hat. Der Titel als Lebensleistung steht auf dem Grabstein, wie es früher üblich war. Doch nur der sterbliche Teil wurde beerdigt, die Hülle der Vorlieben und Abneigungen. Man hat gelernt und verbessert, gemacht und getan und ist nicht bei sich angekommen.

Aber nur der Balken im Auge stirbt, der normalsterbliche Glaube an die eigene Identität, der sich mit höchster Wichtigkeit als Herr X oder Frau Y samt Anhang aufführt. Denn man hat nur Inhalte des Vergessens angehäuft und Leere geerntet und die Erben sind auch nicht anders und streiten sich, wie man aufteilt. ‚Einer sagte zu ihm: Sage meinen Brüdern, dass sie die Sache meines Vaters mit mir teilen sollen! Er sagte zu ihm so: O Mann!, Wer wäre es, der mich zum Erbteiler gemacht hätte. Er wandte sich an seine Schüler und er sagte zu ihnen so: Bin ich etwa ein Erbteiler?‘

Auf diesen fixen Reflexen soll man also herumtrampeln (man selbst sein, es regnen lassen), damit (unter diesem inneren Regen) Leben entsteht. Dann wird man ‚mehr wert als Adam.‘ Dann wird die Perspektive als ein neuer innerer Sinn erfahrbar, der die Menschen dreifach mit der Welt verbindet. Dieser verbindende Sinn ist ein immer leichteres, weniger starres Joch mit der Welt. ‚Kommt zu mir, denn leicht ist mein Joch und meine Herrschaft ist mild, und ihr werdet Ruhe finden für euch.‘

Ganz wichtig dabei ist: Damit man in die Einheit kommt, ist ein inneres Verständnis der Spaltung in jedem Menschen vonnöten. Denn erst, wer seine innere Spaltung ansieht und aushält, wer nicht nur ‚der‘ Eitle, ‚der‘ Geschäftsmann, ‚der‘ Geograph ‚der‘ Schuldirektor (‚die‘ starke und vortreffliche Person‘) sein will, wird stark und lebendig. Jesus sagt: „Spaltet ein Holzscheit und ihr werdet mich finden.“ Spaltet euch selbst. Erkennt die falsche idealisierte Eintracht überall. Die Lehrer nehmen ihr Geld, und sie können die Schule nicht ausstehen.

Die Politiker bekämpfen ihre Parteikollegen, und sie sind für die gleichen Werte. „Ich bin Lehrer oder Politiker", sagen sie, „da gehört auch dazu, was ich ablehne und eigentlich hasse." So entstehen neurotische, auf ihre Rollen festgelegte Könige und Minister, Eitle und Bewunderer.

‚Lügt nicht, und was ihr hasst, das tut nicht', sagt Jesus. Macht erst einmal zwei, brecht die falsche Einheit des „Ich bin" auf, erkennt den Konflikt zwischen Seele und Leib, zwischen Lachen und Weinen, zwischen Ja und Nein, dem Höherem und den notwendigem Übeln und haltet das aus. Erst danach könnt ihr die Zwei zu Einem machen und die Berge stellen sich auf den Kopf. An sich arbeiten, heißt zuerst die Spaltung in sich und in anderen anzuerkennen.

Dann erst gibt es den ‚inneren wie den äußeren Teil, den oberen und den unteren Teil, das Männliche und das Weibliche, Augen statt eines Auges, Hände statt einer Hand...' Der Mensch, der seine Spaltung zulässt und erlebt, hat nicht mehr sein festes Weltbild der ersten Perspektive, wo alles so schön passt. Statisten sind als Täter statische Menschen, sie wollen Kinder, Kirche, Küche, Staat, Arbeit, Besitz, alles aus einem Guss. Jesus sieht das anders. Er will, dass der eine Teil des Menschen die Welt nutzt, der andere Teil entsagt und ‚vor der Welt fastet.' Es gab Adam, ‚er ist euer unwert.' Das Werte und das Unwerte! Wenn das keine Teilung ist! ‚Seid schlau wie die Schlangen und arglos wie die Tauben...' ‚Der Löwe und der Mensch' kämpfen in einem entweder-oder-Verhältnis um die Macht. Ohne diese Teilung zuzulassen und wieder zusammenzufügen kann man nicht hineinkommen in die Herrschaft.

Jesus spricht vom ‚alten Wein und dem neuen Schlauch, dem alten Lappen und dem neuen Kleid, erst zwei (die ihre Teilung anerkennen) haben Frieden in einem Haus... Man soll Vater und Mutter hassen, danach lieben, die Außenseite des Bechers und die Innenseite des Bechers reinigen. Was die Rechte tut, soll die Linke nicht wissen...' Er ist der Meister des psychologischen Kontrapunkts.

Dagegen fordern die Autoritäten vom Menschen, dass er seine Spaltung, und damit sich, unterdrückt und verleugnet und so neurotisch und schizoid wie sie selbst wird: einheitlich und verantwortungsvoll soll er sein und die Gebote halten; so kann er alles z. B. als

Soldat, bedenkenlos tun. Er ist optimal verwendbar, gesellschaftlich engagiert und stolz auf sich, wie kritiklos er seine Leistung bringt. Ein Volk, ein Reich, ein Gott, ein Wirtschafts- und Regierungssystem, eine Wahrheit, sie werden zur Diktatur des einzig Guten, Richtigen und Gesetzlichen. Alles muss klar und eindeutig sein, Ambivalenz darf es nicht geben. Doch so wird ein Ideal vermittelt, das nirgends existiert.

Ohne die von Jesus geforderte analytische Arbeit an sich selbst (Wühlarbeit! rufen die Autoritäten) bleibt der Mensch jedoch ignorant und beherrschbar, da er nur über ein unreflektiertes, eindeutiges Selbst verfügen darf. („Ich bin so...") Er ist zu eingenommen von sich als idealem, ungeteiltem Individuum, um in die Herrschaft zu kommen. ‚Mag sein, dass die Menschen denken, ich wäre gekommen, Frieden auf die Welt zu bringen, und dabei wissen sie nicht, dass ich gekommen bin, Scheidung auf die Erde zu bringen, Feuer, Schwert und Krieg.'

So ist zunächst eine gewisse Verwirrung im Umgang mit der eigenen Perspektive angesagt, denn man betritt unbekanntes Gelände, wenn man sie und damit sich, angefangen im Hirn, verändert: ‚Und wenn er gefunden hat, wird er verwirrt sein. Und wenn er verwirrt ist, wird er verwundert sein und über das Universum herrschen.' Lassen wir die Perspektive des einheitlichen, festen, damit illusorischen Ich fahren, und das wird geschehen: ‚Die Himmel werden sich aufrollen und die Erde vor euch. Und jeder, der lebendig ist aus dem, der lebendig ist, wird keinen Tod mehr kennen.'

Die drei Perspektiven beschreibt Jesus unmissverständlich so:

‚Wenn sie zu euch so sagen: Woher seid ihr geworden?, sagt zu ihnen: Wir sind aus dem Licht gekommen, dem Ort, wo das Licht geworden ist aus sich selbst. Es stand und wurde kund in unserem Bilde.

Wenn sie zu euch so sagen: Wer seid ihr?, sagt so: Wir sind seine Söhne, und wir sind erwählt von dem lebendigen Vater.

Wenn sie euch fragen: Welches ist das Siegel eures Vaters an euch?, sagt ihnen so: Es ist Bewegung und Ruhe.'

Hier spricht er von den drei Perspektiv-Orten - aus seiner Sicht!

Die erste Ebene - ‚daher seid ihr geworden' - ist die materielle Welt, (nutzbare Natur, Eltern, Konventionen), hier hat sich das Licht des Vaters aus sich selbst heraus manifestiert. Dieses Licht des Vaters ist noch da, aber der Vater nicht, denn er hat es ‚verloren', ausgestreut, indem er auch die Menschen aussäte und auf ihren Weg entließ. Der Mensch ist nun wie das tägliche auf- und untergehende Sonnenlicht seine eigene Lichtquelle. Die Menschen in diesem Licht gehören sich nicht und leben daher noch nicht in der Herrschaft.

Die zweite Perspektive - ‚wer ihr seid' - ist die der vom Leben angenommenen Kinder, der lebendigen Söhne des Vaters. Sie arbeiten mit der Schöpfung, ‚schöpferisch' mit Achtung und Freude für das Gute, für das Leben.

Die dritte Perspektive - ‚das ist das Zeichen eures Vaters an euch' - ist die der göttlichen Aufhebung von Raum und Zeit, damit jeglichen physikalischen Moments; der Mensch hat nun auch die Eigenschaften Gottes, der überall und von nichts abhängig ist. Man ist jenseits von Anfang und Ende. Die Zeichen, die er in dieser Dimension (auch für sich) setzt, sind immer und ewig da, auch über die eigene Existenz hinaus. Deshalb gehören sie niemand.

Es geht somit nicht um eine theologische Definition, wer Jesus war oder ist, es geht um uns Menschen, und dass wir unsere Wahrheit erkennen und wirklich dazu werden!

Dies ist der Kern der Lehre von der Erkenntnis, auch Gnosis genannt. Sie wendet sich an den Menschen selbst. Diese Erkenntnis ist überall da, sie kann man nicht willentlich erreichen, ‚mit Fasten oder Almosen geben.'

Denn die alles ermöglichende Perspektive kommt nicht vom Menschen, sie ist durch ihn nie beherrschbar. Ihre verschiedenen Qualitäten formen und beherrschen ihn. Niemand kann auch nur den kleinsten Teil der Gesamtheit aus sich selbst heraus beherrschen. Aber diese Illusion wird den Menschen als autonome Kompetenz vermittelt und andressiert: „Du kannst alles, wenn du willst, es kommt nur auf dich an. Du bist ein Versager, wenn du nicht optimal für dich und deine Ziele kämpfst."

Und das von Menschen, Lehrern, Priestern, die selbst nicht glücklich sind und nicht mehr können, als andere in diesem Sinn trainieren und autoritär die Verantwortung, die sie selbst nicht haben, an sie delegieren: „DU hast eine schlechte Note, DU hast es wieder nicht geschafft, DU musst dich mehr anstrengen, DICH bessern, wie kann die Welt mit so etwas wie DIR weitergehen..." Dieses DU, das hier angesprochen wird, ist nur eine Annahme, eine Illusion. Es soll nur die Sünde auf sich nehmen, in der man glaubt, dass alles machbar ist.

So kommt der Mensch in ein Double-bind und wird hier festgehalten. „DU sollst alles können, bist aber gleichzeitig nicht gut genug dafür. DU bist durch Jesus erlöst und gleichzeitig immer noch sündig." Eine bessere Welt kann man nur durch einen Wechsel der Perspektive erreichen. Was man als besser erleben will, kann nur aus einem selbst heraus geschehen.

Somit ist jeder Mensch durch seine Möglichkeiten innerhalb der Ganzheit angenommen und erwählt - wenn er etwas zulässt, das besser ist, als er selbst! Wer aber glaubt, er ist groß und klug und weiß alles, ist ein zu großes Kamel, um durch das berühmte Nadelöhr zu gehen.

Also ist der Mensch auch im Leid und in der Getrenntheit, die ja zu überwinden anstehen, angenommen und kann sich jederzeit befreien. Deshalb nur hat er das Gefühl, ein Jammertal von Leid und vergeblicher Mühen (als Sisyphos) zu durchqueren.

Es ist wie mit dem Schmerz im Arm, wenn man sich kneift. Der Schmerz ist nicht von uns selbst, aber wenn man aufhört, sich weh zu tun, hört er von selbst auf. Jede Selbstbeschränkung hört sofort auf, wenn man sie beendet. Doch ohne Leid und Verlustgefühle bliebe man träge im Erreichten sitzen wie der Mensch, der alles in der Scheune hat und schon tot ist. Nur ‚wer sucht, wird finden. Wer klopft, dem wird geöffnet. Kommt zu mir, denn leicht ist mein Joch und meine Herrschaft ist mild, und ihr werdet Ruhe finden für euch.'

Das ist die Botschaft des Wissens eines Weltenlehrers Jesus: Jeder, der sich offen und frei (zunächst in seiner ja nicht von ihm selbst zu verantwortenden Spaltung) annimmt, wird von der beglückenden göttlichen Welt, seinem Ursprung, offen angenommen und zu Einem (lebendigen) gemacht werden und dann über alles hinausgehen. Das ganze Universum ist dem Menschen gegenüber hilfreich eingestellt. Dieses Angebot gilt für alle Menschen und für alle Zeiten und an allen Orten – und auch alle anderen Weisheitslehrer lehren genau dies, manchmal mit anderen Worten oder Akzenten.

Während Jesus aus ‚seiner' Perspektive, die ‚nicht von dieser Welt ist', vom blinden und trunkenen Menschen sprach, sowie von der Herrschaft des Vaters und von dessen Licht, das darin verborgen ist, erleben wir dies zunächst aus unserem irdisch-trunkenen Sein heraus.

Betrachten wir nun noch, wie jeder Mensch diese Perspektiven aus seiner Sicht lebt. Wie er sich in die Ganzheit hineingestellt erfährt. Nennen wir die Erlebensformen (wissenschaftlich: Phänotypen) dieser drei Perspektiven zuerst die Raupen, dann die Schmetterlinge, und dann die Unsterblichen und greifen wir dies am Beispiel unseres Lehrers Werner noch einmal auf.

Zuerst erlebt er sich als Raupe und Statist und spiegelt sich an den anderen Raupen in Gestalt seiner Kollegen um sich herum. Er spiegelt sich auch in der für Raupen gemachten Stadt. Animalische Revieransprüche und konditionierte Reflexe beherrschen seinen Lebensvollzug. So wie Werner zu Beginn der Geschichte war, versauerte er hinter seinen Gitterstäben, er sah die ganze Welt (will ich, kann ich, will ich nicht, kann ich nicht, gut oder schlecht) nur durch seine Projektionen und angelernten Konditionierungen hindurch. Dafür hielt er sich.

Doch der sogenannte einschichtige individuelle Mensch, Werner Eins in seiner Anfangsform, der alles alleine zu tun und zu können meint und den inneren Teil in sich unterdrückt, (deshalb toben in ihm jede Menge Verlust- und Versagensängste, Aggressionen und Zweifel), ist eine Falle, in der sich jeder Mensch zunächst sieht. Man wurde dazu gebracht, von seinem anerzogenen Mustermenschen alles zu verlangen: Verantwortlich soll er sein, die Gesellschaft zum Besseren verändern, über alle Maßen und bedingungslos lieben, sich opfern, und daneben tüchtig sein, sich durchsetzen und sich im Alltag glänzend bewähren. Diese totalitäre Forderung entpuppt sich als eine lähmende Selbstbelastung: Werner Normalverbraucher sollte ganz mit eigenen Mitteln, alleine auf sich angewiesen der Übermensch, der Superkönner sein.

Das alles stimmt nicht. Dieser Mensch ist in Wirklichkeit gefallen. Die Raupe hat nichts, sie frisst und während sie frisst, schielt sie schon nach dem nächsten Blatt, das sie fressen wird. Je höher sie sich positionieren möchte, um so tiefer findet sie sich wieder. Das ist die Suche nach dem persönlichen Glück.

Es nutzt auch nicht, sich dazu einen hilfreichen, hohen Gott vorzustellen, der alles kann und macht, weil er für alles zuständig ist. In dieser Analogie wird Gott nur zum Wunscherfüller reduziert. An ihn richtet man seine Wünsche und Anforderungen bis hin zum guten Wetter für den Urlaub. Und wenn dennoch ein ,Un'glück geschieht, sagt man: ,Un'fassbar, wie kann ,mein' Gott das zulassen, er ist doch so allmächtig wie ich ihn haben will...

Und da die Menschen wie Werner Eins sich gespalten fühlen, wird der Wunsch nach individueller Harmonie, Frieden, konventionellem Glück am häufigsten nach oben telefoniert. So soll der perspektivische Gott der Raupe als Wunsch-Fetisch funktionieren: Das eigene Interesse an Haus, Familie, Gesundheit, Sicherheit, Geld, Karriere, Erfolg, schönen Ferien und Erlebnissen soll gleichzeitig die Erfüllung aller Wünsche sein. Das ist die Mystik der Sklaven und Blinden: Gott soll nur für sie da sein. Er soll alles schön und gut für sie arrangieren. Hierbei spiegeln sich die Sklaven und Blinden gerne in einem monotheistischen Eingottesbild: Einer kann und macht alles. So wünscht und berechnet man, kann aber nichts wirklich für sich tun, denn man ist außerhalb der Herrschaft und damit außerhalb der Erfüllung gepflanzt. Auch wenn man sich alles noch so schön redet, man ist nur der Märtyrer des gepflegten Rasens und der eigenen Erwartungen. Auch die Kirche unterstützt diese Privatmystik mit Gebeten um Arbeitsplätze etc.

Man hört es nicht gerne, aber dennoch gilt: ,Elend ist der Leib, der an einem Leibe hängt, und elend ist die Seele, die an diesen beiden hängt.' Die Teile Leib und Seele blockieren sich in der Raupe gegenseitig. Die ganze Basis dieser Existenz ist defizitär, genau genommen nur eine interessierte Annahme, ein zufälliges Konstrukt. Das Haus der Raupe ist nicht in Gott gebaut, aber Gott soll es schützen.

Dieses Missverhältnis gab Werner Eins tapfer weiter, er kannte ja nichts anderes. Äußere Biographie, Stellung, Rang, Gelingen, Erfolge, Misserfolge bestimmten sein Leben und auch das seines Kollegiums. Was gönne ich mir? Was leiste ich mir? Dies handelte er mit sich selbst als seinem eigenen Spiegelbild im Hirn aus. So war er ,der' Sklave seiner selbst, seines vom Ganzen getrennten Ich. Er war auf einen ständigen inneren Dialog mit sich selbst angewiesen, um zu existieren. Er erstattete sich ständig freudig oder bedrückt Meldung: Das habe ich gemacht, korrigiert, vorbereitet - oder nicht - aber so unbewusst gespalten lebte er nicht. Er kam nie zu einem Abschluss, denn sein seelischer Teil (wie sich herausstellen wird: sein höheres Ich) nahm ihm seine Erfolge nicht ab. Er konnte sich im irdischen Rahmen noch so sehr steigern, all sein Handeln war illusorisch und machte keinen wirklichen Unterschied. Darauf lag kein Segen.

Auch als der liebevolle und unsterbliche kleine Prinz auf die Erde kommt, findet er nur Erwachsene vor, die mit sich selbst beschäftigt sind, weil sie nur mit ihren äußeren Augen aus Pflicht und Selbstbestätigung sehen können. Er trifft den Laternenanzünder. Der arbeitet nach der Weisung, abends seine Laterne anzuzünden und sie am Morgen zu löschen. Doch als der Planet sich immer schneller dreht, und Morgen und Abend im Minutentakt wechseln, löscht er seine Laterne minütlich und zündet sie ebenso schnell wieder an, wie auch die irdischen Laternenanzünder in Kirchen und Schulen, die das Licht nach Plan und Dogma organisiert anzünden oder autoritär löschen. Und alle stöhnen innerlich wie der Laternenanzünder: „Das ist die Weisung!" Doch solange man die Welt nur als eine Tretmühle für Sklaven sieht und so blind bleibt, öffnet sich kein Ausweg.

Deshalb wirkte der Ort, an dem wir Werner Eins antrafen, öde und mechanisch auf ihn und hatte einen ständigen Unterton von Verlust und existentieller Panik. (Besser... schneller...) Denn er lebte nur in der eigenen Bestätigung. „Ich denke, also bin ich, ich bin, was ich kann und tue, deshalb bin ich wichtig, dazu bin ich verpflichtet..." Er war aus dem freiwilligen Wunder der Wirklichkeit ausgesperrt und wusste nicht, dass dies der Grund war, warum er in einer ihm fremden Welt leben musste.

Er spürte, sein schönes Inneres war in ihm eingesperrt, doch in Wirklichkeit hatte er sich als ‚sein' Teil von der Ganzheit ausgesperrt! Dies wirkte wie eine Sperre zwischen ihm und der Welt. Er erzählte sich nur, was er sah, damit hatte er keinen wirklichen Zugriff auf die Welt. Er hatte nichts wirklich von ihr, trotz seines Wissens. Wer sich abteilt, ‚und nicht gleich ist, füllt sich mit Finsternis.'

So war er die irdische Raupe, die nicht wusste, dass in ihrem Inneren ein himmlischer Schmetterling auf Leben und Befreiung wartete. Er wusste nicht, dass er nur in den Projektionen des eigenen

Hirns wie in seiner Gummizelle festsaß, wenn ihm die Welt zubetoniert, unfriedlich und fremd vorkam. Das stand fest, das war das Gefängnis, dass durch ihn selbst so weitergehen würde...

Jesus war nie im Stadium des besorgten Unerlösten. Als die Jünger zu ihm sagen: „Komm, lass uns heute beten und fasten!“, sagt er nur: „Was ist denn meine Sünde, die ich tat...“ Er muss sich von nichts reinigen oder befreien. ‚Die Füchse haben ihre Löcher, und die Vögel haben ihr Nest. Der Sohn des Menschen aber hat keine Stelle, um seinen Kopf zu betten und zu ruhen.‘ Das normale Leben der Herde unter der Aufsicht der Obrigkeit ist für ihn organisierte Sünde, obwohl dies der Normalzustand des Menschen ist. Die Raupe macht sich Gott zum Komplizen ihrer Sünde, indem sie von diesem die Erfüllung ihrer blinden Wünsche erbittet; also sind drei Götter da, einer zu viel. ‚Wo drei Götter sind, sind bloß Götter, wo zwei oder einer, bin ich mit ihnen.‘ Diese Dreiteilung zieht sich wie ein roter Faden durch sein Wirken. ‚Gebt jenes dem Kaiser, was des Kaisers, gebt jenes Gott, was Gottes, und das, was mein ist, gebt mir!‘

Jesus ist also nur da, ‚wo zwei oder einer sind‘, bei den Schafen, die auf ihren eigenen Wegen aus der Herde entflohen sind, für welche die Berge Kopf zu stehen beginnen, und bei den Unsterblichen, ‚welche die Bedeutung dieser Worte gefunden haben.‘ Deshalb gehen die abgeirrten Schmetterlinge und Suchenden durch einen Prozess der Vereinsamung und des Leidens. Man nennt dies auch die dunkle Nacht der Seele. ‚Selig der Mensch, der gelitten hat. Er hat das Leben gefunden.‘ Und sie ‚hungern, werden gehasst und verfolgt, aber sie werden satt und erkennen den Vater in Wahrheit...‘ Die Seligen sind immer die Schmetterlinge, sie sind ‚einsam und erwählt...‘ Die Schmetterlinge setzen sich einer Reparaturphase aus, in der sie suchen, leiden und durch die einsame dunkle Nacht der Seele gehen. Sie reduzieren ihr Leben auf das Wesentliche und werfen ihre angemaßte Größe über Bord und fühlen sich dabei von der Masse unverstanden. So sagte Picasso: „Nichts kann ohne Einsamkeit entstehen. Ich habe mir eine Einsamkeit geschaffen, die niemand ahnt.“

Die normale Raupe sieht nur die nahrhaften Blätter, eines nach dem anderen, dann ist für sie Schluß, denn es gibt für sie nichts anderes. So sieht sie die Sklavenperspektive nicht, in der sie nie glücklich werden kann. Sie sieht nur nur die nützlichen Inhalte ihrer Perspektive wie Geld, Rang und Unterschiede, diese hält sie für wirklich, danach lebt sie und hält sich für realistisch und auf dem Boden der Tatsachen kriechend. Alles andere ist „Nicht-Ich", davon will sie nichts wissen. Sie verzehrt sich alleine im persönlichen Feuer der Wünsche und Ängste und verglimmt im Alter.

Denn die Raupe stellt nichts her. Sie ist nicht nützlich, nicht einmal für sie selbst. Die Unterschiede wie großes Auto oder kleines Auto, mit denen sie sich identifiziert, sind nicht von ihr gemacht. Im Hirn entsteht immer nur das momentane Abbild dessen, was sie äußerlich sieht. Sie kann ihr Auto oder Haus oder die Kinder nicht innerlich mit Farben nachmalen, oder mit Tönen nachklingen lassen. Sie hat keinen Farbtopf in sich, sie kann äußere Freude nicht als inneres Glück nachgestalten. („Zähmen!, sich vertraut machen!", ruft der kleine Prinz.) Die Raupe ist kritisch und unzufrieden. Wenn sie stirbt, ist graue Leere um sie. (Dies berichteten nach Unfällen Reanimierte Raupen.) Wenn alles ausgestanden ist, bleibt nur anonyme Asche und sie hat nicht gelebt.

Doch der werdende Schmetterling in der Raupe betrachtet sehnsüchtig die Blume über sich und dann die vielen Blumen in der Welt, zu denen er einmal fliegen wird. Dann muss er eben noch Blätter essen, solange er Raupe ist, aber dann kommt viel Schöneres, dann tue ich, was ich will, das nimmt er sich fest vor...

Denn bereits im abhängigen Menschen bewegt sich der Schmetterling und flüstert Worte und Visionen von Freiheit, bunter Freude und der weiten Welt. „Lüge nicht und tu nicht, was du hasst", das versteht der Schmetterling in der Raupe, auch höheres Selbst genannt...

„Doch wovon lebt man als Schmetterling", fragen die Raupen entsetzt, „man braucht doch Geld, und wer zahlt die Miete, man braucht doch Sicherheit..." Sich öffnen heißt somit verwirrt sein. Doch viel Gutes eröffnet sich dem, der die Herrschaft betritt. Man opfert dabei nur die Zwänge, für die man als Raupe leben musste.

Ich erzähle hier kurz die Geschichte eines Pferdetrainers, der die Pferde eines reichen Mannes schulte, obwohl er wusste, dass sie ziemlich ungeeignet für ihre Aufgaben waren. Auch er war in dem

Dilemma, dass er eine Rolle vortäuschte, um voran zu kommen. „Erzähle dem Besitzer, dass sie nichts taugen", riet ihm ein erfahrener Kollege. Er überwand seine Ängste, denn diese Pferde waren praktisch sein Einkommen. Er sagte ihrem Besitzer, dass seine Pferde nichts wert waren und er sie nicht weiter ausbilden würde. Da strahlte dieser über das ganze Gesicht und ließ ihn bessere Pferde kaufen und empfahl ihn anderen Pferdebesitzern weiter. Endlich war jemand da, der nicht log. Und der Trainer musste nicht mehr sein Leben lang mit mittelmäßigen Pferden arbeiten und selbst ein mittelmäßiger Statist bleiben, indem er seine Ängste bediente und sich dabei verachtete. Also stellten sich auch für ihn die Berge auf den Kopf...

Der Schmetterling lügt nicht mehr, er tut nicht mehr, was er hasst, er macht Schluss mit dem, was man anerzogene Anpassung nennt. Er trampelt auf seinen alten, uniformierten Kleidern (Ängsten) herum, er zieht sich dazu nackt aus, es ist eine Art ‚coming out'. Sei du selbst. Zeige dich Gott und der Welt mit deinen Talenten. Der Schmetterling entdeckt sich der Welt und wird von ihr entdeckt. Danach wird aus der vormaligen Ohnmacht der Raupe die Selbstgewissheit des Schmetterlings.

Zur Lösung des Leib-Seele-Konflikts muss man also gegen Ängste angehen, indem man äußere Pflichten und Abhängigkeiten sausen lässt. Nur so kommt man weiter, wird man offen für das Leben. Oder will man ein Leben in Angst und Negativität verbringen?

Der Schmetterling öffnet sich dem Sonnenlicht, dem Guten in der Welt und holt sie auch in sich selbst hinein. Der Mensch kann sich retten, indem er das in sich entstehen lässt, was ihm zunächst auch in sich verborgen ist: Innere Wärme, innere Freude, Liebe, das in ihn wie auch in die Welt eingebaute, angeborene universelle seelische Vorprogramm, das vor dem einzelnen Menschen da war und immer weiter ist. Es ist ein angeborenes Wissen um das Gute, das jeder hat. Aber man leidet und fühlt sich verloren, wenn man es in der Welt nicht als Resonanz zu sich finden und aktivieren kann.

Denn was man mit dieser seelischen Perspektive sucht, ist zunächst verborgen, es ist nicht besonders ‚erspähbar', da es nicht als messbares offensichtliches Objekt vor den äußeren Augen steht. Die Seele spürt man nicht direkt, wohl aber das Vorprogramm, das unser Sein innerlich wunderbar strukturiert. ‚Wenn eure Führer zu euch sagen, seht, die Herrschaft ist im Himmel, so werden euch die Vögel des Himmels zuvorkommen. Und wenn sie zu euch sagen: Sie ist im Meer!, so werden euch die Fische zuvorkommen. Nein, die Herrschaft ist in euch und außer euch. Wenn ihr euch selbst erkennt, dann werdet ihr erkannt werden. Und zwar werdet ihr erkennen, dass ihr die Söhne des lebendigen Vaters seid.'

Denn neben der Nahrung, die man sauer im äußeren Bereich verdient, gibt es innere Nahrung. Von ihr lebt der Schmetterling. Von der eigenen Freude, die er selbst im direkten Austausch mit der lebendigen Welt in sich herstellt. Er braucht keine Zwischenhüllen von ‚weichen Kleidern' und Amtstalaren. Sein Leben ist Tanz und Überraschung. Alles gelingt, die Berge stehen Kopf. So beginnt ein Fest des Lebens. Man begegnet der Welt, Neues und Wirkliches entsteht so im Inneren der Menschen und bereichert sie auf wunderbare Weise wie mit Nahrung, die sie weitergeben können.

Es ist wie bei dem Fuchs, der vom kleinen Prinzen gezähmt werden möchte, damit das Gelb des Weizenfeldes für immer neu in ihm entsteht, weil er den kleinen Prinzen und seine blonden Haare gekannt hat... Der kleine Prinz trägt liebende Verantwortung für seine Rose, das macht beide einzig füreinander. Und auch sterblich, so ‚stirbt' der kleine Prinz ganz leicht auf der ‚Erde' und lässt den irdischen Teil aus Traurigkeit zurück, um zu seiner überirdisch-himmlischen Rose zurück zu kehren. Und das Feld, auf dem die Herde der ‚Plastik'-Rosen in einheitlicher Parade-Ordnung steht, lehnt er als unsinnig ab. „Ihr seid nichts, ihr seid leer", sagt er zu ihnen. Und der Dichter behält lachende Sterne zurück. Sie gehören ihm, weil er das Lachen des kleinen Prinzen durch das All klingen hört, da er es in sich aufgenommen und verstanden hat.

Die kosmisch-universelle Herkunft des kleinen Prinzen und seine individuelle Erinnerung an dieses Zuhause (die Rose, sein Planet) sind ein Bild des Geheimnisses unserer Seele. Einzigartiges entsteht für jeden, der sich aus diesem himmlischen inneren Wissen heraus den Wundern der Welt öffnet. Die ganze Welt wird zu Nahrung. Wer in ihr wurzelt, erhält sie. Er steht unter göttlicher Hilfe und dem Schutz des Guten. ‚Engel werden zu euch kommen und sie werden euch geben, was euer ist. Und auch ihr gebt ihnen, was in euren Händen ist.‘ Man wird von der Welt und ihrer inneren Freude aus Licht (sie ist ja das Bild des Lichtes des Vaters) angenommen.

Bei den Schmetterlingen ist es so, dass sie ihre Rechte mit Hilfe ihrer inneren Begabungen erwerben. Sie leben authentisch, damit einzig. Sie tragen etwas dazu bei, ihre Umwelt freudiger und bewusster zu machen. Als Pilger, Schamane, Künstler, Therapeut, Träumer und Sucher tut man, was vorher unmöglich erschienen wäre. Man kann heilen und helfen, man ist spontan, man erschafft sein Leben mit seinen inneren Möglichkeiten. Man fliegt. Mit den Vögeln, mit dem Wind, mit den eigenen Wünschen.

Hier könnte man aufhören. Doch man soll suchen, bis man findet. Denn es gibt mehr. Unweigerlich erfährt man auch noch als Schmetterling, dass das Irdische immer noch herausfordert, damit aber auch begrenzt. Auf dem Flug in das Wachstum hat man durch eine zweite Geburt einen neuen leichteren Leib erhalten, die Raupe wurde zum Schmetterling transformiert. Das erfüllt, man macht das Schöne, Gute, Helfende zur Berufung. Man ist weit, fortgeschritten, der Weg ist bereichernd, man ist frei kreativ. Die Engel helfen, die Intuition trifft das Richtige, Fülle und Erfolg stellen sich ein. Alles erscheint wunderbar. Aber dann entsteht die Frage: Was kommt danach?

Wieder meldet sich das höhere Selbst, es gibt mehr... Denn Schmetterlinge brauchen immer aufs Neue Bestätigung, das bewirkt Anspannung. Man herrscht noch nicht über seine Welt, aber ein überhöhtes Ichgefühl kann einen selbst beherrschen und das kann zum Absturz führen. Dies war bei vielen Berühmten der Fall. Edgar Allen Poe, Stefan Zweig, Jack London, Adalbert Stifter, Lord Byron, Ernest Hemingway, Elvis Presley, sie und auch entsprechende weibliche Sterne am Schmetterlingshimmel beendeten ihr Leben vorzeitig oder zogen sich verbittert aus ihrer Welt zurück.

Leo Tolstoj wollte seine Werke nicht mehr, er verglich sie wegen ihrer aufgebauschten Effekthaschereien mit Frisörs- oder Tortenbäckerkunst. Franz Kafka ordnete an, die seinen zu verbrennen. Eine innere Unzufriedenheit bleibt auch im Schmetterling, man fühlt sich irgendwann ausgebrannt. Auch Schmetterlingsflügel brennen noch, wenn sie eine Flamme berühren. Vom Sisyphus der Raupe stieg man hoch und wurde zum himmlischen Ikarus, der seine Flügel verliert, wenn er der Sonne zu nahe kommt, doch da muss er hin.

Auch Schmetterlinge, die wirklich nur das Gute tun und das Wunderbare vermitteln wollen, können an innerer Auszehrung scheitern. Die Berge stellen sich auf den Kopf, aber es sind immer noch Berge, die man überfliegen muss, und das ist oft anstrengend... Man ist noch nicht im endgültigen Bereich. Man ist noch nicht im Bereich, in dem nichts altert, wo sich nichts abnutzt. Man hat ausgesorgt, ist aber noch nicht sorglos und befreit... Man glaubt noch an das eigene Tun, an Effekte, an Inszenierungen. Das eigene Menschliche und die Begrenztheit der eigenen Fähigkeiten werden als Behinderung erfahren, man könnte noch viel mehr. Man gibt sich ganz und relativiert doch: Was erhalte ich dafür, was kriegen andere? Oft geschieht Raubbau am Körper, zu viel Einsatz wird verlangt...

Schmetterlinge sind noch mit sich selbst getrieben. Die Raupe wollte ihre Ruhe und ihre Sicherheit haben, die Schmetterlinge sind himmlisch bewegt. Doch der Schmetterlingsflug ist dadurch endlich, dass er noch bewegt ist. Es tritt also wieder ein Zwiespalt auf, der zu bearbeiten ist. Als Künstler, Erfolgreicher, als Helfer muss man geradezu tun und gestalten, was man als seine Aufgabe ansieht. Man lebt so in einem Festtag seiner selbst, es ist also Sabbat, Sonntag, ständiger Feiertag. Doch man muss noch ‚den Sabbat zum Sabbat machen', über dieses schöne Leben hinausgehen, das traumhafte Sich-selbst-Feiern zum höchsten Fest des ewigen Geistes werden lassen.

Jesus ist hier ganz klar: ‚Jeder, der die Welt erkannt hat, hat den Leib gefunden. Wer aber den Leib gefunden hat - die Welt ist seiner nicht wert.' Also über die neue Welt, über den Radius der eigenen Aktivitäten hinausgehen! Der Mensch als Schmetterling darf sich noch nicht über seine Welt erhaben sehen, das wäre Größenwahn. ‚Wer das Ganze erkennt, seiner selbst aber bedarf, bedarf des ganzen Ortes.'

Schmetterlinge fordern sich und sind unersättlich, selbst wenn sie nur noch vom Wunderbaren zum Wunderbaren eilen und freie Liebe und soziale oder künstlerische Ideale leben. Auch ein Schmetterling in Menschenform hat noch ein Bewusstsein, dass er bewusst und damit sein eigenes Maß ist. Daher steht Verzicht auf das Erreichte, Verzicht auch auf zu viel Selbstlosigkeit in der idealen Hingabe an. ‚Wer die

Welt gefunden hat und reich geworden ist, soll auf die Welt verzichten. Jeder, der reich geworden ist, möge König werden. Und jeder, der Macht hat, möge darauf verzichten.‘

In diesem Sinn gab auch Jesus seine Wirkung als Gestalt und damit alle äußeren Zeichen von Berühmtheit und Erfolg auf. Seine Jünger, die das Letzte, Absolute noch nicht erkannt haben, weist er zurecht: „Suchet und ihr werdet finden. Aber das, wonach ihr mich in diesen Tagen fragtet, habe ich euch an jenem Tag nicht gesagt. Jetzt will ich es sagen, und ihr sucht es nicht... Ihr prüft das Gesicht des Himmels und der Erde, und den, der vor euch ist, habt ihr nicht erkannt! In diesem Augenblick versteht ihr es nicht zu prüfen... Oftmals habt ihr gewünscht, zu hören diese Worte, die ich euch sage, und ihr habt keinen anderen, sie von ihm zu hören. Tage werden kommen, da ihr mich suchen und nicht finden werdet!“ Denn die Jünger, die wohl auch schon wie Schmetterlinge heilten, sein Wort verkündeten, standen immer wieder vor Jesus und sahen noch nicht.

Der letzte Schritt führt in noch andere Wahrnehmungen: ‚Die Himmel werden sich aufrollen und die Erde vor euch. Und jeder, der lebendig ist aus dem, der lebendig ist, wird keinen Tod mehr kennen.‘ Ich habe diesen Schritt getan und kann nun sagen, worin er besteht: Wir brauchen nur den Balken des Guten, des Wunderbaren wegzunehmen, der auch beim Schmetterling noch da ist. Dieser Balken ist immer noch aus entstandener Harmonie. Er ist noch relativ, man kämpft noch um mehr oder weniger Gutes. Deshalb ist noch nicht ALLES gut...

Erst wer die nicht-materielle Schau hat, spürt mit einer ganz anderen Sinnlichkeit die Aufhebung aller Sichtgewohnheiten, allen Drucks, aller Relationen, aller irgendwie normierten Bezüge. Jetzt bleibt nur noch DAS GUTE. Jetzt ist ein Balken ein Balken, ohne dass er schwer ist, aus diesem oder jenem Holz ist, ohne dass er stört oder gewertet wird: Ein Balken ist ein Balken ist ein Balken. Er ist nicht mehr ‚der‘ Balken, mit Fehlern oder Eigenschaften, zu dem die individuelle Wahrnehmung ihn machte. Diese neue Sicht ergibt eine befreite Logik des Seins. Was ist, Ist.

Dies ist ein Erleben der absoluten Spitze. Zuvor haben wir Menschen eine Sinnlichkeit aufgebaut, die zu immer größeren, sensationelleren, gigantischeren Konstruktionen von ‚Wirklichkeit' führte. (Turmbau zu Babylon, Pyramiden, Titanic, Hollywood. Weltreiche, Weltkriege, Ideologien...) Dadurch, dass das Nächste immer größer und besser wurde, war das Gegenwärtige schon nichts mehr wert. Über diese Möglichkeiten noch hinauszugehen, indem man ihren Zwängen nicht mehr unterliegt, wird nun zum absoluten Luxus und Reichtum des Seins. Mit dem höchsten Licht verlässt man eine Verkettung von Ereignissen, von der man nie wirklich etwas hatte.

Ich will das so beschreiben: Mit irdischen Augen betrachtet man, was geschieht, und lebt bereits in der Erwartung dessen, was man sieht, weil man es so gewohnt ist. Im Kino kann man in historischen Filmen spektakulär einstürzende Mauern von Burgen und Festungen sehen. Doch wenn die Steine leicht und spielerisch den Abhang herunterkullern, merkt man, dass sie aus Schaumstoff sind, weil an den Bauten gespart wurde. Damit ist die optische Festigkeit und Schwere normaler Steine aufgehoben und man hat eine irdische Erklärung für das Phänomen: Wenn die Steine aus Leichtmaterial sind, tanzen sie luftig und leicht den Berg hinunter. So sind viele Teile unserer Wirklichkeit nur eingebildete ‚Schau' wie im Kino meiner Mutter. Das sieht man eben.

Doch wenn die Himmel sich wirklich aufrollen, wenn man jenseits der materiellen Gewohnheiten sieht, tanzen auch die echten Steine. Steine gibt es nur, weil man die Erwartung hat, dass sie Steine sind. In der höchsten Schau sind Steine keine Steine mehr. Hier gibt es nur total leichte, unsterbliche Bilder ohne materiellen Impakt oder mechanischen Antrieb - weil alles auch wirklich so ist! Und man weiß sofort, denn ein Vorwissen dazu ist schon da: man kommt nach Hause. Da sind keine Dinge mehr, selbst wenn man sie sieht, da ist nur noch bewusstes Sein. Alles ist da, aber ohne, dass es Festigkeit, Gewicht, Masse, Anziehung, Abstoßung, Konsequenz gibt, wie man es vom irdischen Bereich her gewohnt ist.

Und nur diese Gewöhnung an die gewohnten Zustände und Analogien macht das Irdische aus! (Und wenn man aus dieser Schau zurückkommt, weiß man erst, was Steine wirklich sind, und ist ihnen dankbar – dann erst dienen sie dem Menschen!)

Als Kleinkind hat man sich beim Laufenlernen an die Schwerkraft gewöhnt, weil Fallen weh tut. (Und später tut nicht mehr das Fallen weh, sondern der Ärger darüber, dass man gefallen ist...) Aber in der Erfahrung der Endgültigkeit, in der die Gesetze der irdischen Wahrnehmung komplett aufgelöst sind, ist jedes ‚Tun' nicht mehr da. Da ist nur Leichtigkeit, Schillern, formloses ineinander Übergehen aus purer Freude und höchster Erfüllung. Nichts steht hier mehr fest. Licht und absolute Leichtigkeit sind das Gleiche und doch die essentielle Basis des geformten Universums.

Hier ist ebenso wie in den beiden vorigen Welten nichts zufällig, nur anders. Auch wenn die Erdheit aufgehoben ist, geschieht kein Chaos, kein zufälliges Kollidieren von Formen, die nicht wissen, was sie tun. Wer es sah, weiß es: Dies ist Licht, es ist der absolute Ursprung, in dem es die fixen Erwartungen an stoffliches Verhalten noch nicht oder nicht mehr gibt, wie sie der Mensch auf der Erde hat, wo er mit Sicherheit sagen kann, dass, wenn ein Auto mit hundert km/h auf eine Mauer zurast, dies einen Aufprall geben wird.

Erst in diesem von allem gelösten Licht geschieht die Befreiung. Es ist auch die Befreiung von sich selbst, dem letzten Hindernis. Jetzt lebt man geistig das, was man körperlich als Orgasmus bezeichnet: In einem beständigen Gipfelpunkt, der, wenn er erreicht ist, von selbst auf einer freiwilligen Glücksebene einer geistigen Erfahrung existiert, die man nicht gewollt machen kann. Doch wenn man diesen Punkt einmal ‚hat', bleibt er für immer, auch im und nach dem Tod...

So wie man sich und seine Welt zuvor selbst hergestellt hat, entsteht nun alles von selbst. Man ist an keine Materie gebunden und dennoch da. Und nun erkennt man auch des Rätsels Lösung: ‚Wer die Bedeutung dieser Worte findet, wird den Tod nicht kennen. Ihr werdet Ruhe finden. Selig, wer im Anfang steht, er wird das Ende erkennen und den Tod nicht schmecken. Selig, wer war, bevor er wurde. Es wird sichtbar dessen Bild, das verborgen ist durch dessen Licht. Jeder, der lebendig ist aus dem, der lebendig ist, wird den Tod nicht sehen.' Der Tod hat nun keine Bedeutung mehr, nur das Selbst kann und wird sterben. Das Selbst ist abhängig von der gewohnheitsmäßigen Bestätigung durch sein ‚Kino'. Wer in seinem Leben nur auf materielles Tun und gewohnte materielle Unterschiede fixiert war, verliert im Tod genau dieses Eigenmächtige, das im Hirn erstellt wurde.

Erst wer schon in diesem Leben ‚über das Universum herrscht', behält alle seine Kräfte auch im Jenseits, er verliert nichts und der Tod unterbricht nichts. Der Tod kann ihm nichts anhaben. Die Materie ist besiegt. Das ist das Geheimnis. Dies ergibt eine völlig befreite Lebensqualität, ein neues Menschsein, zu dem Jesus aufruft.

Der Tod ist nur das Ende einer Dienstfahrt, das Ende eines Sklaven seiner Gewohnheiten. Der diesseitige Mensch ‚lebt' immer nur im Labyrinth der Erwartung, die ihn durch seine Wahrnehmungsgewohnheiten fortlaufend bestätigt. Er entzündet ein Streichholz und steckt trockenes Papier an. Wenn kein Wind dazwischenkommt, ‚muss' es brennen. Er gibt ein Konzert, er hat geübt, das wird anderen gefallen. Er sammelt Geld für die Armen, das muss doch gut sein. So lebt man in der eigenen Bestätigung, in Abhängigkeit von sich selbst. Man wendet an, was man kennt, den Körper, die Materialien, das Leben und erwartet die Resultate. Nur dieser Prozess geht im Tod verloren.

Man hat diese ganze Selbstbestätigung nie gebraucht. Denn es ist ja keine eigene Leistung, dass das Papier brennt, man zündet es nicht ‚selbst' an, man bewegt die Hände entsprechend dazu, aber es sind nicht wir, die es tun, es sind unsere Gewohnheiten und die Gesetze, die es erlauben! Deshalb die Aufforderung von Dr. Christ an seinen Klienten, zum Fenster zu gehen und seine Frage, wer tut dies? Es sind nicht wir, die etwas tun, es sind nicht unsere Fähigkeiten, durch die wir leben.

Man ist auf der materiellen Schiene also nur ein Glaube an das, was man richtig oder falsch macht, ein Glaube an die Umgebung, damit alleine bestätigt man sich. Dieser Glaube an die offensichtliche Logik des sinnvollen Tuns bestimmt das Leben der Menschen. Er ist der Balken der Materie. Er besteht aus dem ‚sichtbaren Licht.'

„Nicht der Mensch sieht das Licht, das Licht sieht ihn", sagte Goethe in seiner diesbezüglichen Diskussion mit Arthur Schopenhauer. Dieses äußere zeitliche, räumliche und gedankliche Licht, das unser Verhalten steuert, haben wir in der tierischen Evolution entwickelt. Dabei ist keine Metaphysik, wie Kant dies für sein Denken beansprucht, alles ist pure Anwendung von Erfahrungswerten.

Wenn unser Leben nur aus dem Glauben an unsere Interaktion (aus Wille und Vorstellung) mit Materie besteht, ist es auch immer von Angst und Verlust, damit vom Tod geprägt. Man hat Menschen einwandfreies Essen gegeben und ihnen gesagt, darin sei Gift - sie sind daraufhin nur an diesem gewohnten Glauben, dass Gift tötet - gestorben. Bei Duellen war keine Kugel in einer der Pistolen, der nicht Getroffene starb dennoch auf der Stelle - aus der Einbildung heraus, tödlich getroffen zu sein. Menschen haben auf hypnotische Suggestionen hin Brandblasen entwickelt. Auf irrtümlich überbrachte Todesnachrichten hin starben manche Empfänger vor Schreck. Im ‚positiven' Bereich wurden Menschen gesund, obwohl verabreichte Medikamente keine Wirkstoffe enthielten. Dies nennt man den Placebo-Effekt.

Jemand stellt sich als König dar, dann ist er ‚mit seinen weichen Kleidern' für die anderen ein König. Dies funktioniert nur bei den ‚klugen' Menschen der Gattung Homo Sapiens. Tiere lassen sich nicht so täuschen. Denn diese illusionistische Selbsthypnose aus Gewohnheit und Alltagstrance und permanenter Selbstbestätigung ist der Balken im Auge der Menschen (Adams) und er ist an die Stelle des Lebens vor die Leichtigkeit des Geistes getreten. Und die Seele ängstigt sich ‚vorsorglich' und erträgt Mangel, Missachtung und Mühsal. Und daran erkrankt man womöglich auch psychosomatisch. Diesen unnützen Balken aus Mühsal und Einschränkung muss man loslassen, um zu leben. Denn die Seele weiß, was Freiheit ist und lässt sich nicht ungestraft vom Leib und seinem materiellen Balken – wie an einem Kreuz! - fesseln.

Alleine der irdische Glaube an den Tod ist tödlich, der Glaube an Fesseln fesselt, der Balken im Auge ist aus Glaube. Materie besteht aus Glauben, so brachte es Ernst Jünger auf den Punkt.

Doch in der unsterblichen Dimension gibt es keinen Tod, keine physikalischen Veränderungen und Unterschiede, kein Leid. Man selbst stellt nichts mehr her, und das bleibt, auch wenn die Welt sich aufgrund ihrer Gesetze immer weiter herstellt.

Nun ist alles rein. Die Mystiker, die das sahen, berichten vom rauchlosen Feuer, das nicht brennt, vom tonlosen Ton. Mohammed sah einen Gott, der nie müde wurde: Er gab dem Gott keine Müdigkeit, weil er ihn im Licht sah... Wer das letzte Geheimnis sah,

sah immer auch die Aufhebung der Wirkungsweise der physikalischen Welt und ist danach für immer befreit und unsterblich. Darin gleichen sich alle Berichte über die höchste Schau. In der Erfahrung dieses Lichts ist man über die Merkmale und Phänomene der körperlich-mental-analogen Sichtweise hinausgegangen. Auch das Feuer und der Streit, von denen Jesus spricht, existieren nur auf der Einbildungsebene. Feuer kann man nur zwischen die werfen, Schwerter nur gegen die Verwirrten führen, die noch an Feuer, Schwert und Krieg glauben...

Doch noch beanspruchen die Verwirrten die Macht über das Irdische, denn der Schlüssel zur Befreiung wurde weggeworfen, um die Menschen in der Sphäre von Angst und Tod zu halten. ‚Die Pharisäer gleichen einem Hund, der auf dem Fresstrog der Rinder liegt, denn weder frisst er, noch lässt er die Rinder fressen. Die Pharisäer und Schriftlehrer haben die Schlüssel der Erkenntnis an sich genommen und haben sie versteckt. Sie selber sind nicht eingetreten, und die eintreten wollten, haben sie nicht gelassen.‘ Einen Gott, der einsperrt, lehren nur die selbst eingesperrt sind! An einen Gott, der tötet, glauben nur geistig Tote! Sie kennen ja nichts anderes, denn sie sind ‚blind‘.

Es gibt unzählige Beispiele dafür. Man hat sie zu Gottesurteilen pervertiert: Laut Bibel befragte man Frauen (immer nur Frauen!), die man der ehelichen Untreue verdächtigte, feierlich „vor Gott.“ Man suggerierte ihnen, eine Falschaussage würde von diesem mit dem sofortigen Tod bestraft. (Eine Version des oben beschriebenen einwandfreien Essens, das man als vergiftet anbietet... So wird aus Gott Gift!) Sogar im Neuen Testament wird zur Abschreckung berichtet (Apostelgeschichte), dass ein Ehepaar, das Geld aus einem Erbe nicht komplett in den urchristlichen gemeinsamen Topf einbrachte, bei der Leugnung des Sachverhalts tot umfiel. (Da würde in den heutigen Hierarchien niemand mehr leben...)

So wird das Prinzip Gott auf die Ebene des sichtbaren Lichts des Todes gezerrt und soll hier eingreifen, sogar töten. Das ist ungeheuerlich! So werden Dummheit und Blindheit gefördert und die Menschen beherrscht und in sich eingesperrt. Denn solange die Menschen nur die fest-physikalische Welt kennen, die vom ‚sichtbaren Licht‘

abhängt, bleiben sie sterblich, ängstlich und blind.

Doch man kann sich aus diesen Erpressungen befreien! Die Menschen sind frei und unbegrenzt und stehen unter keinem kausalen Druck der Materie, außer sie verursachen ihn aus Gewohnheit selbst. Nicht einmal die Materie steht unter einem solchen Diktat, wie die Quantenphysik feststellt!

Und diese Befreiung ist möglich, daher auch dringend nötig, wenn man sich die Welt von heute ansieht... Darum geht es. Um die frohe Botschaft, dass Erlösung überall ist. Es gibt kein Gefängnis, kein Leid, keinen lebenslangen Tod... Doch das weiß man erst hinterher, nach der Befreiung. In meinem Buch über den Apostel Thomas, ‚der das Verborgene sah', brachen für diesen unter dem Kreuz Jesu alle individuellen Vorstellungen zusammen. Wer eine solche Erfahrung gemacht hat, weiß dies...

Die analoge Vorstellung des Phänomens Tod kann also in diesem Leben erkannt und besiegt werden. ‚Wer die Bedeutung dieser Worte findet, wird keinen Tod mehr kennen.' Um diesen Weg zu gehen, sind Konflikte mit den Zwängen des eigenen Hirns angesagt, die aber im Nachhinein völlig unwirklich sind. ‚Wer mir nahe ist, ist dem Feuer nahe, und wer mir fern ist, ist der Herrschaft fern. Ich habe Feuer auf die Welt geworfen, und seht, ich hüte es, bis es auflodert. Mag sein, dass die Menschen denken, ich wäre gekommen, Frieden auf die Welt zu bringen, und dabei wissen sie nicht, dass ich gekommen bin, Scheidung auf die Erde zu bringen, Feuer, Schwert und Krieg. Denn fünf werden sein in einem Haus, und drei werden sein gegen zwei, und zwei gegen drei, der Vater gegen den Sohn und der Sohn gegen den Vater.' Eindeutiger kann man den Streit mit dem eigenen Hirn und den fixen Ideen der angstbeherrschten und Angst verbreitenden Umgebung (Sicherheit! Sicherheit!) nicht ankündigen.

Der Befreiungskampf muss also geführt werden: ‚Denn wer da hat, dem wird gegeben werden, und er wird die Fülle haben; wer aber nicht hat, dem wird auch, was er hat, genommen werden.' Sich selbst erhält man in der Erfahrung höherer Ebenen, oder sich selbst verliert man im irrealen Glauben an Angst und Tod. ‚Die Herrschaft des Vaters gleicht einem Mann, der einen mächtigen Herren ermorden wollte. Er zückte das Schwert zu Hause und durchstach die Wand, um zu sehen, ob seine Hand stark genug sein werde. Dann mordete er den Mächtigen.' Diesen mächtigen Angepassten, Ängstlichen, Unterdrückten hat jeder in sich, er rechtfertigt alles, was man muss. Er kontrolliert und normiert.

Jesus benennt diesen Ausgangspunkt der Reise in die Unsterblichkeit ausdrücklich. Worte fallen wie: ,Vater und Mutter hassen, blind, betrunken, Armut, Verdammnis, Sünde, Herde, viele kleine Fische (als die Interessen der Normalmenschen), Unkraut, eingedrungener Räuber, die Käufer und Händler bleiben außen vor, das unwerte Elend der Seele, die Welt als Leiche finden, alter Schlauch, der Balken im Auge, wehe der Seele, die am Fleisch hängt, die deshalb lügt und tut, was sie hasst, außerhalb des Vaters gepflanzt, was man nicht hat, wird einen töten...'

Zu was macht die Menschen ihre gelebte Wirklichkeit? Das also ist die existentielle Kernfrage, die jetzt, nachdem das Thomas-Evangelium gefunden wurde und nicht mehr zensiert oder unterdrückt werden kann, offen gestellt werden darf und muss.

Werner Eins und Werner Zwei.
Da ihr einer wart, wurdet ihr zwei.
Wenn ihr aber zwei geworden seid, was werdet ihr tun?

Alles gut, ich habe verstanden, mögen sich die Leserin, der Leser an dieser Stelle sagen. Und damit wäre der Sinn dieses Werkes schon füllt.

Doch wie geht es mit Werner konkret weiter? Wie lebt man, wenn man unsterblich ist? Ist man noch tauglich für die Welt, so wie sie noch ist? Blicken wir wieder auf Werner.

Die Leser werden ja schon gemerkt haben, dass die Geschichte von Werner von einem Erzähler erzählt wird, der dieser Werner auch war und ist, von mir also.

Wir haben Werner von dem Punkt an begleitet, an dem sein Informationssystem Alarm schlug. Er war wie der Pilot, der den kleinen Prinzen in der Wüste braucht und so auch trifft. In der Wüste seiner Normalität fühlte Werner sich verloren, sein Leben rann ihm durch die Finger. Doch er wollte sich nicht mehr verlieren, sich nur noch durchschlagen, sein Leben mechanisch als der Gefangene fristen, für den er sich hielt. Sein Plus war, dass er einsah, dass diese Panne im Grund eine Frage auf Leben und Tod war. Erst wenn man eine Panne hat, ist man bereit, Hilfe anzufordern, damit sein höheres Selbst, den kleinen Prinzen, Jesus, Engel oder andere Helfer zu sehen.

Doch eigentlich war ich es, der in ihm Alarm schlug. Der ihn zur Veränderung drängte, der ihm keine Ruhe mehr ließ. Das war ich, der ich heute dies alles erzähle. Und er sah, dass er gegen mich keine Chance hatte.

Denn seine Erfahrungen und Einblicke haben nicht den Werner befreit, wie er anfänglich war, sondern mich, den Erzähler, der ich heute bin.

Ich habe mich aus ihm und damit auch ihn befreit. Wie ein Schmetterling, der aus seiner Raupe hochfliegt, aber auch die Raupe in sich mitnimmt. Sie ist als Person Eins auch noch da, davon später. Ich brauchte nur den Mut, auch auf mich zu bauen und mehr zu sehen, als nur ihn und seine Kämpfe mit seiner Welt. Ich bin jetzt der, dem es nach all diesen Erfahrungen einfach so gut geht, weil alles gut ist. Ich bin vorhanden, ich bin da.

Wo ist da noch ein Problem, wenn alles gut ist? Also berichte ich, um anderen mit diesen begehbaren Wegskizzen Mut zu eigenen Erfahrungen zu machen.

Natürlich hat diese Begegnung mit Dr. Christ nie so stattgefunden, so wie es auch die Wüste nicht gibt, in der man gestrandet zu sein glaubt - weil man das Verborgene eben noch nicht sehen kann. Denn nur die Blindheit ergibt die Wüste, in der man sich fühlt.

Aber wenn diese Begegnung stattgefunden hätte, sie wäre so verlaufen. Dr. Christ würde man heute vielleicht als Wahrnehmungstrainer oder humanistischen Gestalttherapeuten oder erleuchteten Meister bezeichnen. Positiv und unkonventionell will er die Menschen zu sich und in die Ganzheit führen: ‚Wenn ihr eure Scham ablegt und eure Kleider nehmt und sie unter eure Füße legt wie die kleinen Knaben und darauf trampelt, dann werdet ihr den Sohn dessen sehen, der lebendig ist, und euch nicht fürchten.' Wer dies tut, kommt zu sich und wird lebendig, denn unter allen Konventionen sind wir es schon. ‚Warum seid ihr hinausgegangen aufs Feld? Zu sehen ein Schilfrohr, vom Winde bewegt? Um zu sehen einen Menschen, der weiche Kleider trägt? Seht eure Könige und eure Magnaten an: Diese haben weiche Kleider an, und sie werden die Wahrheit nicht erkennen können.'

Im kleinen Prinzen wird das genauso gesehen: Dem türkischen Astronomen, der beim internationalen Astronomenkongress über die Entdeckung des Asteroiden des kleinen Prinzen berichtet, wird nicht geglaubt, denn er hat türkische Kleider an. Als er Jahre später seinen Vortrag in einem eleganten europäischen Anzug wiederholt, geben ihm alle Recht.

In dieser blinden Pseudo-Wirklichkeit der Spezialisten und Fachidioten war auch mein Werner Eins angesiedelt. Doch er war hier wie ein Fremder, das spricht für uns. Also habe ich Werner Eins, meine schlaue Unwirklichkeitsabteilung mit seinen Versagensängsten und Eitelkeiten die Panne in seiner öden Wüste so richtig spüren lassen, um mich dann aus ihm zu befreien und zu leben.

Auch hier begleitet uns der kleine Prinz: Er hat auf seiner Reise zu den egozentrischen Menschen ebenfalls deren Unverständnis erfahren und von ihnen Fremdheit und irdische Schwere aufgenommen; diesen belastenden Teil muss er wieder ablegen. Nur so ist er fähig, seine Leichtigkeit zurückzuerhalten, um wieder zu seinem wunderschönen Planeten zu gelangen. So geht es auch uns Menschen: Wenn wir nicht mehr vom ängstlichen, besorgten Teil regiert werden, ertragen auch wir alles mit Leichtigkeit und Freude, denn auch wir sind, wie der kleine Prinz, auf einen idealen Planeten rückversetzt - auf unsere Erde mit all ihrer Schönheit und ihrem Licht!

Doch wäre der kleine Prinz gleich auf seinem Planeten geblieben, er hätte sein inneres Vorprogramm und seine Einzigartigkeit nicht auf der Erde eingebracht: die Liebe und Fürsorge für seine Rose, die er mit dem Wandschirm vor Zugluft schützte, seine hilfreiche Hand für die Vulkane, die er immer wieder sorgfältig kehrte, die vorsichtige Wachsamkeit gegenüber den Affenbrotbäumen, die nicht wie Sünden in den Himmel wachsen sollten und mit ihren Wurzeln den Planeten zerbrechen konnten...

So bestehen auch wir die irdische Probe, wenn wir unser reines Inneres in Harmonie mit dem Planeten Erde hervorbringen und so zum Wohl der Welt beitragen. Unser innerer Mensch ist wie der Planet des kleinen Prinzen: Überschaubar, schön und gut. Er zeigt sich auf der Erde durch gute Handlungen, die uns in Verbindung zu unserem inneren Guten bringen: An einen Brunnen gehen, den Gesang der

Winde hören, aus dem Eimer köstliches kühles Wasser genießen... Dies tun wir auch mit dem inneren Auge, wir schöpfen auch mit der inneren Hand, so machen wir das innere Gute mit dem äußeren Guten in einem wunderbaren Akt zu Einem. Damit transformieren wir in unserer Person die Erde vom traurigen Planeten zum Ort der Rettung, an dem sich innere und äußere Freude immer neu verbinden.

Für diese Umkehr brauchen wir keinen Tod des Körpers, kein Gift einer Schlange, das den kleinen Prinzen wieder auf seinen Planeten zurückbringt, denn er will ja für seine Rose sorgen. Wir finden unsere Rosen und Blumen auf diesem Planeten, der für uns ebenso Liebe und Freude bereit hält wie der Planet des kleinen Prinzen für ihn. Wir sollen dazu nur den Vorhang der Blindheit unseres Hirns wegreißen und mit dem Herzen sehen, was dahinter ist: Das Leben, sein Licht und unwandelbare Unsterblichkeit! ‚Wenn ihr aber eure Bilder seht, die vor euch entstanden sind - sie sterben nicht, sie erscheinen nicht, - was alles werdet ihr ertragen?'

Und wir ‚werden verwundert sein und über das Universum herrschen.' Denn nun ist unendliche Freiheit da. Das ist Leben pur und für immer.

Dr. Christ, den wir nun auch wirklich Jesus nennen wollen, beschreibt den Vorgang dieser Selbstwerdung und Neugeburt so: ‚Selig der Löwe, den ein Mensch isst, und der Löwe wird Mensch.' Ich habe den Löwen Werner Eins integriert, adoptiert, gegessen, als mein praktisches Ich angenommen. Vor allem habe ich nicht vor ihm kapituliert, denn dann hätte er mich mit seinen Ängsten und seiner eingebildeten Unvollkommenheit gefressen. Wir zwei sind eine neue Einheit geworden. ‚Wenn zwei Frieden haben, einer mit dem anderen, in einem Haus, werden sie zum Berge so sagen: Stell dich auf den Kopf! Und er wird sich auf den Kopf stellen.'

Werner Eins versorgt mich durch sein limbisches Energiesystem mit der Löwenkraft, in der er zuvor gefangen war. Dies ist womöglich die erste Geschichte der Weltliteratur, in welcher sich der Erzähler seine anfängliche Hauptperson einverleibt hat und neu und durch sie gestärkt weiter lebt. Und ich freue mich jetzt über die Geschichte unseres Lebens, in der ich mich auf der Basis seiner Person weiter erleben darf.

Wir sind jetzt zu zweit: ‚Zwei werden ruhen auf einem Bett. Einer wird sterben, einer wird leben.' Er ist der sterbliche Teil, der Sklave, als er konnte ich nicht leben. Er ist die Vergangenheit, welche die tödlichen Ängste und Konflikte der Vorfahren als falsche Erziehung in sich trug. Ich bin unsere Zukunft, meine Freiheit und Freude und das Licht des Guten in mir. Und doch war ich zuvor in Werner Eins wie in einer Sackgasse, an deren Ende sein Tod stand, gefangen. Ich war noch nicht wirklich lebendig und befreit im Sinne dessen, was ich jetzt weiß und erzähle und leben darf.

Ich erzähle hier eine Anekdote, die meinem Werner Eins Unerlöst wirklich passiert ist: Er gab Religionsunterricht und nahm ein Gedicht einer progressiven Theologin (Dorothee Sölle) durch. Inhalt: Der Mensch lebt nicht, er muss erlöst werden... Eine Woche später fragte er die übliche Frage: „Was haben wir das letzte Mal durchgenommen?" und ihm klang es im Chor entgegen: „Wir sind alle tot!" Da dachte er entsetzt, was bringe ich da den Kindern bei. Als blinde Autorität gab er nur seine Blindheit weiter. Und ich habe ihn immer auf religiöse Themen gehetzt, an denen er scheitern musste, weil ich sie auch noch nicht verstanden hatte. So waren wir getrennt (zu zweit und noch nicht eins) und leisteten einander Widerstand und merkten es nicht.

Dabei war ich schon vor dem Anfang unserer Zwangsbekanntschaft. (Ich kenne ihn seit seinem Geburtstrauma, als er seiner selbst bewusst wurde – und er mich mit seinen Ängsten überdeckte.) ‚Selig, wer war, bevor er wurde.' Deshalb kritisierte ich ihn ständig als den Jüngeren, der sich aber in den Vordergrund drängte. Ich wusste immer schon mehr als er...

Doch jetzt sind wir zusammen da und können die Welt auf den Kopf stellen. So bilden wir eine wunderbar zueinander passende Nichtzweiheit von zwei Ichs, advaita heißt dies im Indischen. ‚Wenn er gleich ist, wird er sich füllen mit Licht. Wenn er aber geteilt ist, wird er sich mit Finsternis füllen... Wenn ihr den inneren Teil wie den äußeren Teil und den äußeren Teil wie den inneren Teil macht... dann werdet ihr in die Herrschaft hineinkommen.'

Niemand muss sich also von seinen bedingten irdisch-animalischen Reflexen (in Person Eins) kaputtreinigen, indem man den ‚Löwen', den betrunkenen, angepassten Blinden in sich bekämpft. Das ergibt nur Autoaggressionen, Selbsthass und psychosomatische Krankheiten. Man soll ihn essen, überwinden, zähmen, loslassen und beim Flug zu besseren Erfahrungen mitnehmen und selbst selig und glücklich werden. Bei allen Phasen des Loslassens hat mein Werner Eins von mir auch immer weiter gekriegt, was er brauchte. „Man muss die Raupe aushalten, wenn man einen Schmetterling sehen will", sagt die Rose des kleinen Prinzen...

Wenn man mich nun fragt: „Wie genau fühlt sich das Neue an, wie kann man es erklären?", beschreibe ich dies gerne: Es ist, wie wenn man auf einen Detektor mit den Themen Tod, Angst, Unglück, Minderwertigkeit, Unfall usw. nicht mehr permanent anspricht. Auch der kleine Prinz spricht nicht ständig auf die Ängste des Piloten an. Er kennt sie, aber er ist ihnen nicht ausgeliefert, wie zunächst wir Menschen. So auch der Pilot, denn der sagt noch am Anfang ihrer Bekanntschaft zum kleinen Prinzen: „Ich lege Wert darauf, dass meine Unfälle ernst genommen werden..." Doch der kleine Prinz spricht nicht darauf an. Er hat nie Angst auf der Erde. Er ist nicht von ihr. Diese unerschütterliche kosmische Sicherheit hat er, haben auch wir, das erzähle ich hier, mitgebracht. Der kleine Prinz weiß wie auch wir im tiefsten Innern ganz fest, dass alles gut ist. Dieses Gute ist einfach, es ginge nicht ohne. Dies ist so sicher wie die Gesetze des Universums, die immer funktionieren.

Das individuell auf Bedrohung ansprechende Programm ist damit bei mir nicht mehr ständig aktiviert. Alles ist ja gut, für alles ist gesorgt, sonst wäre ich die Ausnahme. Dies schenkt einen Zustand absoluter innerer Freiheit und Ruhe. Der irdisch verursachte Tiefenrausch ist aufgelöst. Der Zeiger des inneren Seismographen schlägt immer weniger und dann nicht mehr aus, wenn man sich dem Guten öffnet. Und wenn alles absolut eins und leicht und wunderbar erfahren wird, bewegt sich kein Zeiger mehr. (Und vorher war Werner Eins nichts als der Zeiger des unvollkommenen materiellen Bereichs...)

Wenn man dies in der Sprache der Hirnforschung ausdrückt, können wir einen Weg, einen Bypass am Alarmsystem des Thalamus und limbischen Hirns vorbei direkt zum Areal der Ich-Erfahrung legen. Dann ist die Leitung nicht mehr beständig mit stereotypen Reizen und

Inhalten wie Alter, Jugend, Krankheit, Angst, Unsicherheit, Tod besetzt. Dann konfrontiert man sich im äußeren Bereich nicht mehr zwanghaft mit diesen Erscheinungen.

Es scheint so, dass diese Direktleitung im Hirn, die an den alten Teilen des Hirns (Krokodilhirn) ungehindert vorbeigeht, von der Natur bereits vorgesehen ist, sonst wäre sie nicht möglich. Es ist einfach die bessere Wahrnehmung, schneller, kürzere Gänge, direkt in Freiheit ohne Angst, Leid und Tod. Jesus, Buddha und alle Propheten und Erleuchteten erfuhren dies und lehrten diese Erfahrung. Wenn die Welt vollkommen ist, warum sollten die Menschen nicht auch vollkommen sein? Eine neue, mit sich einige und glückliche Spezies Mensch kommt, der alte Sapiens mit seinen Kriegen und seinem Erfolgsgeheul über das neue Auto oder die Schönheitsoperation (wie wäre es statt Schönheitsoperation mit: Operation Schönheit?), dieser alte Sapiens oder Adam ist nur noch der gezähmte, gegessene Löwe, der zum Kuscheltier wird und nur hier und da noch einmal Schau macht. Sonst ist er abgemeldet.

Die halbe Sekunde, in der diese Schreckensinterpretationen (arm, alt, krank, Gegner, Verlust) zuvor geschahen, gibt es für mich nicht mehr. Gesund ist gesund und kein Warten auf die Anzeichen der nächsten Krankheit. Damit ist das Navigationssystem mit seinen Klischees aus Angst, Tod, Unzufriedenheit (Vorsorge, Vorsicht!) nicht mehr andauernd eingeschaltet und ich strebe in aller Ruhe das an, was wir beide wirklich wollen, weil es das Gute und Richtige ist. Der berühmte Balken ist letztlich nichts anderes als die Schrecksekunde, in der die Menschen ihr Leben aushalten müssen und damit verlieren: „Mache ich alles richtig? Wie kommt das bei anderen an? Klappt das auch? Hoffentlich sieht niemand meine Schwächen; jetzt geht es mir gerade mal gut, aber wie lange noch..."

Ohne Thalamus und limbisches System, ohne ständig mühselig und beladen zu sein, was dasselbe ist, lebt man abstandslos mitten in der Welt und ist eins mit sich und allen Dingen dieser Welt; man ist absolut sicher ohne die geringsten Zweifel an dieser Sicherheit. Denn nun holt man sich die Informationen einfach da, wo sie direkt gespeichert sind - und wo sie stimmen: In den Dingen selbst! Und die sind, wie sie sind, sie sind die Freude und das Licht, die sie in sich tragen.

Und ich freue mich genauso mit ihnen.

Manchmal, wenn man mich fragt, wie es mir geht, kriege ich fast einen kleinen Schreck. Was sage ich denn... Ach ja, da war doch etwas... Denn früher war das so, da ging es mir gut oder schlecht oder mittelmäßig, entsprechend hätte ich geantwortet. Heute gibt es das nicht mehr. Es geht mir unveränderlich gut, seit Jahren, am Stück. Alles ist ja gut, ich kann dies ohne sekündliche Unterbrechung durch unmotivierte Ängste und Einschübe sehen, da ich die Welt direkt empfange. Und die Welt ist, wie sie ist, wie auch ich es bin, wie jeder andere auch: gut, wunderbar, einzig!

Aber da ich das nicht immer und überall so erzählen kann, und man mir nicht immer glauben würde, denn Schlechtes glauben die Menschen eher als Gutes, sage ich eben: „Na ja, es geht mir ganz gut, wie es einem so geht..." Und die Menschen (die Erwachsenen, würde der kleine Prinz sagen) sind zufrieden. Denn jemand, dem es nur noch gut geht, wäre für sie schwer zu ertragen. Da würden sie ja etwas falsch machen.

Natürlich erfahre ich noch Unterschiede, ich hätte manchmal gerne dieses oder jenes, aber deswegen geht es mir nicht besser oder schlechter. Auch spüre ich alles, besonders wenn die anderen noch in ihren Problemen und Zwängen sind, wie ich selbst früher auch. Nur bin ich eben ‚draußen.' Und anderen kann ich helfen, sich und die Welt besser zu sehen.

Denn oft werde ich gefragt: „Wie kommt man da hin?" Da haben die Menschen dieses Buch noch nicht gelesen. In einem meiner früheren Bücher ‚Die Kraft der Visionen' habe ich eine Methodik dargestellt, wie man in übermaterielle Bereiche kommt, indem man seine Begrenzungen hinter sich lässt.

Eigentlich muss man nur wollen, dann öffnet sich die Existenz. Es gibt keinen Türwächter außer der eigenen Unwissenheit über die Möglichkeiten des Lebens. Nur man selbst hält sich noch in einem Zustand von zukunftsloser, unglücklicher Unerleuchtung fest. Befreiung ist immer die Befreiung von sich selbst, vom einzigen Hindernis zu Glück und Unsterblichkeit.

Die einzige traurige Einschränkung, die sich mir noch mitteilt, ist, dass die eigene Lichtnatur und die dadurch erfahrene Leichtigkeit erst dann wirklich vollkommen sind, wenn alle Menschen darin leben würden. Es ist schade, dass die Menschen sich noch in ihren individuellen Problemen festhalten. Aber man kann ja daran arbeiten. Unsere wahre Geschichte, vergessen wir das nie, hat im Himmel begonnen und von dort bringen wir angeborenen himmlischen Rat und Wissen mit auf die Erde.

Wir haben alle ein höheres Selbst mit seinem himmlischen Vorprogramm, das all dies weiß. In uns existiert ein ursprünglicher Meister, ein Führer, ein kleiner Prinz, der den Himmel noch kennt. Er weiß um all die Herrlichkeit, welche die Welt bereithält. Dies ist keine Hoffnung, es ist so. Diesen Meister soll man hervorbringen, mit ihm aufsteigen in die eigene Unendlichkeit. ‚Wenn ihr jenes in euch erzeugt, so wird euch das, was ihr habt, retten. Wenn ihr jenes nicht in euch habt, so wird das, was ihr nicht habt, euch töten.'

Fassen wir also zusammen und verstehen wir, wie die Rettung geschah. Werner Eins war und ist meine Hilfswirklichkeit. Ich habe ihn auch schon meinen Doppelgänger genannt. Er funktioniert als Kontakt zur illusionären Kurzzeitwelt der Ängste und Wertungen der Menschen. In dieser Welt stehen die Menschen beständig unter dem Urteil der Sterblichkeit, wie Kafka es ausdrückte: „Die dir zugemessene Zeit ist so kurz, dass du, wenn du eine Sekunde verlierst, schon dein ganzes Leben verloren hast, denn es ist nicht länger, es ist immer nur so lang wie die Zeit, die du verlierst."

Aus diesem Druck kann man sich befreien. Sonst tut man als Person Eins immer nur dies und das und versucht, sich ein möglichst gutes Hier und Jetzt zu sichern, kommt aber nie zum Abschluß und ist immer genervt. Man spult sein Leben ab, aber weil es als ein endliches Stück Weg erscheint, ist es eine abgeteilte, ‚eigene' Realität, die einem nicht gehören kann. Denn es ist nicht ‚die' Realität.

Zum Aufwachen gehört, dass man erkennt, dass man sich als Senf-(Selbst)-Korn und Raupe in der ‚eigenen' Realität eingeschlossen fühlt, autistisch auf sich beschränkt, ausgesät unter Milliarden Menschen auf der Erde. Ein Beobachter, ein Statist des Äußeren, in unserer Geschichte vertreten durch Werner Eins. Die meisten Menschen sind noch in seinem Zustand. Sie sind abgetrennte Teile einer Ganzheit, die sie nicht erkennen. So ‚füllen sie sich und ihr Dasein mit Finsternis.'

Denn Samenkörner sind noch Produkte ihrer Umgebung. Sie werden verkauft und anonym in Säcken transportiert, umgefüllt, gewendet, abgewogen, etikettiert (gut oder schlecht), in Arbeit, Urlaub oder Krieg geschickt. Sie können sich nicht wehren, denn sie schlafen fest in sich eingeschlossen.

So war auch Werner Eins das unbewusste Produkt von Eltern und Erziehung geworden, und er war doppelt unzufrieden, weil ich mich ständig über ihn ärgerte und ihn kritisierte. Ein ‚blödes Gefühl', so erinnere ich mich an unser Wechselbad der Gefühle.

Der kleine Prinz machte dieses Spiel gar nicht erst mit. Kaum landet er auf einem Planeten, schon soll er eine feste Funktion annehmen. Er soll der Bewunderer, der Forscher, der Informant oder der Untertan sein. Gleichzeitig soll er lernen, sich in die Rolle einzufügen, sich Gewalt antun und seine Freiheit verleugnen. Doch der ‚Feind hat in ihm kein Unkraut gesät'. Er hat keinen mit sich betrunkenen Sklaven in sich, der dem Aufwachen durch immer neues Trinken entgehen will, wie der Säufer auf seinem Planeten. Dieser trinkt um zu vergessen, dass er sich schämt, weil er trinkt... ‚Ja, jetzt sind sie betrunken, wenn sie aber ihren Wein ausschütteln, dann werden sie umkehren', so sah es Jesus, als er auf diesen Planeten kam. ‚Keinen Durstigen fand ich unter ihnen.' Wie einfach er das sagt! Denn Trinker spüren keinen Durst, weil sie schon lange vorher vorbeugend zur Flasche greifen. Oder man betäubt sich mit Unterhaltung, um nicht zu merken, dass man betäubt ist. Um ihr Unvermögen und ihr mangelndes Selbstvertrauen nicht zu spüren, suchen Autoritätshörige eine autoritäre Umgebung, die für sie entscheidet, in vorauseilendem Gehorsam, der kein Machtvakuum erträgt...

Dies hat Geschichte: ‚Wenn eure Führer zu euch sagen, seht, die Herrschaft ist im Himmel, so werden euch die Vögel des Himmels zuvorkommen. Und wenn sie zu euch sagen: Sie ist im Meer!, so werden euch die Fische zuvorkommen. Nein, die Herrschaft ist in euch und außer euch.' Das Gute ist schon da, längst bevor es die Priester und Macher als ihr Monopol vereinnahmten. ‚Wenn ihr euch selbst erkennt, dann werdet ihr erkannt werden. Und zwar werdet ihr erkennen, dass ihr die Söhne des lebendigen Vaters seid. Wenn ihr euch aber nicht erkennt, so seid ihr in Armut, und ihr selbst seid die Armut.'

Dieses Spiel, durch das er seine Herkunft verliert, macht der kleine Prinz nicht mit. Von Selbstbetrug, bei dem man um sich selbst betrogen wird, hält er nichts. Denn er will durstig sein, seinen Durst genießen, er will keine in Läden gekauften Freunde, er will das Einzigartige in sich bewahren, um es in der Welt freudig wieder zu erkennen und zu erweitern.

Denn es geht auch anders! Als Pflanze und Baum beginnt der individuelle Same im Sonnenlicht zu leben und wächst über sich hinaus und in die Welt hinein, bis er an den Himmel reicht und ‚er zum Zelt für die Vögel des Himmels' wird. Aus dem in sich eingeschlossenen Individuum befreit sich der Schmetterling und fliegt, wie er will. Ohne sich zu ‚sorgen, was er anziehen wird', er ist aus der Herrschaft, er spürt, alles ist da, Leben und Liebe, alles Gute und Schöne. Und es ist unteilbar.

Und dann kommt noch etwas, die ganz große Überraschung. Wenn man genug gewachsen ist, stößt man an seine eigenen Grenzen, auch die sind überwindbar! Dann erkennt man, dass ein göttliches aus sich selbst entstehendes Vorwissen all dieses Wachstum, all diese Erfahrungen im Geist ermöglicht, gerade auf dem ‚Acker' der Materie, dem wunderbaren Planeten Erde. Jetzt geschieht die wirkliche, die größte Auflösung des Menschheitsrätsels: Es ist die Erfahrung, dass das Leben unabhängig von sich selbst geschieht. Damit ist es unsterblich, weil es an nichts gebunden ist.

‚Selig, wer war, bevor er wurde. Wenn ihr zu Schülern werdet und meine Worte hört, dann werden euch diese Steine dienen. Denn ihr habt fünf Bäume im Paradies, die sich nicht bewegen sommers und winters. Und ihre Blätter fallen nicht ab. Jeder, der sie erkennen wird, wird den Tod ablegen.' Es ist uns aufgegeben, diesen innersten Bereich wieder zu entdecken und in absolutem Glück und Reichtum wirklich, damit unsterblich zu leben.

Für die Erfahrung dieses Zustands fehlen die Worte. Es geschieht reiner Genuss, ohne Abhängigkeit davon, dass irgend etwas ist oder sein soll. Man kann nicht mehr sagen: „Augenblick verweile, du bist so schön", man kann nichts mehr sagen, nichts kommentieren. Man erfährt reines Licht, pure Unsterblichkeit ohne Dazutun oder Wegnehmen. Dies ist die eigene Lichtnatur, die so natürlich ist, wie Wind in den Blättern eines Baumes.

Zwischen diesen Orten von absoluter Ruhe und äußerer, angestoßener Bewegtheit kann man problemlos hin und her wechseln, wenn man seine Lichtnatur erkannt hat. ‚Wenn sie euch fragen: Welches ist das Siegel eures Vaters an euch?, sagt ihnen so: Es ist Bewegung und Ruhe.' Aus dieser Bewegung, die nie ihre ursprüngliche Ruhe verlor, kommt alles.

Die Türe zum Licht, die von den Oberen offiziell verschlossen wurde, und die heute per Dogma noch verschlossen ist - ‚Die Pharisäer und Schriftlehrer haben die Schlüssel der Erkenntnis an sich genommen und haben sie versteckt. Sie selber sind nicht eingetreten, und die eintreten wollten, haben sie nicht gelassen' - verschließen wir uns nur selbst. Der Türwächter ist der ‚Adam, der aus einer großen Kraft entstanden und aus einem großen Reichtum ist. Und doch ist er eurer nicht wert. Denn wäre er wert geworden, hätte er den Tod nicht angenommen.' Er ist der Balken in den Augen der Menschen, er zwingt sie (die Laternenanzünder, Lehrer, Könige, Geographen, Geschäftsleute, Eitle) vereinsamt in ihren Scheinwelten auf ihren Planeten (in ihrer Einzelperspektive) auszuhalten, mehr wissen sie und ihre Opfer, die Patienten, Klienten, Gläubigen, Wähler, Untergebenen, nicht. Sie kreisen nur um sich und sind ihre nur mit sich selbst telefonierenden Sklaven. Über ihr Echo kommen sie nicht hinaus. Auch der kleine Prinz hält das Echo für die Menschen und er sagt: „Den Menschen fehlt es an Phantasie. Sie wiederholen, was man ihnen sagt..."

So machen die in sich Eingeschlossenen keine wirklichen Erfahrungen, nicht einmal ‚ein Stein dient ihnen.' Denn das Leben ist die Gabe, wirkliche Erfahrungen zu machen, und nicht nur Zeuge des eigenen Hirnprogramms und seiner Schablonen zu sein.

Erst hinter der Projektionswand, auf der die eigene Wichtigkeit und damit immer neue Sorgen und Ängste als das eigene Echo (feedback) entstehen, rollt sich eine neue Welt auf. Alles ist hier gleich: das Gute. Hier zeigt sich die wirkliche, unendliche Kraft der reinen Schönheit und der Glanz der Herrlichkeit.

Man wird selbst zum Stern, zum Kosmos, wenn man das universelle Prinzip erkennt. Auch der Körper spürt das und baut sich in einer neuen angstlosen Harmonie auf. Man hat die eigene Geschichte und die eigene bedingte Begrenztheit verlassen und man spürt, alles ist gut. Und man selbst ist endlich auch gut genug für dieses Gute und wird von ihm angenommen. Das Wort gut, erinnern wir uns, kommt von zusammenpassend. Das Gute bringt zusammen, Mensch und Kosmos, Mensch und Mensch, Gefühle und Gefühle.

Wer sich nicht mehr begrenzt, erkennt das Ganze und wird dazu. Denn es gibt nur das Ganze. Alles ist ja da, aus einer Perspektive gemacht. Man kann Befreiung und Unsterblichkeit nicht verfehlen. Man verfehlt sie nur, indem man glaubt, sie sind so oder so, hier oder da, größer oder besser als dies oder das, außerhalb, nicht man selbst.

Es muss nicht Jesus sein, oder ein Dr. Christ, oder sonst ein Retter, der eine Befreiung einleitet. Der alles übersteigende Beginn des Wunderbaren kann ein Sonnenuntergang sein, ein Frosch, der in einen Teich springt, eine zufällige Bemerkung, die Lektüre eines Buchs, das dazu anregt, und man ist ‚draußen'. Man ist es ja schon immer gewesen. Man weiß dies. Es waren nur die großspurigen Eitlen und sich mächtig aufspielenden Spezialisten, die das Gute in uns übertönten und sprachlos werden ließen. Das Wunderbare ist, es braucht keine aufgeblasene Gestik, keine Reklame oder Rechtfertigung. Es lässt sich nicht herstellen oder befehlen. Auch der kleine Prinz kann dieses Gute, das in ihm lebt, nicht für sich alleine beanspruchen und gegen andere anwenden. Dann wäre es dieses Gute nicht mehr.

Ich bedanke mich bei allen Menschen, welche die Last des zwanghaften Menschseins abstreiften. Sie ließen sich von keinen Mechanismen einwickeln und halfen anderen, indem sie ihnen durch ihr Wirken immer weiter die türlose Türe zeigen, die in eine wirkliche, glückhafte Zukunft führt: bei Dr. Buddha, Dr. Ramakrischna, Dr. Ramana Maharschi, Dr. Eckehart und Dr. Hildegard und Dr. Mechthild, Dr. Catharina (die von Siena), und auch bei einigen Dr. Evas, bei Dr. Saint-Exupéry, dem Schöpfer des kleinen Prinzen, bei heute lebenden Befreiten, die ich kennen lernen durfte, die uns alle immer weiter begleiten. Und auch bei mir. ‚Sucht euch die Perle, die nicht vergeht, den Schatz, den keine Motten fressen.'

Lassen wir nach erfüllter Mission unsere anfängliche Geschichte jetzt ausklingen. Werner und Eva übernehmen wieder. Und was ist mit dem Buch, das Dr. Christ Werner mitgab? Führen wir also diesen Teil der Geschichte fort, als ob sie weiterhin ganz wirklich wäre, was sie ihrem Sinn und Inhalt nach ja auch ist:

„Dir geht es nur noch gut“, stellte Eva fest. „Was hat dieser Dr. Christ mit dir gemacht?“ „Er hat nichts gemacht. Er hat mir das Unsichtbare gezeigt. Jetzt sehe ich das Sichtbare offen und frei. Er hat mich nur angeregt, auf das zu kommen, was sowieso da ist“, sagte Werner. „Ich habe die mechanische Welt der Menschen besiegt und kann sie jetzt retten.“ „Sonst nichts“, sagte Eva. „Und wann fängst du damit an?“ Ernster wollte sie wissen: „Ich habe einiges mitbekommen, aber was genau ist mit dir passiert?“

„Gut“, sagte Werner, „ich glaube, ich kann es einigermaßen beschreiben. Zuerst hat er mich dieses Vorprogramm entdecken lassen.“ „Dein schönes Inneres, deine Seele“, sagte Eva. „Ja“, bestätigte Werner, „doch vor Dr. Christ hatte ich dazu kein Vertrauen. Ich habe auch nicht gemerkt, wie ich es malträtiert habe.“ „Weil du dir nicht gut genug vorkamst“, sagte Eva verständnisvoll. „Genau“, stimmte Werner zu, „und es wird einem auch überall eingeredet. Du bist nicht gut genug für Gott, du bist nicht gut genug für dies und das, immer wird der Fehler beim Einzelnen gesucht.“

„Du konntest dir früher kaum etwas Recht machen“, erinnerte sich Eva. „Diese Person, die immer alles falsch machte oder sich beweisen musste, war ja nicht ich“, erinnerte sich Werner. „Da war immer ein ‚der da‘ in mir, der glänzen wollte, der den Netten oder Abhängigen gab und Angst hatte, authentisch zu sein.“ Werner spürte noch einmal, dass diese Falschheit nicht von ihm selbst gekommen war und resümierte: „Es wird einem ja auch beigebracht. Man geht immer nur von seinen Fehlern aus, nie von dem, was in einem selbst immer schon gut ist.“

Eva dachte nach. „Dann tun die Menschen, was sie nicht wollen“, sagte sie dann, „und was sie wollen, das tun sie nicht.“ „Du hast es erfasst“, sagte Werner. „Statt ihrem inneren Vorprogramm zu folgen, kaufen die Menschen alles und jedes als Trost und Belohnung dafür, dass sie sich selbst unterdrücken. Doch zufrieden werden sie nie. Und so leben sie nicht.“ Er überlegte: „Ich habe früher immer nur im Hinblick auf die Dinge gelebt. In diesem Hinblick waren alle meine Unterschiede enthalten. Wenn die Rückmeldung oder das Echo, das ich zurückbekam, nicht so war, wie ich es wollte, war ich verärgert. So habe ich immer nur mit mir selbst telefoniert und nichts gesehen und doch dabei geglaubt, ich tue alles für die Welt."

„Und dann bist du deinem Inneren gefolgt", ging Eva auf Werners Veränderung ein. „Ja", sagte Werner, „ich wäre an meinen Problemen und nicht erkannten Konflikten fast erstickt, bis ich gemerkt habe, dass es überhaupt nicht meine Probleme waren. Aber sie konnten trotzdem meine innere Wahrheit verdecken. Obwohl es sie geistig nicht gibt, können sie das." „Wieso gibt es sie nicht?", fragte Eva. „Weil man sich die Probleme aus einem falschen Glauben an ein fehlerhaftes Selbst macht. Danach beurteilt man alles, auch sich. Dieses heillose Selbst kriegt man überall eingetrichtert, in Kirche, Schule, Staat. Wenn man aber die Probleme nicht mehr macht, hören sie auf."

Eva horchte auf. Das fand sie interessant. „Willst du so die Menschen retten?" „Nein", sagte Werner, „das wäre zu einfach. Aber es wäre gut, wenn möglichst viele Menschen einsähen, dass sie vom System in ihre Probleme und Sorgen hineingetrickst werden, indem sie es allen Recht machen sollen. So werden sie depressiv und krank." „Immer auf die Kleinen", meinte Eva. „Ja, und weil man die Menschen klein macht und ihnen immer nur ihre Fehler vorwirft, sind sie nicht verantwortlich für sich und ihren Planeten Erde." - „Wie der kleine Prinz für seine Rose", sagte Eva. „Dr. Christ ist anders", erinnerte Werner sich dankbar. „Er nimmt an dieser Jagd auf Fehler nicht Teil. Er hat mir gezeigt, dass mein schönes Inneres nicht nur mir gehört, es ist ‚aus einer großen Kraft und aus einem großen Reichtum', wie er sagte und wie ich jetzt weiß. Es kommt von überall her und ist in allem enthalten und verbindet mich mit allem Guten. Es gibt Mut und macht das Herz stark."

Eva sah ihn gespannt an. „Es ist nicht nur schön und harmonisch und lebendig, man sieht damit auch, wer gegen die Menschen ist und sie umbringt und ihnen langsam aber sicher ihre Zukunft und ihr Glück nimmt. Wenn man das sieht, kann man die Panik besiegen. In sich und dann überall", sagte Werner. „Selbst der Direktor hat mich indirekt beglückwünscht und bedauert, dass er nicht von seinen alten Geleisen herunterkommt."

„Willst du jetzt eine Schule für inneres Glück aufmachen?", neckte ihn Eva, „mit dem Motto: Mit meinem inneren Glück besiege ich die Welt?" „Das gäbe nur wieder Streit darüber, wie man glücklich wird", sagte Werner. „Die Entdeckung des inneren Glücks war nur meine erste Phase. Dr. Christ hat mir gezeigt, dass hinter allem Gewordenen, hinter allem Individuellen, noch etwas steckt, das vor dem entsprechenden Vorprogramm existiert. Es sprengt alle Maßstäbe. Es ist nicht einmal vom Existieren abhängig. Es ist völlig frei. Es übersteigt alles, was man sich nur vorstellen kann."

Er überlegte kurz. „Diese Erfahrung geht über Anfang und Ende, über Alpha und Omega hinaus. Hier ist man unsterblich." „Das hört sich schwierig an, für jemanden, der da hinkommen will", erwog Eva. „Es ist das Einfachste der Welt", sagte Werner, „wenn man es erst einmal ahnt." „Es scheint so, als ob nichts anderes die Welt retten kann", begeisterte Eva sich. „Man muss die Welt nicht retten", sagte Werner, „nur die Menschen. Und zwar vor sich selbst. Sie sind das einzige, das in der Welt verrückt ist. Und die normalen Menschen sind gar nicht so verrückt wie die Autoritäten, die vom ganzen Wahnsinn profitieren, indem sie die Menschen in Angst halten." „Dann rette die, die es wollen, damit sie die Idiotie besiegen", forderte Eva Werner auf. „Man sollte den Menschen zumindest wieder ein Angebot machen, über ihr individuelles Leid hinauszugehen und sich wirklich zu erkennen. Das Problem ist nur, dass man gegen den eigenen Strich gehen muss, um sich zu retten. Wer immer nur tut, was Vorteile bringt, bleibt hinter seinen gewohnten Gitterstäben gefangen."

„Jetzt noch einmal ganz von vorne, ganz praktisch", bat Eva. „Was ist die wirkliche Bedeutung deiner Erfahrung bei Dr. Christ?" Sie sah Werner prüfend an und fuhr fort: „Denn deine Erfahrung soll ja eine Wirkung haben, sonst wäre sie nur eine unterhaltsame Einbildung." Werner überlegte kurz. „Die Welt ist ein wunderbares Bild, eine heilende, unsterbliche Kraft, eine Ikone der unvergänglichen Freude", sagte er. „Wenn man sich ihr öffnet, erfüllt sie jeden sofort und direkt mit ihrem Licht." Er überlegte weiter und fuhr fort: „Und weil die Welt aus einem universellen Geist ist, der alles schon vor ihrem Entstehen in sich trug, ist sie unsterblich. Und jeder, der das erkennt, gleich mit." Er sah Eva an. „Adam verlor dieses Wissen. Er versteckte sich vor Gott und zog Kleider an und schämte sich und hatte kein Vertrauen mehr. Und Jesus, hier Dr. Christ, stellt das Wissen um das Wunderbare wieder her, denn es ging nie verloren, auch er nicht."

Werner ergänzte nach einigem Nachdenken: „Was die Menschen sehen, ist nicht dieses Schöne und Wunderbare, also das, was überall da ist. Sie sehen nur ihre Balken aus Komplexen und Minderwertigkeit, ihre mechanischen Ängste und Defizite, deshalb meinen sie, sie können nichts und sind nichts. Oder sie müssen dauernd das Gegenteil beweisen und reich werden und ausbeuten, was das Gleiche ist. So nehmen sie sich ständig etwas weg, das sie nicht einmal haben, und sie leben im eigenen Vergessen auf Sand, wie in einer Wüste." Werner brachte es auf den Punkt: „Erst wer ohne dieses Vergessen lebt, ist wirklich. Er verbindet sich dann mit dem ganzen Universum. Dadurch wird alles viel mehr als die meisten Menschen ahnen."

Er sah Eva an. „Ich habe es dir auf einen Zettel geschrieben, damals ahnte ich es nur, jetzt weiß ich es." Eva freute und erinnerte sich. „Wenn ich dich sehe, sehe ich mehr als ich sehe", sagte sie und verstand. Auch sie hatte nun die Sicherheit, dass alles gut war, auch ihr weiteres Leben mit Werner, wie immer es auch aussehen würde. Alles war gut. Werner holte das Buch, das Dr. Christ ihm gegeben hatte. „Ich habe es geordnet, es ist so einfach und total aktuell." Gemeinsam lasen sie:

Das Thomas-Evangelium

Dies sind die verborgenen Worte, die Jesus, der lebt, sagte und die der Zwilling Judas Thomas schrieb.

*Wer die Bedeutung dieser Worte findet, wird den Tod nicht kennen. * Ich werde euch aussuchen, einen aus tausend, und zwei aus zehntausend, und man wird ein Einziger sein. * Selig der Mensch, der gelitten hat. Er hat das Leben gefunden. * Wer sucht, wird finden. Wer klopft, dem wird geöffnet. * Kommt zu mir, denn leicht ist mein Joch und meine Herrschaft ist mild, und ihr werdet Ruhe finden für euch. * Ich stand in der Mitte der Welt und machte mich ihnen bekannt im Fleisch. Ich fand sie alle betrunken. Keinen Durstigen fand ich unter ihnen, und meine Seele wurde gequält wegen der Söhne der Menschen. Denn sie sind blind in ihrem Herzen und sehen nicht deutlich, dass sie leer in die Welt gekommen sind, vielmehr suchen sie, wieder leer aus der Welt hinauszugehen. Ja, jetzt sind sie betrunken, wenn sie aber ihren Wein auschütteln, dann werden sie umkehren. * Ein Weinstock wurde außerhalb des Vaters gepflanzt, und da er ungeschützt ist, wird er ausgerissen mit der Wurzel, und er geht ein. * Wer Vater und Mutter kennt, wird der Hurensohn gerufen? * Wehe ihnen, den Pharisäern, denn sie gleichen einem Hund, der auf dem Fresstrog der Rinder liegt, denn weder frisst er, noch lässt er die Rinder fressen. * Wenn ein Blinder einen Blinden führt, fallen sie zu zweit in die Grube. * Wer dem Vater flucht, dem wird man vergeben, und wer dem Sohn flucht, dem wird man vergeben. Aber wer dem Heiligen Geist flucht, dem wird man nicht vergeben, auf Erden nicht und im Himmel nicht. * Die Pharisäer und Schriftlehrer haben die Schlüssel der Erkenntnis an sich genommen und haben sie versteckt. Sie selber sind nicht eingetreten, und die eintreten wollten, haben sie nicht gelassen. Ihr aber! Seid schlau wie Schlangen und arglos wie Tauben. * Wenn das Fleisch geworden sein sollte wegen des Geistes, ist es wunderlich. Wenn der Geist aber wegen des Leibes geworden* *sein sollte, ist es noch wunderlicher. Aber ich wundere mich, wie sich ein solcher Reichtum in dieser Armut Wohnung gesucht hat. * Elend ist der Leib, der an einem Leibe hängt, und elend ist die Seele, die an diesen beiden hängt. * Selig der Löwe, den ein Mensch isst, und der Löwe wird Mensch. Und grässlich der Mensch, den ein Löwe frisst, und der Mensch wird Löwe. * Das, was deine Rechte tut, soll deine Linke nicht wissen - was sie tut. * Wehe dem Fleisch, das an der Seele hängt! Wehe der Seele, die am Fleisch hängt! * Ein Weinstock wurde außerhalb des Vaters gepflanzt, und da er ungeschützt ist, wird er ausgerissen mit der Wurzel, und er geht ein. * Wer mir nahe ist, ist dem Feuer nahe, und wer mir fern ist, ist der Herrschaft fern. * Herr, es sind viele um den Brunnen, aber keiner ist im Brunnen! * Viele stehen an der Türe, aber die Einsamen sind es, die eintreten werden in das Brautgemach. * Selig die Armen, denn euch gehört die Herrschaft der Himmel. * Selig, die einsam sind und erwählt! Denn ihr werdet die Herrschaft finden; weil ihr aus ihr seid, werdet ihr wieder dorthin gehen. * Selig, die verfolgt werden in ihrem Herzen! Jene sind es, die den Vater in Wahrheit erkannt haben. * Wer mir nahe ist, ist dem Feuer nahe, und wer mir fern ist, ist der Herrschaft fern. * Herr, es sind viele um den Brunnen, aber keiner ist im Brunnen! * Viele stehen an der Türe, aber die Einsamen sind es, die eintreten werden in das Brautgemach. * Die Ernte ist zwar groß, die Arbeiter aber sind wenig. Bittet aber den Herrn, dass er Arbeiter schicke zur Ernte. * Wenn ihr Geld habt, leiht nicht auf Zins. * Sorgt euch nicht von der Frühe bis zum Abend und vom Abend bis zur Frühe, was ihr anziehen werdet. * Werdet Vorübergehende! * Ein Prophet ist nicht akzeptiert in seinem Dorf. Ein Arzt heilt nicht solche, die ihn kennen. * Die Füchse haben ihre Löcher, und die Vögel haben ihr Nest. Der Sohn des Menschen aber hat keine Stelle, um seinen Kopf zu betten und zu ruhen. * Wenn eure Führer zu euch sagen, seht, die Herrschaft ist im Himmel, so werden euch die Vögel des Himmels zuvorkommen. Und wenn sie zu euch sagen: Sie ist im Meer!, so werden euch die Fische zuvorkommen. Nein, die Herrschaft ist in euch und außer euch. Wenn ihr euch selbst erkennt, dann werdet ihr erkannt werden. Und zwar werdet ihr erkennen, dass ihr die Söhne* *des lebendigen Vaters seid. Wenn ihr euch aber nicht erkennt, so seid ihr in Armut, und ihr selbst seid die Armut. * Ihr seid selig, wenn sie euch hassen und euch verfolgen, und sie werden keinen Ort finden, an dem Ort, an dem sie euch verfolgen. * Ich habe Feuer auf die Welt geworfen, und seht, ich hüte es, bis es aufbrennt. * Ich werde dieses Haus umstürzen, und niemand wird es wieder bauen können. * Mag sein, dass die Menschen denken, ich wäre gekommen, Frieden auf die Welt zu bringen, und dabei wissen sie nicht, dass ich gekommen bin, Scheidung auf die Erde zu bringen, Feuer, Schwert und Krieg. Denn fünf werden sein in einem Haus, und drei werden sein gegen zwei, und zwei gegen drei, der Vater gegen den Sohn und der Sohn gegen den Vater. Und sie werden dastehen als Einzelne. * Selig diejenigen, die hungern! Denn man wird den Leib dessen satt machen, der es will. * Es fragten ihn seine Schüler und sagten zu ihm so: Willst du, dass wir fasten? Und: wie sollen wir beten und Almosen geben, und welche Speisevorschrift sollen wir einhalten? Jesus sprach so: Lügt nicht. Und das, was ihr hasst, tut nicht; denn offen liegt alles da vor dem Himmel. Denn es gibt nichts Verborgenes, das nicht entborgen werden wird, und nicht Verdecktes, das nicht aufgedeckt werden wird. * Warum wascht ihr die Außenseite eines Bechers? Versteht ihr nicht, dass, wer die Innenseite geformt hat, auch der ist, der die Außenseite geformt hat? * Er sagte zu ihnen: Wenn ihr fastet, werdet ihr euch Sünde schaffen, und wenn ihr betet, wird man euch verdammen, und wenn ihr Almosen gebt, werdet ihr eurem Geist schaden. Und wenn ihr ein Land betretet und in den Gegenden herumwandert, dann esst, was man euch anbieten wird. Die Kranken unter ihnen heilt. Denn was in euren Mund kommt, wird euch nicht verunreinigen; aber was aus eurem Mund herauskommt, das wird euch verunreinigen. * Man liest keine Trauben von den Dornen, noch zupft man Feigen von den Disteln, denn sie geben keine Frucht. * Ein guter Mensch holt Gutes aus seiner Truhe hervor. Ein schlechter Mensch holt Schlechtes aus seiner Truhe hervor, die in seinem Herzen ist, und er sagt auch Schlechtes, denn aus dem Überfluss des Herzens bringt er Schlechtes hervor. * Es ist unmöglich, dass ein Mensch auf zwei Pferden reitet und zwei Bogen spannt, und es ist unmöglich, dass ein*

*Knecht zwei Herren dient. Er wird den einen ehren und sich über den anderen lustig machen. Niemand trinkt alten Wein und verlangt sofort neuen Wein zu trinken. Und keiner gießt neuen Wein in einen alten Schlauch, damit er ihn nicht sprengt, und man gießt nicht alten Wein in einen neuen Schlauch, damit er ihn nicht verdirbt. Man flickt nicht einen alten Fetzen auf ein neues Kleid, weil dies einen Riss geben wird. * Es war ein reicher Mensch, der hatte viele Güter. Er sprach so: Ich werde meine Güter nützen, um zu säen und zu ernten, zu pflanzen und meine Scheunen zu füllen mit Früchten, damit mir gar nichts mehr fehlt. Das ist es, was er dachte in seinem Herzen. Doch in jener Nacht starb er. * Ein Mensch hatte Gäste. Und als er das Mahl bereitet hatte, schickte er seinen Knecht, damit er die Gäste lade. Er ging zu einem ersten und sagte zu ihm so: Mein Herr lädt dich ein! Er sagte so: es schulden mir Geld welche von den Händlern. Sie kommen zu mir am Abend. Ich werde hingehen und ihnen Weisung geben. Ich entschuldige mich für das Mahl. Er ging zu einem anderen. Er sagte zu ihm so: Mein Herr hat dich eingeladen. Er sagte zu ihm so: Ich habe ein Haus gekauft, und man bittet mich für einen Tag. Es wird mir keine Zeit bleiben. Er kam zu einem anderen. Er sagte zu ihm so: Mein Herr lädt dich ein. (Dieser sagte zu ihm so:) Mein Freund wird Hochzeit machen. Und ich werde es sein, der ein Mahl geben wird. Ich werde nicht kommen können. Ich entschuldige mich für das Mahl. Er kam zu einem anderen. Er sagte zu ihm so: Mein Herr lädt dich ein. Er sagte zu ihm so: Ich habe ein Gut gekauft. Ich gehe, den Pachtzins zu holen. Ich werde nicht kommen können. Der Knecht ging. Er sagte zu seinem Herrn so: Die, welche du zum Mahl geladen hast, lassen sich entschuldigen. Der Herr sagte zu seinem Knecht so: Gehe hinaus an die Wege! Welche du auch finden wirst, bringe sie, damit sie das Mahl einnehmen. Die Käufer und die Händler werden nicht eintreten in den ‚Ort' meines Vaters. * Ein guter Mensch hatte einen Weinberg. Er gab ihn Bauern, damit sie ihn bearbeiteten und er seine Frucht bekomme von ihnen. Er schickte seinen Knecht, damit die Bauern ihm die Frucht des Weinberges gäben. Sie ergriffen seinen Knecht und schlugen ihn nieder. Nur wenig hatte gefehlt, und sie hätten ihn getötet. Der*

*Knecht ging weg und sagte es seinem Herrn. Sein Herr sagte so: Vielleicht haben sie ihn nicht erkannt? Er schickte einen anderen Knecht. Die Bauern schlugen auch den anderen nieder. Da schickte der Herr seinen Sohn und sagte so: Vielleicht werden sie sich scheuen vor ihm, meinem Sohn! Jene Bauern, da sie wussten, dass er das Erbe des Weinberg sei, packten ihn und schlugen ihn tot. * Es sprachen die Schüler zu Jesus so: Wir wissen, dass du uns verlassen wirst. Wer wird über uns dann groß sein? Es sprach zu ihnen Jesus so: Wohin ihr auch gekommen sein werdet, geht zu Jakobus, dem Gerechten, seinetwegen sind Himmel und Erde geworden. * Sie sahen einen Samarier, der ein Lamm trug und nach Judäa hineinging. Er sprach zu seinen Schülern so: Was will der mit dem Lamm? Sie sagen zu ihm: Damit er es schlachtet und verspeist. Er sprach zu ihnen: Solange es lebt, wird er es nicht verspeisen, sondern wenn er es geschlachtet hat und es eine Leiche geworden ist. Sie sprachen so: Anders wird er es nicht machen können. Er sprach zu ihnen so: Sucht auch ihr euch einen Ort zur Ruhe, damit ihr nicht zur Leiche werdet und man euch verspeist. * Es sprachen die Schüler zu Jesus so: Sage uns, wem die Herrschaft der Himmel gleicht? Er sprach zu ihnen so: Sie gleicht einem Senfsamen, der kleiner ist als alle Samen. Wenn er aber fällt auf das Land, das einer bebaut, treibt er einen großen Schössling hoch und wird zum Zelt für die Vögel des Himmels. * Es sprach Maria (Magdalena) zu ihm so: Wem gleichen deine Schüler? Er sprach so: Sie gleichen Knaben, die sich auf ein Feld hinsetzen, das ihnen nicht gehört. Wenn aber die Herren des Feldes kommen, werden sie sagen: Lasst doch unser Feld uns! Jene ziehen sich dann nackt aus vor denen, um es ihnen zu lassen und ihnen ihr Feld zu geben. Darum sage ich so: Wenn der Hausherr wüsste, dass ein Dieb kommt, würde er wachen, bis er kommt, und ihn nicht einbrechen lassen in das Haus seiner Herrschaft, um etwa seine Sachen wegzuschleppen. Ihr aber, seid wachsam vor der Welt! Gürtet eure Hüften mit großer Kraft, damit die Räuber keinen Weg finden, zu euch zu kommen. Denn den Besitz, nach dem ihr Ausschau haltet, werden sie wohl finden. Ach sei doch in eurer Mitte ein verständiger Mensch! Wenn aber die Frucht reif ist, kommt er schnell mit der Sichel und mäht sie ab! * Zwei werden* *ruhen auf einem Bett. Einer wird sterben, einer wird leben. Es sagte Salome: Wer bist du, Mensch wie aus einem? Du hast mein Bett bestiegen und du aßest von meinem Tisch! Es sprach Jesus zu ihr so: Ich bin der, der von dem ist, der gleich ist. Mir ist gegeben aus dem meines Vaters – Ich bin deine Schülerin! – Deswegen sage ich: Wenn er gleich ist, wird er sich füllen mit Licht. Wenn er aber geteilt ist, wird er sich mit Finsternis füllen. * Er sagte zu seinen Schülern so: Vergleicht mich und sagt mir, wem ich gleiche. Es sprach zu ihm Simon Petrus so: Du gleichst einem gerechten Engel. Es sprach zu ihm Matthäus so: Du gleichst einem Philosophen, einem intelligenten Menschen. Es sprach zu ihm Thomas so: Rabbi, mein Mund wird es nicht tragen, zu sagen, wem du gleichst. Es sprach Jesus so: Ich bin nicht dein Rabbi. Nein, du hast getrunken und dich an meiner sprudelnden Quelle berauscht. Und er nahm ihn, zog sich mit ihm zurück und sagte ihm drei Worte. Als Thomas aber zu seinen Freunden zurückkam, fragten sie ihn so: Was hat dir Jesus gesagt? Es sprach zu ihnen Thomas so: Wenn ich euch auch nur eins der Worte sagen würde, die er zu mir gesagt hat, würdet ihr Steine nehmen und auf mich werfen, und aus den Steinen würde Feuer kommen und euch verbrennen. * Einer sagte zu ihm: Sage meinen Brüdern, dass sie die Sache meines Vaters mit mir teilen sollen! Er sagte zu ihm so: O Mann!, Wer wäre es, der mich zum Erbteiler gemacht hätte. Er wandte sich an seine Schüler und er sagte zu ihnen so: Bin ich etwa ein Erbteiler? * Es sprachen seine Schüler zu ihm so: Lehre uns den Ort kennen, an dem du bist, denn es ist notwendig, dass wir ihn suchen. Er sprach zu ihnen so: Wer Ohren hat, soll hören! Licht ist innerhalb eines Menschen des Lichts, und er erleuchtet die ganze Welt. Wenn er nicht leuchtet, ist Finsternis. * Sie sprachen zu ihm so: Komm, lass uns heute beten und fasten! Es sprach Jesus so: Was ist denn meine Sünde, die ich tat, oder worin besiegt man mich? Nein, wenn der Bräutigam kommt, kommt auch das Brautgemach, dann mögen sie fasten und beten. * Es sprachen die Schüler zu ihm so: Deine Brüder und deine Mutter stehen draußen. Er sprach zu ihnen so: Diejenigen, die an diesen Plätzen sind, die den Willen meines Vaters tun, diese sind meine Brüder und meine Mutter. Sie sind es, die eintreten werden in die Herrschaft* *meines Vaters. * Wer nicht hasst seinen Vater und seine Mutter wie ich, wird mir nicht Schüler werden können. Und wer nicht liebt seinen Vater und seine Mutter wie ich, wird mir nicht Schüler werden können. * Jeder, der nicht hasst seinen Vater und seine Mutter, wird mir nicht Schüler sein können. Und wer nicht hasst seine Brüder und seine Schwestern und nicht sein Kreuz trägt wie ich, wird meiner nicht wert sein. * Es sprach eine Frau zu ihm in der Menge so: Selig der Bauch, der dich getragen hat, und die Brüste die dich gestillt haben! Er sprach zu ihr so: Selig, die gehört haben das Wort des Vaters und es in Wahrheit behalten haben! Tage werden nämlich kommen, da ihr sagen werdet: Selig, der Bauch, der nicht schwanger geworden ist, und die Brüste, die keine Milch gegeben haben! * Jesus sah kleine Kinder, wie sie Milch saugten. Er sprach zu seinen Schülern so: Diese kleinen Kinder, die saugen, gleichen denen, die hineinkommen in die Herrschaft. Sie sprachen zu ihm so: Werden wir, wenn wir kleine Kinder sind, hineinkommen in die Herrschaft? Es sprach Jesus zu ihnen so: Wenn ihr zwei zu eins macht und wenn ihr den inneren Teil wie den äußeren Teil und den äußeren Teil wie den inneren Teil und den oberen Teil wie den unteren Teil macht, und wo ihr das Männliche und das Weibliche zu einem Einzigen macht, damit nicht das Männliche männlich und das Weibliche weiblich bleibe; wenn ihr macht Augen statt eines Auges und Hände statt einer Hand und Füße statt eines Fußes und Bilder statt eines Bildes, dann werdet ihr in die Herrschaft hineinkommen. * Wenn ihr die zwei zu einem macht, werdet ihr Söhne des Menschen, und wenn ihr sagt: Berg, stell dich auf den Kopf, so wird er sich auf den Kopf stellen. * Wenn zwei Frieden haben, einer mit dem anderen, in einem Haus, werden sie zum Berge so sagen: Stell dich auf den Kopf! Und er wird sich auf den Kopf stellen. *Selig der Mensch, der weiß, wo die Räuber eindringen, damit er aufsteht und seine Kraft sammelt und sich um die Hüfte gürtet, bevor sie eindringen können. * Unmöglich ist es, dass einer in das Haus eines Starken eintritt und ihm Gewalt antut, es sei denn, er bände dessen Hände. Dann mag er dessen Haus verwüsten. * Sie zeigten Jesus einen Aureus und sprachen zu ihm so: Diejenigen, die sich zum Kaiser halten, fordern von uns Tribut. Er* *sprach zu ihnen so: Gebt jenes dem Kaiser, was des Kaisers, gebt jenes Gott, was Gottes, und das, was mein ist, gebt mir! * Es sprachen zu ihm seine Schüler so: Die Beschneidung, nützt sie oder nützt sie nicht? Er sprach zu ihnen so: Wenn sie nützte, dann würde deren Vater sie von ihren Müttern schon beschnitten zeugen: Aber die wahre Beschneidung im Geist hat gefunden jeden Nutzen. * Es sprach zu ihnen Simon Petrus so: Maria soll von uns weggehen! Denn Frauen sind des Lebens nicht wert. Es sprach Jesus so: Seht, ich werde sie ziehen, um sie männlich zu machen, damit auch sie ein lebender Geist wird, ähnlich euch Männlichen. Denn jede Frau, die sich männlich macht, wird eintreten in die Herrschaft der Himmel. * Die Herrschaft des Vaters gleicht einem Menschen, der guten Samen hatte. Sein Feind kann nachts und säte Unkraut unter den guten Samen. Der Mann ließ sie das Unkraut nicht ausreißen. Er sprach zu ihnen: Dass ihr ja nicht hingeht, um das Unkraut auszureißen, und mit ihm zusammen den Weizen ausreißt! Denn am Tage der Ernte wird das Unkraut kenntlich werden. Man wird es aussondern und verbrennen. * Seht, einer, der sät, ging hinaus, füllte seine Hand und warf. Einiges fiel auf den Weg, und Vögel kamen und pickten es auf. Anderes fiel auf den Fels und trieb keine Wurzeln in die Erde hinab und trieb auch keine Ähren in die Höhe. Anderes fiel auf Dornen. Die erstickten den Samen, und der Wurm fraß es. Und anderes fiel auf guten Boden und brachte gute Frucht hervor: Es brachte sechzigfach und hundertzwanzigfach! * Warum seid ihr hinausgegangen aufs Feld? Zu sehen ein Schilfrohr, vom Winde bewegt? Um zu sehen einen Menschen, der weiche Kleider trägt? Seht eure Könige und eure Magnaten an: Diese haben weiche Kleider an, und sie werden die Wahrheit nicht erkennen können. * Es sprachen zu ihm seine Schüler so: Die Herrschaft, an welchem Tage wird sie kommen? Er sagte: Sie wird nicht kommen erspähbar, man wird nicht sagen: Seht hier! oder: Seht dort! Sondern die Herrschaft des Vaters ist ausgebreitet über der Erde, und die Menschen sehen sie nicht. * Es sprachen zu ihm seine Schüler so: An welchem Tag wird die Ruhe derer, die gestorben sind, sein? Und an welchem Tag wird die neue Welt kommen? Er sprach zu ihnen so: jene die ihr erwartet, ist gekommen, aber ihr erkennt* *sie nicht. * Sie sprachen zu ihm so: Sag uns, wer du bist, damit wir dir vertrauen! Er sprach zu ihnen so: Ihr prüft das Gesicht des Himmels und der Erde, und den, der vor euch ist, habt ihr nicht erkannt! In diesem Augenblick versteht ihr es nicht zu prüfen. * Es sprachen die Schüler zu Jesus so: Sage uns, wie wird unser Ende sein? Es sprach Jesus: Habt ihr denn den Anfang erfüllt, dass ihr das Ende sucht? Denn an dem Ort, an dem der Anfang ist, dort wird auch das Ende sein. Selig, wer im Anfang steht, er wird das Ende erkennen und den Tod nicht kennen. * Den Splitter im Auge deines Bruders siehst du wohl. Den Ast aber in deinem Auge siehst du nicht. Wenn du den Ast aus deinem Auge herausliest, dann wirst du scharf genug sehen, um den Splitter aus dem Auge deines Bruders herauszuwinden. * Liebe deinen Bruder wie deine Seele; Hüte ihn wie die Pupille deines Auges! * Gebt nicht das, was heilig ist, den Hunden, damit sie es nicht auf den Mist zerren. Werft nicht die Perlen den Säuen hin. * Was du hören wirst in deinem Ohr, schrei in das andere Ohr, über eure Dächer hin. Denn niemand entzündet eine Lampe und stellt sie unter eine Wanne oder stellt sie an einen abgelegenen Platz, sondern er stellt sie vor Spiegel und Kristalle, damit alle, die eintreten, und alle, die hinausgehen, das Licht sehen. * Die Herrschaft gleicht einem Hirten, der hundert Schafe hat. Eins von ihnen irrte ab, das Größte. Er ließ die neunundneunzig und suchte nach jenem einen, bis er es fand. Nachdem er sich abgemüht hatte, sagte er zu dem Schaf so: Ich mag dich mehr als die neunundneunzig. * Die Herrschaft des Vaters gleicht einem Kaufmann, der eine Warenladung hatte und darunter eine Perle fand. Jener Kaufmann ist klug. Er verkaufte die Wagenladung und erstand sich einzig die Perle. Sucht auch ihr den Schatz dessen, der nicht abnimmt, der bleibt, wo in ihn keine Motte eindringt, um zu nagen, wo kein Wurm verdirbt! * Der Mensch gleicht einem klugen Fischer, der sein Netz ins Meer warf, und er zog es aus dem Meere, voll mit kleinen Fischen. Mitten unter ihnen fand er einen großen, guten Fisch, der kluge Fischer. Da warf er alle kleinen Fische zurück ins Meer, und wählte den großen Fisch, ohne zu zögern. * Es sprachen zu ihm seine Schüler so: Du, wer bist du, dass du so zu uns sprichst? Erkennt ihr nicht in dem, was ich sage, wer ich bin? Nein,* *ihr seid geworden wie die Juden. Denn sie lieben den Baum und hassen seine Frucht und lieben die Frucht und hassen den Baum. * Schaut euch um nach dem, der lebendig ist, solange ihr lebt, damit ihr nicht sterbt und ihn zu sehen sucht und ihn nicht sehen könnt. * Suchet und ihr werdet finden. Aber das, wonach ihr mich in diesen Tagen fragtet, habe ich euch an jenem Tag nicht gesagt. Jetzt will ich es sagen, und ihr sucht es nicht. * Oftmals habt ihr gewünscht, zu hören diese Worte, die ich euch sage, und ihr habt keinen anderen, sie von ihm zu hören. Tage werden kommen, da ihr mich suchen und nicht finden werdet. * Es sprachen zu ihm seine Schüler so: 24 Propheten haben in Israel gesprochen, und alle haben sie gesprochen in dir. Er sprach zu ihnen so: Ihr werdet den haben, der lebendig ist vor euch, und ihr habt gesprochen über die, die tot sind! * Der Greis wird in seinen alten Tagen nicht zögern, ein Kleinkind von sieben Tagen nach dem Orts des Lebens zu fragen, und er wird leben. Denn viele Erste werden Letzte, doch sie werden ein Einziger sein. * Erkenne was vor deinem Gesicht ist, und was dir verborgen ist, wird sich dir entbergen; denn nichts Verborgenes, das nicht kenntlich gemacht würde. * Wer das Ganze erkennt, seiner selbst aber bedarf, bedarf des ganzen Ortes. * Die Herrschaft des Vaters gleicht einer Frau, die einen Krug trägt, der voll Mehl war, und die einen weiten Weg ging. Der Henkel des Kruges zerbrach; das Mehl rieselt herab hinter ihr auf den Weg. Sie merkte nichts, wusste nichts vom Missgeschick. Als sie in ihr Haus gelangt war, stellte sie den Krug zu Boden und sie fand ihn leer. * Die Herrschaft des Vaters gleicht einer Frau. Sie nahm ein wenig Sauerteig und mengte ihn in Mehl. Sie machte ihn zu großen Broten. * Die Herrschaft des Vaters gleicht einem Mann, der einen mächtigen Herren ermorden wollte. Er zückte das Schwert zu Hause und durchstach die Wand, um zu sehen, ob seine Hand stark genug sein werde. Dann mordete er den Mächtigen. * Die Herrschaft gleicht einem Menschen, der auf seinem Acker einen vergrabenen Schatz hat, von dem er nichts weiß. Und nachdem er gestorben war, hinterließ er den Schatz seinem Sohn. Der Sohn wusste nichts. Er erhielt jenen Acker und verkaufte ihn. Und der, der ihn gekauft hatte, kam zu pflügen und fand den Schatz. Und er verbreitete den Reichtum und erhielt Zins. * Eine*

*Stadt, die man auf einem hohen Berge erbaut und die bewehrt ist, kann nicht fallen, sich aber auch nicht verbergen. * Wenn ihr den seht, den keine Frau geboren hat, dann werft euch hin auf euer Gesicht und betet ihn an. Jener ist euer Vater. * Belehrt mich über den Stein, den die Bauleute verworfen haben! Jener ist der Angelstein. * Wenn ihr jenes in euch erzeugt, so wird euch das, was ihr habt, retten. Wenn ihr jenes nicht in euch habt, so wird das, was ihr nicht habt, euch töten. * Dem, der in seiner Hand hält, wird man geben, und von dem, der nichts hält, wird man auch das bisschen, das er hat, wegtragen. * Engel werden zu euch kommen samt den Propheten, und sie werden euch geben, was euer ist. Und auch ihr gebt ihnen, was in euren Händen ist. Und sagt euch so: wann werden sie kommen, und das Ihrige nehmen? * Es fragten seine Schüler so: Wann wirst du dich uns bekannt machen, und wann werden wir dich sehen? Es sprach Jesus so: Wenn ihr eure Scham ablegt und eure Kleider nehmt und sie unter eure Füße legt wie die kleinen Knaben und darauf trampelt, dann werdet ihr den Sohn dessen sehen, der lebendig ist, und euch nicht fürchten. * Von Adam bis auf Johannes den Täufer hin gibt es unter den von Frauen Geborenen keinen, der größer wäre als Johannes, der Täufer. Aber ich habe so gesagt: Jeder, der unter euch klein werden wird, wird die Herrschaft erkennen und wird größer sein als Johannes. * Adam ist aus einer großen Kraft entstanden und aus einem großen Reichtum, und doch ist er eurer nicht wert. Denn wäre er wert geworden, hätte er den Tod nicht angenommen. * Wer die Welt gefunden hat und reich geworden ist, soll auf die Welt verzichten. * Jeder, der reich geworden ist, möge König werden. Und jeder, der Macht hat, möge darauf verzichten. * Jeder, der die Welt erkannt hat, hat eine Leiche gefunden. Wer aber eine Leiche gefunden hat - die Welt ist seiner nicht wert. * Wenn ihr nicht vor der Welt fastet, werdet ihr die Herrschaft nicht finden; wenn ihr nicht den Sabbat zum Sabbat macht, werdet ihr den Vater nicht sehen. * Wo drei Götter sind, sind bloß Götter, wo zwei oder einer, bin ich mit ihnen. * Wer aus meinem Mund trinkt, wird werden wie ich. Ich aber werde er werden, und das, was verborgen ist, wird ihm offenbar sein. * Ich werde euch geben, was kein Auge gesehen und was kein Ohr gehört und* *was keine Hand berührt hat und was auf keines Menschen Herz hinaufgestiegen ist. * Die Himmel werden sich aufrollen und die Erde vor euch. Und jeder, der lebendig ist aus dem, der lebendig ist, wird den Tod nicht sehen. Nicht deswegen, weil Jesus dies sagt. Wer sich selbst findet, die Welt ist seiner nicht wert. * Wer sucht, soll nicht aufhören zu suchen, bis dass er findet. Und wenn er gefunden hat, wird er verwirrt sein. Und wenn er verwirrt ist, wird er verwundert sein und über das Universum herrschen. * Selig, wer war, bevor er wurde. Wenn ihr zu Schülern werdet und meine Worte hört, dann werden euch diese Steine dienen. Denn ihr habt fünf Bäume im Paradies, die sich nicht bewegen sommers und winters. Und ihre Blätter fallen nicht ab. Jeder, der sie erkennen wird, wird den Tod ablegen. * An dem Tag, an dem ihr euer Gleichbild seht, werdet ihr euch freuen. Wenn ihr aber eure Bilder seht, die vor euch entstanden sind - sie sterben nicht, sie erscheinen nicht -, was alles werdet ihr ertragen? * Bilder erscheinen dem Menschen, doch das Licht in ihnen ist verborgen im Bilde des Lichtes des Vaters. Es wird aber auch sichtbar dessen Bild, das verborgen ist durch dessen Licht. * Dieser Himmel wird vorübergehen und auch der über ihm wird vorübergehen. Und die Toten leben nicht und die Lebenden werden nicht sterben. In den Tagen, da ihr das Tote gegessen habt, habt ihr es lebendig gemacht. Wenn ihr im Lichte seid, was werdet ihr dann tun? An dem Tage, da ihr einer wart, wurdet ihr zwei. Wenn ihr aber zwei geworden seid, was werdet ihr tun? * Wenn sie zu euch so sagen: Woher seid ihr geworden?, sagt zu ihnen: Wir sind aus dem Licht gekommen, dem Ort, wo das Licht geworden ist aus sich selbst. Es stand und wurde kund in unserem Bilde. Wenn sie zu euch so sagen: Wer seid ihr?, sagt so: Wir sind seine Söhne, und wir sind erwählt von dem lebendigen Vater. Wenn sie euch fragen: Welches ist das Siegel eures Vaters an euch?, sagt ihnen so: Es ist Bewegung und Ruhe. * Ich bin das Licht, das über allem ist. Ich bin das Universum. Das Universum ist aus mir hervorgegangen und das Universum ist zu mir gelangt. Spaltet ein Holzscheit: Ich bin dort! Hebt einen Stein hoch, und ihr werdet mich dort finden! **

Wer die Bedeutung dieser Worte findet, wird den Tod nicht kennen.

Endloses Ende

Alles ist gut

Wir tragen eine wunderbare Erinnerung in uns, deren Wichtigkeit wir oft nicht genug schätzen. Manchmal halten wir sie sogar für verloren, oder wir erleben sie nicht mit Freude.

In Jesus und dem kleinen Prinzen ist diese Erinnerung in Form einer untrüglichen, unbestechlichen Wahrheit lebendig. Auch in uns! Denn auch wir sind alles und eins, Teile einer Wahrheit und gleichzeitig die Wahrheit selbst.

Doch wir wurden zu irrenden Personen erzogen. Wir suchen das individuell für uns Gute, wenn wir uns für unabhängig, autonom und mündig halten. Dann glauben wir, bewusst und klug für unsere Interessen zu handeln wie der Geschäftsmann, der König, der Geograph und die anderen auf ihren Planeten.

Auf ihren Planeten! Denn der Verstand hat die täuschende Gabe, nach außen so zu tun, als sei er die ganze Erde. Er kann ‚alles', ihm steht ‚alles' zur Verfügung. Man nennt das Weltanschauung. In sie passt alles hinein, und ‚jeder' muss dabei mitspielen. Und diese Abirrung bestimmt unser gesellschaftliches Regelwerk.

„Mach mit", sagt der König zum kleinen Prinzen, „ich mache dich zu meinem Justizminister, wir haben auch eine Ratte, die darfst du

dann verurteilen, aber wieder laufen lassen, wir haben nur die eine..."
„Wir schreiben alles auf", sagen der Geschäftsmann über die Sterne und der Geograph über die Berge und Flüsse der Welt, „das besitzen wir dann." Schwarz auf weiß. Aber sie erleben nichts dabei. So wurde auch Gott aufgeschrieben und wird nicht mehr lebendig erlebt.

Und die Menschen? Sie machen das mit. Sie finden es schön, an sich selbst als letzte Instanz zu glauben und ‚ihre Welt' als Geschäftsmann oder Justizminister zu beherrschen. Doch sie sind betrunken mit sich selbst und machen sich dabei nur etwas vor, sagt Jesus. Denn die Menschen beweisen sich, was sie können, doch nicht sie können etwas, es ist ihnen ‚vom Vater' gegeben. Und Jesus bittet die Menschen, ihr Sein als Geschenk anzunehmen, indem sie anerkennen, dass es von außerhalb kommt. Doch die Menschen bleiben verstockt in sich. Sie kennen nur ihre eigenen Reaktionen und Wünsche und Erwartungen, ihre Anschauungen. So wissen sie nicht, wer sie sind, und was sie tun. Sie existieren nicht in ‚der' Wirklichkeit, nur in ‚ihrer' Wirklichkeit.

Der Hausbesitzer wacht nachts auf und sagt sich: „Alles ist ruhig, das ist gut, ich bin sicher." Und der Einbrecher, der im gleichen Haus die Schubladen ausräumt, sagt sich genauso: „Alles ist ruhig, das ist gut, da bin ich sicher." Doch dieses Gute und diese Sicherheit sind alleine von ihnen selbst. Dieses ‚alles ist ruhig' bezieht sich nur auf ihre eigene Welt, noch nicht auf ein wirkliches ‚Alles.'

So ist man ständig bedroht und findet keine Ruhe, man muss ständig nachlegen und sich absichern. Man lebt im Nichts, in der Leere, im Vergessen.

„Ich bin!", rufen die Menschen in ihre Leere, und sie erhalten nur ihr autistisches Echo zurück.

Dieses Nicht-Leben geschieht in der unruhigen halben Sekunde, in der das Hirn unser Leben abbildet. Man spürt immer nur die Rückmeldungen, durch die man sekündlich mit der Welt telefoniert. „Alles ruhig, also kein Einbrecher da. Jetzt verurteilt mein Justizminister die Ratte, jetzt lässt er sie wieder frei. Wie wunderbar." Das Leben „geschieht" nur in Anführungszeichen, als feedback auf die eigenen Vorgaben: Ich bin Lehrer, Hausbesitzer, Minister, im Hinblick darauf erfahre ich meine Welt.

Dieses unverwechselbare „Ich bin, ich sehe, was ich sehe“ ist ein Nichts, ein Götze, mit dem man die Welt ausfüllt. „Wo drei sind, sind nur Götter, wo zwei sind, bin auch ich“, sagt Jesus, der keinen dieser Plätze in der Welt kennt, wie sie der Eitle, der König, der Geschäftsmann beanspruchen und mit sich ausfüllen.

Jesus und der kleine Prinz machen bei diesen Lebenslügen nicht mit. Was sagt die Schlange zum kleinen Prinzen? „Du kommst von einem Stern, du bist rein.“ Was fragt Jesus? „Was ist denn meine Sünde, die ich tat?“

Jesus als verbissener Börsenmakler? Der kleine Prinz am Fließband? Unvorstellbar... Aber warum lassen die Menschen sich ihre Einzigartigkeit und Unverwechselbarkeit durch ein bisschen Besitz und Konsum und Aktionismus abkaufen?

Seit Jahrtausenden erzählt man den Menschen offiziell, es gäbe nichts anderes als die Welt des Dies und Das. Erkenntnis, Gnosis, die Suche nach eigenen geistigen Erfahrungen wurden mit dem Tod oder durch Exkommunikation oder mit Berufsverboten bestraft. So unterdrückte man das allen Menschen gemeinsame Gute oder es war nur noch eine Angelegenheit für ein paar idealistische Außenseiter.

Doch wir alle kommen aus einem Himmel ursprünglicher Reinheit, der immer noch in uns ist.

Bei vielen Menschen ist dies durch den kleinen Prinzen angetippt, jetzt findet dies auch im neugefundenen Thomas-Evangelium ausdrücklich Bestätigung: Wir Menschen sind rein und gerettet.

So haben wir ein Recht auf Glück, das wir aktiv erwerben dürfen. Es erwartet uns und verbindet uns mit dem Guten der gesamten Welt. Dieses Gute heilt, es ist die seelische Harmonie mit der Schöpfung. Es ist die Liebe des Schmetterlings für die Blumen des Schönen, die ihn freiwillig mit allem Guten versorgen. Und über allem gelagert ist noch das allumfassende Glück des unsterblichen Geistes.

Somit unterscheiden wir drei Bereiche des Glücks:

Das offensichtliche Glück, das man im persönlichen Bereich sucht, das aber begrenzt und unbeständig ist, im Tod dem Vergessen anheim fällt und deshalb nicht erfüllt.

Das lebendige Glück des Wesentlichen, das die überraschenden Facetten unseres Inneren mit der Welt verbindet. Wir erkennen, was gut ist und wir werden vom Guten erkannt und angenommen. Engel führen uns und zeigen den Weg.

Das unsterbliche Glück, eins mit der Unendlichkeit zu sein, über alle Anfänge und Enden hinaus eigenes Sein zu gewinnen und zu erhalten.

So ist eine Ganzheit da, in der alles gut ist. Alles ist gut!

Der Weg in diese Ganzheit beginnt mit einem Schritt zu uns selbst. Niemand kann bestimmen oder vermitteln, wie dieser Schritt zu tun ist, denn dieser Schritt führt in die direkte Wirklichkeit des lebendigen, unsterblichen, damit neuen Menschen, der in uns allen ist.

Wer sich so rettet, zeigt der gesamten Menschheit an, dass dies möglich ist und rettet nicht nur sich, sondern immer auch sie. Denn alles ist eins, alles ist gut. Alle Menschen sind in diesem Guten enthalten und von ihm angesprochen.

Man kann also nur alles gewinnen oder sich verlieren.

Kann man da noch wählen?

Werner Koch
Gott und der Junge

Dieser Junge ist ein irdischer kleiner Prinz, der sich nicht verbiegen lassen will, der wirklich glücklich sein will, so wie er ist!
Deshalb trifft er einen wunderbaren, gütigen, humorvollen alten Mann, der sich als Gott herausstellt.

Dieser Gott erklärt ihm wirklich alles, warum es Engel gibt, warum der Junge sich manchmal prügeln muss (um sich zu zeigen und zu schenken), warum er das Böse zulassen musste und nicht abschaffen konnte (er hat es ja nicht selbst gemacht...), warum es den Tod und die menschliche Unvollkommenheit gibt...

Nach dieser ersten ausführlichen irdischen Einweihung trifft der Junge Gott in seiner Himmlischen Welt, von wo alles, auch das individuell Gute kommt. Und sein Freund Gott hat eine noch darüber hinausgehende ganz große Überraschung für ihn bereit: Er enthüllt sich als das letzte Geheimnis...

Das Buch beruht auf authentischen Erlebnissen und Transformationen von menschlicher Erfahrung zu göttlicher Weisheit und erfüllt jeden seiner Leser mit ganz viel Licht.

Die Kritik: ‚Die Welt ist so, wie du sie wahrnimmst, und es liegt an dir, diese Wahrnehmung so vollkommen wie möglich zu machen! Am Ende weiß der Junge, dass der Himmel überall ist. Ein Buch, das Kraft und Hoffnung schenkt – und daher auch ein wunderbares Geschenk!' (Zeitenschrift Nr. 43)

Werner Koch: Gott und der Junge,
Drei Welten Verlag, Rheinau 2001, 179 Seiten, br.,
ISBN 3-9808899-0-4, € 12,50
Lieferbar über Verlag (portofrei) und Buchhandel.

Werner Koch
Du mein Bruder Thomas sahst das Verborgene. Leben Licht Unsterblichkeit im Thomas-Evangelium

Was geschah damals wirklich?

Der ‚ungläubige' Thomas war der einzige Schüler Jesu, von dem dokumentiert ist, dass er seinen Lehrer erkannt hat. Deshalb sind seine Überlieferungen von besonderer Bedeutung, gerade weil sie bei der Erstellung der heutigen Evangelien unterdrückt und herauszensiert wurden.

In diesem Buch ist alles wieder da! Historisch genau und nachvollziehbar! Der Leser erlebt hautnah mit, wie aus Selbsterkenntnis die Erkenntnis der Tiefe des Universums wird. Mit Hilfe dieses Buches begleitet er Thomas auf seiner Reise mit Jesus in Unsterblichkeit und Licht und danach auf seinem Weg der Verkündigung bis nach Indien.

Besondere Berücksichtigung fanden die ‚verborgenen Evangelien' von Nag Hammadi, darunter das Thomasbuch und die Evangelien nach Thomas, Maria und Philippos sowie das Evangelium der Wahrheit. (Im Text durch eine andere Schriftart kenntlich gemacht.)
Die Kritik: ‚Aus vielen Sätzen spricht Weisheit und Erleuchtung. Der Autor selbst ist auf der eigentlichen Ebene angelangt, das, was er schreibt, ist verwirklicht. Dieses Buch vermittelt Jesus und die Zeit damals in einer außergewöhnlich inspirierten und erfrischenden Form. Dieses Buch ist ein Kleinod geistiger Erkenntnis und Liebe.' (Tattva Viveka 22)

Werner Koch, Du mein Bruder Thomas sahst das Verborgene.
Leben Licht Unsterblichkeit im Thomas-Evangelium,
Drei Welten Verlag Rheinau 2003, 216 Seiten, br.,
ISBN 3-9808899-1-2, € 12,80
Lieferbar über Verlag (portofrei) und Buchhandel.

Der Autor
Werner Koch über sich

Glück ist etwas Originales, Ursprüngliches, Göttliches. Es ist primär und bedingungslos. Man kann es somit nicht selbst machen, es ist schon da, bevor man selbst ist.
Das kränkt die Menschen in ihrer Autonomie, mit der sie ‚ihr' Glück erreichen und oft erzwingen wollen.
Ich habe diese Kränkung angenommen und losgelassen, was ich sowieso nicht wollte. So habe ich mein Leben leicht und glücklich gemacht.
Dabei wurde mir das Ziel geschenkt, wie auch vorher bereits der Weg das Ziel war.
Die Erkenntnis des Zusammenhangs von Mensch, Materie und Geist, in dem alles gut ist, kam im Jahr 1996 zu mir. Diese wird mich nie mehr verlassen, weil sie unveränderlich und endgültig ist.

Danach kam der kleine Junge zu mir, der Gott trifft, danach das Thomas-Evangelium, das mir im Nachhinein genau erklärte, was ich bereits wusste und erlebt hatte.
So habe ich in drei Büchern den Weg dargestellt, der zu Freiheit, Licht und Glück führt.

Ein Tag jetzt ist für mich schöner und beglückender als davor zehn Jahre...
Dieses Glück will ich nicht nur für mich haben, ich möchte dazu beitragen, dass möglichst viele Menschen den Schlüssel zu ihrem Glück finden, damit wir gemeinsam diese Erde als unseren Glücksstern erleben.

Wir finden, was wir suchen, wir werden, was wir sehen.

Der Drei Welten Verlag

... besteht zunächst aus mir, dem Autor, und meiner Rose für Anregung und Kritik... Wir leben in einem ruhigen, alten Bauernhaus, (das auch für Gäste geeignet ist), in Rheinau/Südbaden.
Nun ist eine „göttliche Trilogie der Rettung" abgeschlossen und in diesem eigenen Verlag veröffentlicht. In drei zusammengehörenden Büchern zeige ich einen Weg, der aus der gesellschaftlich geforderten Systemwelt aus äußerem Stress, aus Zahlen, Unterschieden und Vergessen in eine neue Wirklichkeit führt, die vom Guten, Heilenden, Unsterblichen getragen und inspiriert ist.

Wir sind nicht aus Kommerz und Konkurrenz ausgelegt und wollen die Welt nicht mit einem Sammelsurium von Rezepten von A bis Z, zu diesem und allem, überschütten. Andere Verlage legen möglichst viele ‚Köder' aus, damit möglichst viele ‚kleine Fische' anbeißen. Das steigert den Umsatz, aber es bleibt Stückwerk...

Der Drei Welten Verlag sucht vielmehr Texte, die eine Umorientierung auf das Wesentliche und den Zugang zur höheren, hilfreichen Welt über der materiellen Welterfahrung ‚miterfahrbar' beschreiben – und Leser, die von der weltweiten Wichtigkeit der Relativierung des Materiellen und der Hinwendung zu den eigenen Möglichkeiten überzeugt sind.

Dazu hilfreiche Manuskripte sind zur Veröffentlichung willkommen, auch aktive Mitwirkung und Austausch sind erwünscht. Wer eigene Erfahrungen in obiger Richtung (auch in Seminaren) bestärken oder erstmals machen möchte, ist herzlich willkommen.

Hier die Adresse zur Kontaktaufnahme:
Drei Welten Verlag
Werner Koch
Bergstraße 13,
77866 Rheinau
Telefon 07844-1643
www.dreiwelten-verlag.de